山东省社会科学规划研究项目文丛

近代旅京山东人研究

孙向群 著

齊魯書社

图书在版编目(CIP)数据

近代旅京山东人研究/孙向群著. —济南:齐鲁书社, 2013. 12

ISBN 978-7-5333-3063-7

Ⅰ. ①近… Ⅱ. ①孙… Ⅲ. ①人物研究—山东省—近代 Ⅳ. ①K820. 852

中国版本图书馆 CIP 数据核字(2013)第 318200 号

近代旅京山东人研究

孙向群 著

主管单位	山东出版传媒股份有限公司
出版发行	齊魯書社
社　　址	济南市英雄山路 189 号
邮　　编	250002
网　　址	www. qlss. com. cn
电子邮箱	qilupress@ 126. com
营销中心	(0531)82098521　82098519
印　　刷	山东人民印刷厂
开　　本	880mm×1230mm　1/32
印　　张	12
插　　页	2
字　　数	291 千
版　　次	2013 年 12 月第 1 版
印　　次	2013 年 12 月第 1 次印刷
标准书号	ISBN 978-7-5333-3063-7
定　　价	**39.00 元**

序

安土重迁是久远的传统中国农业社会形成的一种观念，问题是，传统社会本身因为天灾人祸与社会经济因素而充满了变数，故而，移民、流民不时成为中国历史上一道道闪烁不定的风景；移民、移居之后，“他乡”与“故乡”之间，还有诸多斩不断理还乱的关系。

移民史研究是近年社会史研究取得重要进展的领域之一，但人们较多关注区域之间大规模的人口流动，如“湖广填四川”、“渡台海”、“下南洋”、“闯关东”、“走西口”、客家之南迁外渡等，而对乡村流向城市、城市与城市之间的流动关注较少。城市近代化是近代中国社会变迁的重要内容之一，移民在城市近代化中发挥了重要作用。在城市近代化研究中，学界多从历史地理、民众运动、交通贸易、外力因素、市政建设等角度开展，而较少从作为社会发展主体的“人”和“人群”的角度，尤其是较少从与城市近代化息息相关的移民群体的视角加以探讨。

从清代至近代，山东是经济、文化、移民输出大省，而北京则长期处于京师、首都地位，又是文化中心，旅京山东人恰好处于两者之联结点上。孙向群博士所著《近代旅京山东人研究》，选取对近代北京城市有着重要影响的山东移民作为研究对象，创造性地构建出近代旅京山东人的历史，多角度地展现了山东移民进入北京、居留北京的面相与活动，取得移民史研究的新成果。

本书是孙向群在博士学位论文基础上继续修订完成的，从当年我们师徒对于论文的不断讨论，到现今大致成形的书稿，进步很大。我认为该书有以下几个特点：

首先，在研究视角上，目前对城市化移民的专门研究多集中于上海，而对其他城市移民的研究较为鲜见。与新兴经济型城市上海所具有的鲜明现代性相比，传统古都北京独特的政治和文化中心地位，使得其移民群体具有不同特征。本书选取对近代北京有重要影响的山东移民展开细致研究，并与上海城市移民进行细节上的比较，展示出北京城市移民的独特面貌，有助于加深认识城市化进程中移民的重要作用，揭示移民文化的多元性特征，探究城市近代化的动力。在此基础上，作者尝试总结近代城市移民群体的基本特征，亦试图对当前移民史研究领域过于聚焦于一隅的现状实现突破，拓宽了近代城市史、移民史的研究空间。

其次，在研究资料上，这一论题的现成资料较为缺乏、分散，作者用了很大精力收集各种资料，除常见的地方志、史料汇编、私人著述及报纸杂志之外，还大量查阅使用了原始档案，资料的准确性和可靠性较高，不少史料为首次使用。作者还多次到北京实地调查，拍摄图片，用力甚多。

再次，在研究方法上，作者运用历史学、社会学、人口学与文化人类学等多学科理论，采取比较研究（旅京山东人与旅京其他省籍移民群体比较、旅京山东人与上海等地移民群体比较）、综合论述与个案研究（典型人物、典型事件）相结合的方法，对旅京山东人群体进行全方位、多层次、多角度的考察，首次勾勒出旅京山东人群体的历史风貌，揭示出古都城市近代化历程中移民与社会的互动关系。

最后，从现实意义来看，改革开放以来，中国城市化进程加快，越来越多的农村人口涌向城市，“中国正以超过50%的城市化率步入加速城市化的中期阶段”①。中国的社会结构也发生了巨大变化。在此城市化高速发展和移民群体城市化的大趋势下，城市化与城市移民问题长期为政府和学界所关注。该书对于人们认识移民在城市化进程中的角色与作用，城市如何管理外来人口，如何发挥移民自组织的作用，以及城市移民群体如何处理好文化认同及自我社会化适应，构建好和谐社会与和谐社区，顺利推进城市化进程，具有一定的启示和借鉴意义。

当然，本书亦存在一些不足之处，诸如资料的收集、完善，旅京山东人与北京其他社会群体的互动，北京政局对旅京山东人的影响，文字的精炼等方面，都有进一步提升的空间。

孙向群博士毕业数年，在学术研究上进步很大，希望作者以此为契机，再接再厉，创造佳绩。在我即将离开山东大学之时，这是我对她的殷切期望。

刘　平

2013年12月于济南

（序者系复旦大学历史系教授、博士生导师）

① 明亮、李津逵：《中国城市化的“三极困境”》，《中国社会科学报》2012年4月9日。

目　录

序 ………………………………………………………………… 001
导　言 ……………………………………………………………… 001
　第一节　选题缘起与选题意义 ………………………………… 001
　第二节　学术史回顾 …………………………………………… 005
　第三节　方法和史料的准备情况 ……………………………… 014
第一章　近代山东人进京概况 …………………………………… 021
　第一节　前近代山东人进京概况及特点 ……………………… 021
　第二节　近代山东人进京的原因 ……………………………… 025
　第三节　数量规模与人口结构 ………………………………… 069
第二章　从会馆到同乡会——旅京山东同乡组织的近代变迁 …… 093
　第一节　会馆——前近代的旅京山东同乡组织 ……………… 093
　第二节　同乡会——近代的旅京山东同乡组织 ……………… 134
第三章　近代北京的山东商人 …………………………………… 153
　第一节　经营范围 ……………………………………………… 154
　第二节　经营方式 ……………………………………………… 175
　第三节　社会影响力 …………………………………………… 186
　第四节　双峰并峙:与旅京晋商之比较 ……………………… 199
第四章　近代旅京山东人的教育活动 …………………………… 217

第一节　创办北京私立山东中学 …………………………… 217
第二节　创办私立青岛大学 ………………………………… 247
第五章　近代旅京山东人的政见分歧 ……………………… 255
第一节　莱阳民变中的旅京山东人 ………………………… 256
第二节　田中玉事件 ………………………………………… 280
第六章　家乡、国家与民族主义 …………………………… 294
第一节　收回山东利权 ……………………………………… 294
第二节　收回青岛主权 ……………………………………… 306
结　语 ……………………………………………………… 334
附　录 ……………………………………………………… 342
参考文献 …………………………………………………… 353
后　记 ……………………………………………………… 374

导 言

第一节 选题缘起与选题意义

一、选题缘起

由于中国传统社会以农村为基础，长期以来，中国史研究较为注重对农村的研究。改革开放以来，随着工业化、现代化和城市化进程的加快，史学研究“随世变而转移”，城市史研究取得长足进展，成绩斐然。本课题之所以选择近代旅京山东人为研究对象，基于以下几个方面的考虑：

首先，当前对上海史形成的研究热潮一定程度上掩盖了对其他城市的研究。改革开放以来，中国史研究中一个突出的现象，就是形成了一股久盛不衰的上海史研究热：不仅在国内研究力量相当强，而且在海外汉学界也堪称显学，并形成一门独特的研究学科——“上海学”①，“据不完全统计，自1980年以来，美、德、法、英、日等国关于上海史的博士论文已经不下三百篇，正式出版上海史的著作不下五十部”②。研究

① 熊月之、周武主编：《海外上海学·序言》，上海古籍出版社2004年版，第1页。

② 熊月之、马学强、晏可佳选编：《上海的外国人（1842－1949）》之前言，上海古籍出版社2003年版，第1页。

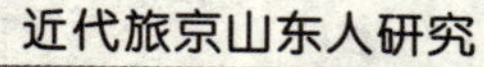

内容涉及上海社会生活的方方面面，如上海资本家、工人、学生、警察、同乡会、苏北移民、帮会、娼妓、市政府等。“尽管大量的著述使我们能够清楚地了解近代上海生活的诸多方面，但是它们也掩盖了对其他城市所做的研究，以致给我们留下了一个印象，上海是近代中国城市的惟一代表”①。

北京和上海是两种不同类型的城市。上海是在农业经济的发展基础上建城，始于宋代，故上海城市的经济特征从城市的起源开始便一直非常明显。近代，随着上海的迅速崛起，其经济特征得到了加强，成为中国新兴的经济中心城市的典型代表。② 在城市的近代化道路上，上海城市发展的核心动力机制是经济机制，其经济集聚和辐射效应，吸引大量移民来到上海，成为典型的移民城市。

与上海不同，北京是崛起于农业时代的行政中心城市，为中国封建政治中心城市的典型代表。③ 从城市的起源时间上看，北京较上海早得多。北京拥有三千多年的建城史——初建于公元前1045年，时称蓟城，之后长期发展，历久不衰。辽代北京作为陪都，是其立都之始，此后历金、元、明、清以至民国，作为首都的历史长达八百余年。在由军事重镇走向国都的历程中，政治地位的上升和城市功能的转化产生了极大的汇聚力，使得历朝历代都有外地人口来京，北京因而

① 刘岩主编：《城市史研究》第21辑（特刊），天津社会科学院出版社2002年版，第19页。

② 邱国盛：《中国城市的双行线：二十世纪北京、上海发展比较研究》，四川出版集团巴蜀书社2010年版，第4页。

③ 关于北京的称谓，在清代和北洋政府时期，“北京”与“京师”互通。1928年后，北京被国民政府改名为“北平”，日伪时期又称“北京”。为行文方便，除个别地方外，笔者统称为“北京”。本书所研究的近代北京的地域范围，仅指清代和民国时期北京的内城和外城部分。

成为历史最悠久的中国移民城市。

其次，从城市移民群体来说，北京城市移民具有与上海移民不同的特点。上海作为中国的经济中心和全国性贸易中心，城市移民具有浓郁的经济特色。上海移民主要以江浙、福建、广东一带人为主。上海外来人口迁移的经济动因突出，商人在整个移民群体中占据重要地位，并在同乡社会中有着重要的社会影响力。

北京的近代化之路，政治机制是其城市发展的核心动力机制。因行政地位所带来的强大集聚效应，使其首都功能叠加，依靠全国的支持，成为最大的消费中心和文化中心，吸引着全国各地的人口汇集于此。北京移民群体的人员构成和发展过程较上海独特，外来人口以北方人为主，并且由于其政治中心和文化中心的特色，城市移民的政治和文化因素较浓，高级军政人员在同乡社会中发挥了主导作用。

再次，在近代北京城市移民群体中，人数众多的山东移民无疑是有着重要影响、不可忽视的群体，在北京城市发展的一些关节点上都留有踪迹，对近代北京产生过重要影响，可视为北京城市移民的典型代表。但此现象尚未引起学界关注，系统的研究尚付阙如①。如近代北京的商业与山东商人的经营息息相关，以至于北京商会的领导权力由鲁籍商人长期掌控；山东移民建立的北京私立山东中学是延存至今的仅有的三所移民中学之一，对北京的中等教育事业作出过重要贡献；在维护家乡权益、争取民族利权方面，旅京山东人更是借助于北京这个政治空间，积极展开活动：围绕清政府对莱阳民变的武力镇压，旅京山东人掀起了轰动全国的请愿活动，对北京和山东的政局产生了重要影响。20 世纪初，中国面临

① 就目前笔者目力所见，专门论述北京山东移民的文章有郭松义《清代北京的山东移民》一文（《中国史研究》2010 年第 2 期）。

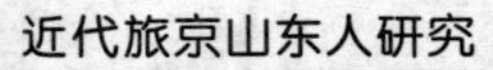

着严重的民族危机。在收回山东利权以及收复青岛主权等涉及国家主权的重大事件中,旅京鲁籍人士将自身与国家的命运紧密联系在一起,通过鲁籍高级官员积极与政府进行有效沟通,成功地实现了爱国与爱乡的统一,集中展示了民族观念、国家观念。

笔者希望通过本课题的研究,弥补当前城市移民史研究不平衡的缺憾,丰富人们对不同类型城市移民群体的认识。故以第一次鸦片战争后的晚清时期和整个民国时期,即 1840 年至 1949 年的一百多年为考察时段,将这一时期不同社会阶层的旅京山东人作为考察对象,运用多种史学方法,动态而完整地体现近代旅京山东人的历史风貌。

二、选题意义

(一)学术意义

1. 在目前北京史研究已取得的成果中,多从历史地理、民众运动、交通贸易、市政建设等角度开展,而较少从作为社会发展主体的"人"和"人群"的角度、尤其是较少从与城市近代化息息相关的移民群体的视角去作探讨。本研究即从移民群体的角度进行研究,探讨移民群体与城市社会的互动。

2. 目前对城市化移民群体的专门研究多集中于上海等近代新兴城市①,而对于北京等传统行政中心城市移民的研究则较为鲜见。上海新兴经济城市所具有的现代性,使其移民群体呈现出鲜

① 国内主要有李瑊著《上海的宁波人》,高红霞著《上海福建人研究(1843-1953)》,宋钻友著《广东人在上海(1843-1949 年)》等(上海人民出版社 2000 年版、2008 年版、2007 年版)等。国外有美国学者韩起澜(Emily Honig)著,卢明华译:《苏北人在上海,1850-1980》(*Creating Chinese Ethnicity: Subei People in Shanghai, 1850-1980*),上海古籍出版社 2004 年版,等等。

明的经济特色，与之不同，传统的古都北京独特的政治和文化中心地位，使其移民群体的政治性和文化性浓郁，具有与上海移民群体明显的不同特征。本书选取对近代北京有重要影响的山东移民展开细致研究，展示出北京城市移民的独特面貌，加深人们对城市移民文化的地域多样性特征的了解，不仅有助于丰富对不同类型移民城市的认识，亦对当前移民研究领域过于集中的现状试图实现一次突破和补充，以拓宽拓深近代城市史、移民史的研究领域。

（二）现实意义

改革开放以来，我国城市化进程加快，大量来自乡村的移民进入城市，中国的社会结构发生了巨大变化。当前，“中国正以超过50%的城市化率步入加速城市化的中期阶段”①。在城市化发展和移民群体城市化的大趋势下，城市化以及城市移民问题一直为政府和学界所关注。本书对于认识城市化进程中移民的作用，尤其是首都城市的移民群体的特点和作用，城市移民群体在城市社区中的社会融合与公共事务参与，对于中国未来的城市发展与社会整合具有重要的意义；对于认识城市如何管理外来人口，如何发挥移民自组织的作用，以及城市移民群体如何处理好文化认同及自我社会化适应，从而构建和谐社会与和谐社区，顺利推进城市化进程，具有一定的启示和借鉴意义。

第二节　学术史回顾

广师前贤，了解相关研究的动态，有助于避免低水平的重复，

① 明亮、李津逵：《中国城市化的“三极困境”》，《中国社会科学报》2012年4月9日。

也是借鉴已有成果、开拓创新的重要途径,因此有必要对以往及当代的相关史学研究成果和思想追踪蹑迹。

以笔者目力之所及,当前尚未有对近代旅京山东人群体的专题性研究,与本文相关的研究表现在以下几个方面:

一、北京史方面

(一)通史方面,1978 年以来出版了一系列通史类著作。如北京大学历史系编《北京史》[①],谭新生等主编《北京通史简编》[②],袁熹著《北京城市发展史》(近代卷)[③]、《北京近百年生活变迁:1840 - 1949》[④]等。其中,以曹子西主编《北京通史》[⑤]为主要代表,这是一部规模宏大、脉络清楚、全面系统研究北京史的著作,对北京移民社会和地域商人有所涉及,为进一步研究打下了坚实的基础。

(二)各种专门史论著大量出现,成果可观。有从民俗史进行研究的,如习五一著《北京的庙会民俗》[⑥]等;有从生活史方面研究的,如吴建雍等著《北京城市生活史》[⑦]等。韩光辉、尹钧科、侯仁之等学者从历史地理学的角度对北京史进行研究,成绩突出。经济史有对北京商会、庙会经济等方面的研究,如敖凯的《京师总商会研究(1906 - 1928)》[⑧]、白玉《北京商会研究(1903 - 1909)》[⑨]

---

① 北京大学历史系编:《北京史》,北京出版社 1999 年版。

② 谭新生等主编:《北京通史简编》,南开大学出版社 2004 年版。

③ 袁熹:《北京城市发展史》(近代卷),北京燕山出版社 2008 年版。

④ 袁熹:《北京近百年生活变迁:1840 - 1949》,同心出版社 2007 年版。

⑤ 曹子西主编:《北京通史》第八卷、第九卷,中国书店 1994 年版。

⑥ 习五一:《北京的庙会民俗》,北京出版社 2000 年版。

⑦ 吴建雍等:《北京城市生活史》,开明出版社 1997 年版。

⑧ 敖凯:《京师总商会研究(1906 - 1928)》,首都师范大学硕士论文,2011 年。

⑨ 白玉:《北京商会研究(1903 - 1909)》,北京师范大学硕士论文,2008 年。

等。对移民建立的同乡组织的研究逐渐引起重视，如汤锦程著《北京的会馆》①，对明清以来北京会馆的出现及其演变进行了论述；刘凤云的《清代北京会馆的政治属性与士商交融》②，则对北京会馆的特点进行了分析。王日根撰写的《论近代社会转型与京师会馆角色的演替》一文，论述了京师会馆的发展历程：会馆早期注重"彰显人文"，进入近代以来，随着社会转型的加剧，会馆转而注重"参与治安"，并指出会馆这种角色的演替，是政府加强社会控制的途径，同时也是会馆适应社会变迁作出的调整。③

人口变化是北京近代化的主要标志之一。从人口史的角度进行研究的有袁熹的《清末民初北京的外来人口探析》一文，对清末民初北京城市外来人口的入京动因、人口自然结构和社会结构的基本状况作了分析④；《近代北京城市人口研究》⑤一文研究了北京城市近代转型过程中人口发生的变化；周进的博士论文《北京人口与城市变迁（1853－1953）》⑥则从人口变化的角度阐述了北京城市的变迁。

郭松义的《清代的北京山东移民》，从中国第一历史档案馆辑取的381宗个案样本出发，通过分析清代来京普通山东移民的籍贯分

---

① 汤锦程：《北京的会馆》，中国轻工业出版社1994年版。

② 刘凤云：《清代北京会馆的政治属性与士商交融》，《中国人民大学学报》2005年第2期。

③ 王日根：《论近代社会转型与京师会馆角色的演替》，《文化学刊》2008年第6期。

④ 袁熹：《清末民初北京的外来人口探析》，《北京社会科学》2000年第2期。

⑤ 袁熹：《近代北京城市人口研究》，《人口研究》2003年第9期。

⑥ 周进：《北京人口与城市变迁（1853－1953）》，中国社会科学院研究生院博士学位论文，2011年。

布、从业状况,反映了山东普通农民背井离乡进入北京,企图改变身份、融入城市,为求得较好生活而努力拼搏的历史。这其中有人站住了脚跟,获取了成功,但也有人得到的是痛苦和失败,乃至付出生命的代价,显示出历史行进道路的复杂和艰难。① 文章虽受样本数量和内容的限制,不能全面反映清代山东移民在京的生活状况,但是因其具体而微,以小见大,对本书研究有着重要的参考价值。

此外,邱国盛著《中国城市的双行线:二十世纪北京、上海发展比较研究》②,从城市发展道路、发展机制、地位与作用等方面对北京和上海作了宏观的比较研究,为本研究提供了有益养料。

这一时期,海外有关北京史的研究也取得了较为丰硕的成果,如理查德·贝尔斯基《北京士绅的同乡住所:中国首都会馆的社会与政治演变》,大卫·斯特朗《人力车与北京:20 世纪 20 年代的市民与政治》、史明正《走向近代化的北京城——城市建设与社会变革》等。③ 韩书瑞(Susan Naquin)著《北京:寺庙与城市生活,1400 ~ 1900》,则通过以寺庙为中心的宗教信仰活动的分析,来研究北京城市生活。④

综上所述,北京史各个领域的研究成果已相当丰硕,为日后研究提供了坚实基础。尽管如此,与北京作为中国数百年的政治、文化中心这一地位相比,还是很不相称的。再者,北京又是历史悠久的移民城市,移民是城市发展的活力源泉。目前学界关于北京史

---

① 郭松义:《清代的北京山东移民》,《中国史研究》2010 年第 2 期。

② 邱国盛:《中国城市的双行线:二十世纪北京、上海发展比较研究》,四川出版集团巴蜀书社 2010 年版。

③ 史明正:《北京史研究在海外》,《北京档案史料》1999 年第 3 期。

④ Susan Naquin, *Peking*: *Temples and City Life*, *1400 – 1900*. Berkeley: University of Califomia Press, 2000.

的研究多从历史地理、民众运动、城市生活、城市发展等方面开展，缺少从作为社会发展主体的“人”或“人群”，尤其是从移民群体的视角去作探讨。

二、近代旅京山东人方面的研究

（一）以旅京山东人群体中的军政人物为对象的研究

在旅京山东人群体中，曾经出现过一批对中国政治产生重要影响的军政人物，如吴佩孚、宋哲元、何思源等，不少学者曾展开研究。如吕伟俊的《宋哲元》①，王强、马亮宽的《何思源：宦海沉浮一书生》②，何兹全等编辑的《一位诚实爱国的山东学者：何思源先生诞辰一百周年纪念文集》③等，资料丰富翔实，涉及这些人物旅居北京时期的活动。唐锡彤编辑的《吴佩孚研究：第三届吴佩孚生平与思想学术研讨会论文集》④，研究人物较为客观，是吴佩孚研究的最新成果。另外还有吴家林、徐香花的《何思源与北平的城市建设及管理》⑤等。

（二）以旅京鲁商为对象的研究

山东商帮是近代商人群体的一个重要组成部分，要审视近代商品经济，也必然要对山东商帮展开研究。张海鹏在《中国十大商

---

① 吕伟俊：《宋哲元》，山东大学出版社 1989 年版。

② 王强、马亮宽：《何思源：宦海沉浮一书生》，天津人民出版社 1996 年版。

③ 何兹全等编：《一位诚实爱国的山东学者：何思源先生诞辰一百周年纪念集》，北京出版社 1996 年版。

④ 唐锡彤编：《吴佩孚研究：第三届吴佩孚生平与思想学术研讨会论文集》，北京图书馆出版社 2007 年版。

⑤ 吴家林、徐香花：《何思源与北平的城市建设及管理》，《北京社会科学》2000 年第 1 期。

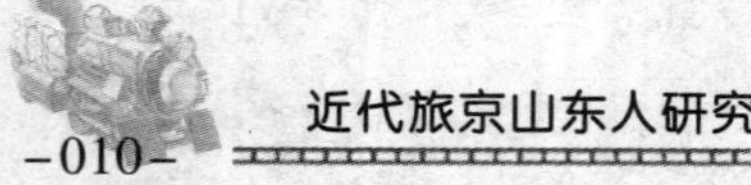

帮》中对山东商帮进行了概述,指出儒家文化在山东商帮经商活动的影响。[①] 李平生在其所著的《山东老字号》中对山东商人在近代转型时期中的变化进行了论述,并对瑞蚨祥进行了个案分析。[②]

(三)以与旅京山东人群体有关的历史事件为对象的研究

美籍学者周策纵先生在《五四运动:现代中国的思想革命》中,对旅京山东人在五四时期的活动有一定的关注。[③] 刘同钧先生在《辛亥革命前莱海招抗捐运动》中,详细叙述了旅京山东官绅对山东巡抚孙宝琦剿办曲士文起义的抗议过程[④],但侧重于资料的收集,且意识形态较浓。

以上是与本书直接相关的研究成果。还有一些研究成果,虽然与近代旅京山东人并无直接关系,但是对本书的研究提供了理论和方法,为了更多地借鉴前人成果,下面对这类学术成果进行概述。

会馆、公所研究直接涉及城市移民群体的领域,并已取得丰硕的成果。会馆、公所是以同乡或同业为纽带的民间组织。清代,旅京山东人在北京建有传统的同乡组织——会馆。民国后,会馆更名为同乡会,继续为旅京山东人提供社会服务。旅京山东人不仅凭借会馆或同乡会这个带有边界的空间来联络乡谊,也进行与自身利益有关的政治活动。关于北京的鲁籍会馆的史料部分已经得

---

① 参见张海鹏:《中国十大商帮》,黄山书社 1993 年版,第 168 ~ 191 页。

② 李平生:《山东老字号》,山东文艺出版社 2004 年版,第 91 ~ 96 页。

③ (美)周策纵著,周子平等译:《五四运动:现代中国的思想革命》(*The May Fourth Movement: Intellectual Revolution in Modern China*),江苏人民出版社 1999 年版。

④ 参见刘同钧等编:《辛亥革命前莱海招抗捐运动》,社会科学文献出版社 1989 年版。

到系统整理，如北京市档案馆于1997年出版了《北京会馆档案史料》，其中收录了山东旅京会馆的章程、管理规则和碑刻等资料。①

对旅京山东同乡组织的研究至今尚未全面展开，但海内外史学界对中国会馆已经有长期而密切的学术关注。20世纪20年代，郑鸿笙先生撰写《中国工商业公会及会馆、公所制度概论》②，抗战时期，窦季良编著成《同乡组织之研究》③一书。其后美籍华人学者何炳棣先生在《长江中上游诸省会馆的地理分布》一文中，以外来人员在本地的联谊互助组织——会馆为研究对象，运用历史地理学的方法揭示了中国人"原籍"意识的深刻性。④ 吕作燮先生在《明清时期的会馆并非工商业行会》中试图区分同业会馆与同乡会馆的差异，认为两种会馆的组织和日常运作方式都有明显的不同。⑤

王日根对中国会馆历史进行了全面的系统研究，著成《中国会馆史》一书，并注意到了同乡会馆与同业会馆并存的现象。王日根先生对会馆做了这样的界定：会馆是明清社会政治、经济、文化变迁的特定产物，与商品经济发展、科举制度和人口流动相伴随。在社会功能上，会馆最初是作为同籍在京人员聚集联谊的场所，其功能日渐增加并形成组织运作规范。从表现形式来看，会馆可以按

---

① 北京市档案馆编：《北京会馆档案史料》，北京出版社1997年版。

② 郑鸿笙：《中国工商业公会及会馆、公所制度概论》，《国闻周报》1925年5月第2卷第2期。

③ 窦季良编著：《同乡组织之研究》，正中书局1943年版。

④ 参见何炳棣：《长江中上游诸省会馆的地理分布》，《清华中国研究学报》1966年第5期。

⑤ 吕作燮：《明清时期的会馆并非工商业行会》，《中国史研究》1982年第2期。

照所属行政区域划分,也可以按照同业关系而组建。①

笔者认为,明清以来直至近代,在中国城镇,同乡与同业网络相互叠合,往往同一行业的从业者都来自一省甚至一县。随着近代工商业的发展,同业网络与同乡网络交织的特征在旅京鲁商中有突出表现,形成了同业即同乡的现象。从历史上出现的旅京山东会馆来看,这些会馆也大都是山东商人同行聚会的场所。可以说,旅京山东会馆往往承担了同业公馆的功能。直到清末新政,这一功能才让渡给新出现的商会组织。通过对这种现象的初步分析,笔者认为近代旅京山东人的工商业活动是重新审视同乡与同业关系的很好研究视角。

北京是各地会馆云集的城市,各地来京人员主要寓居于宣武门以南的旅京会馆,形成了"宣南文化"。关于北京会馆的研究成果主要有:胡春焕、白鹤群的《北京的会馆》②,对明清各省会馆在北京的分布和沿革进行了论述。汤锦程先生在同名的《北京的会馆》一书中介绍了新文化运动与北京会馆的关系等。③ 还有刘凤云的《清代北京会馆的政治属性与士商交融》④,王日根的《晚清至民国时期会馆演进的多维趋向》⑤,万江红、涂上飙的《民国会馆的演变及其衰亡原因探析》等大量文章。⑥

---

① 王日根:《中国会馆史》,东方出版中心 2007 年版,第 29 ~ 30 页。

② 胡春焕、白鹤群编著:《北京的会馆》,中国经济出版社 1994 年版。

③ 汤锦程:《北京的会馆》,中国轻工业出版社 1994 年版。

④ 刘凤云:《清代北京会馆的政治属性与士商交融》,《中国人民大学学报》2005 年第 2 期。

⑤ 王日根:《晚清至民国时期会馆演进的多维趋向》,《厦门大学学报》(哲学社会科学版)2004 年第 2 期。

⑥ 万江红、涂上飙:《民国会馆的演变及其衰亡原因探析》,《江汉论坛》2001 年第 4 期。

虽然山东人在近代北京的移居生活尚未引起史学界的普遍关注，但是可以借鉴的研究成果却不少。美国学者韩起澜（Emily Honig）博士以上海开埠以来苏北人迁入上海和适应上海生活的历程为研究对象，撰成《苏北人在上海，1850－1980》。作者借鉴吸收了人类学的族群分析理论，对"苏北人"这个在上海市民中有特定感情取向的概念的构建历史进行了动态分析。作者指出，"苏北人"这个在地理上界限模糊的概念与上海社会阶层的差距形成了持久且不易消除的关联，这种关联是上海城市近代发展过程中多方力量综合形成的结果。韩著虽然以上海的苏北人为研究对象，但其思路和所运用的方法对笔者探讨旅京山东人如何融入北京的生活这一问题有很大的启示。

笔者借鉴的其他学术研究成果还有宋钻友著《广东人在上海（1843－1949年）》、李瑊著《上海的宁波人》、高红霞著《上海福建人研究（1843－1953）》等专著或论文。这些成果注意到了移民的整体心态、移居的动机以及他们融入移居地生活的过程。

旅京山东人在北京这个具有特殊政治意义的城市空间如何编织自己的同乡网络？美国俄勒冈大学教授顾德曼（Bryna Goodman）博士对这一问题的探讨给予笔者很大启发。顾德曼运用社会网络理论方法，对南京政府时期的中国同乡组织进行了探讨，指出：

> 随着城市福利事业与功能逐渐扩张，商业组织、秘密会社、宗教团体、私人慈善与政府机构等共同形成网络，这多种成分并非完全对立互相竞争，反而多是平行发展，或有交集——同乡组织及其网络也是这个网上的经纬与节点。①

① （美）顾德曼（Bryna Goodman）：《民国时期的同乡组织与社会关系网络——从政府和社会福利概念的转变中对地方、个人与公众的忠诚谈起》，《史林》2004年第4期。

顾德曼在《家乡、城市和国家——上海的地缘网络与认同，1853－1937》一书中，对家乡在中国人情感世界里的分量作了全面细致的探讨，例如中国人有悠久的叶落归根传统，中国人浓重的安土重迁、慎终追远等观念。中国人的籍贯文化，使得移民无论迁移多少代，仍然坚持以祖籍为自己的籍贯。这种强韧的家乡观念，使得移民在旅居城市里，重建起家乡的环境，相同的方言、习俗、宗教、戏剧、烹饪风格，为来自同一地区的移民增添了浓浓乡情，构成了同乡认同的基本要素。① 在旅京山东人群体中，他们的生活习俗和政治行为都标示了他们自身难以抹去的地域属性。

通过相关研究的学术史回顾可见，已有的研究成果为笔者在史料发掘和叙述解释等方面提供了极有价值的研究线索和启发，为本书的研究提供了坚实的基础。当然，这些已有的成果在广度和深度上都需要后继研究的进一步拓展。在前人学术劳动的基础上，将旅京山东人的近代发展史研究向纵深推进，这正是笔者意图之所在。

第三节　方法和史料的准备情况

一、主要方法

无论运用何种方法，尊重史实是笔者研究、写作的绝对要求。因此，笔者将尽可能地深入各类史料，在史料的排比中，通过叙述和解释，复原一个接近真实的历史图景。对于史料，笔者在研究

---

① （美）顾德曼（Bryna Goodman）著，宋钻友译：《家乡、城市和国家——上海的地缘网络与认同，1853－1937》（*Native Place, City, and Nation: Regional Networks and Identities in Shanghai, 1853－1937*），上海古籍出版社2004年版。

中，力求做到由表及里，将史料的认定和理解融合于史实的叙述和解释中。

本书将尽可能在深入各类史料的基础上，使再现的史实最大限度地接近真相。对于缺乏史料线索的问题，则宁可信守阙疑，留以有待，绝不用毫无根据的揣测强行弥缝补隙。同时，避免有意或无意地从某种主观性的认识出发进行推理，或择取史料，导致偏见性的概括论述。就这种意义而言，本书的叙述和解释绝不是为着论证某种假设，史料的择取也绝不是为着支撑观点而服务。观点作为思维的高度概括，应当在史实的完整叙述中自然形成，而不是通过刻意地择取史料，甚至歪曲史料来"提炼"。史学研究的终极目标是尽可能完整而接近真实地叙述历史事实，并非止步于辨彰清浊，奖正刺邪，更非寓意古题，讽今喻世，本书的研究同样不例外。

本书涉及了近代山东人向北京迁移的动态过程。为了将问题解释清楚，对人口迁移现象进行理论知识准备是非常有必要的。

人口学研究认为：人口迁移是一定时期内人口在地区之间永久或半永久的居住地的变动。① 人口迁移不仅是人口在地理位置上的变动，而且是地域文化和经济的交流途径。由此，对移民现象的认识，不仅应当关注他们生活空间的变化，还应当关注生活空间变化所带来的一系列变化，并进一步分析他们作为移民对新的生活空间的影响。笔者还将探讨山东人何以选择北京作为他们的移居地，而北京又何以吸纳山东移民这样看似简单实则头绪万端的问题。

笔者还将吸收心态史的研究方法。心态史是研究一定时代群

---

① 佟新：《人口社会学》（第四版），北京大学出版社 2010 年版，第 103 页。

体心理表现和大众意识状态及其演变过程和趋势的史学分支。它注重的是社会群体在社会生活中所共有的理念和意识,并着重考察特定历史环境下物质生活条件与这种观念和意识的关系问题。由于心态史研究的对象比较独特,各种历史因素都可能在此找到汇合点,这也要求心态史学具有跨学科的综合研究能力,必须与一些相关学科交叉与渗透,如人口学、社会学、心理学、语言学、符号学等。美国学者罗威廉(William T. Rowe)曾在其所著的《汉口:一个中国城市的商业和社会(1796 - 1889)》中对清末汉口市民的集体心理取向的变迁过程进行了史学论述。① 笔者借鉴、运用心态史方法,从历史最深的沉淀层中开掘对旅京山东人的认识。

会馆为旅京山东人提供了活动的公共空间。这种空间的意义既有社会服务层面上的,也有政治层面上的。根据当代德国社会学家哈贝马斯的理论,公共领域指一个国家和社会之间的公共空间,是一个介于私人领域和公共权威之间的非官方领域,市民们可以在这个空间中自由发表言论而不受国家的干涉。公共领域在一个共享的空间中,为人们提供自由、公共的话语交流的互动平台,即"公共话语空间"。本书运用这一理论,来分析旅京山东会馆及同乡会如何为旅京山东人提供此类公共话语空间。

社会网络理论也是笔者所借鉴采用的重要理论。社会网络理论是被应用到社会学的许多领域的研究方法,社会网络分析法就是讨论人与人之间如何通过某些共有的属性来建构特定的社会关系。笔者运用这一理论,探讨旅京山东人如何以同乡这个属性来

---

① (美)罗威廉(William T. Rowe)著,江溶、鲁西奇译:《汉口:一个中国城市的商业和社会(1796 - 1889)》(*Hankow: Commerce and Society in a Chinese City, 1796 - 1889*),中国人民大学出版社 2005 年版。

建构相互认同的关系，如何将这种关系跨越身份、社会阶层而成为一个富有韧性的社会网络，而这种社会网络又形成了何种与之相适应的行为规范，旅京山东人又是如何基于这种规范来选择他们的首领。笔者将在第五章以莱阳民变为背景，分析旅京山东人在政治上所构成的网络。

本书还引入历史人类学的“族群”（ethnic groups）①理论来探讨旅京山东人如何在“他乡”中去表达对故乡利益的关注，并将其转化为集体行动。社会地位和政治倾向均有差别的旅京山东人在涉及家乡利益的重大问题上往往表现出接近一致的言行，并且将有违于他们共同倾向的山东同乡排斥在外。显然，旅京山东人这一群体并不简单以籍贯来作为相互认同的标准，而是在复杂的政治社会变动中形成了共同的利益诉求。

现代化解释模式也是本书所借鉴的重要理论之一。现代化理论是对由传统社会向现代社会变迁的系统性认识。这一认识，关注变迁的过程、性质、动力等一系列问题。现代化是涉及人类生活各个方面的多层次、多维度的社会变迁，就具体表现而言，现代化表现为经济领域的工业化、政治领域的民主化、社会生活领域的城市化以及意识观念领域的理性化。现代化理论视角对我们研究社会转型中的移民群体的心理和社会组织等的转变有着深刻启示。笔者所择取的研究时段始于第一次鸦片战争结束的道光二十年

---

① “族群”概念是凯伊斯于1979年在《族群的适应和认同》一文提出的，指那些同属一个共同的大文化、有着相同的语言，但生活方式存在差异的人群。决定族群成员身份的因素是当事人的归属和认同。归属感和认同感是基于群体间的社会差别形成的某些基本的社会认同产生的。参见 Charles F. keyers, *Ethnic Adaptation and Identity : the Karen on the Thai Frontier with Burma*. Institute for the Study of Human Issues, Philadelphia. 1979.

(1840),迄于北京和平解放的1949年,这一百多年的时间段,按照法国社会史学家布罗代尔的理解,可以被视作是“中时段”,也是中国社会变迁速度从迟滞到加快的时期。山东人来到北京,必然要从物质到精神上应对不同于家乡的社会变迁,而他们在北京的各种活动,也多少为北京的社会变迁注入了新的动态因素。因此,我们有必要探讨山东人在北京是如何应对现代化变革的。

二、运用的史料

史料是进行研究的基础。在没有积聚足够充分的史料可据以论述前,所推理而出的结论往往失之于轻率而武断。卷帙浩繁的《四库全书》在其凡例中就指出:“论史主于示褒贬,然不得其事迹之本末,则褒贬何据而定?”①十分重视史料作用的傅斯年先生也深刻地指出:“凡一种学问能扩张它所研究的材料便进步,不能的便退步。”②笔者在史料文献搜集的基础上展开论述,力求做到论必有据。下面将对相关史料进行分类说明。

(一) 原始档案

档案是史学研究的第一手原始材料。笔者既关注已整理出版的档案史料,也注意搜集未刊档案。北京市档案馆保存了大量有关旅京山东人活动的原始档案。笔者有针对性地查阅了北平市社会局、北平市教育局、北平市民政局、会馆档案中山东省籍会馆及同乡会档案,山东人占优势行业的同业公会如北平市绸缎业同业公会、布业同业公会、粮油业同业公会、猪肉业同业公会、估衣业同

① [清]永瑢、纪昀主编:《四库全书总目提要》之《凡例》。

② 《历史语言研究所工作之旨趣》(1928年5月,广州),见欧阳哲生编《傅斯年全集》第3卷,湖南教育出版社2003年版,第6页。

业公会、饭庄业同业公会、粪业同业公会等档案。这些原始档案，优点是为我们提供了近代旅京山东人的组织活动状况，翔实可靠，缺点是资料保存得不甚完整，多为民国后期的内容，而记录民国初期的内容较少。尽管如此，这些珍贵史料从不同侧面提供了近代旅京山东人的历史信息，成为本书重要的论述依据。

（二）地方志

清代和民国时期都曾大量修撰方志。历代山东和北京地区的方志纂修和保存较为完备。笔者在山东大学图书馆地方志阅览室和山东省图书馆历史文献部查阅了近代以来北京及山东省各府、州、县、市的地方志，如《光绪顺天府志》、《福山县志稿》、《栖霞县志》、《寿光乡土志》、《昌邑县志》、《黄县志》、《莱阳县志》、《登州府志》、《即墨县志》等。这类文献提供了山东许多市县及北京的人文历史信息，为笔者提供了重要的史料来源，在一定程度上可以弥补晚清时期和民国早期史料的不足。

（三）已整理出版的史料汇编

在诸多史学工作者的辛勤劳动下，许多散见于各处的原始史料得到了整理出版。已出版的史料汇编为笔者的研究提供了极大的便利。有关已出版的会馆资料有李华的《明清以来北京工商会馆碑刻选编》，北京市档案馆编的《北京会馆档案史料》，李金龙、孙兴亚主编的《北京会馆资料集成》等。其他有关山东的重大事件的资料汇编有山东省地方史志编纂委员会编的《山东史志资料》，胡汶本、田克深编撰的《五四运动在山东资料选辑》，刘同钧的《辛亥革命前莱海招抗捐运动》、《莱海招抗捐运动与辛亥革命》等等。有关山东人在北京活动的资料有：京师商务总会编撰的《京师商会众号一览表》，山东莱阳旅平学生会编撰的《山东莱阳旅平学生会会员齿录》，娄学熙主编的《北平市工商业概况》，北京市商会编撰的

《北京市商会会员录》、《北京市商会临时救济会报告书》,正风经济社主编的《北京市工商业指南》等等,这些史料汇编为笔者了解山东人在北京的活动提供了重要线索。

(四) 新闻报刊

随着近代新闻事业在中国的发展,越来越多的民间组织有意识地利用报刊表达自己的呼声,使政府感受到很大的舆论压力。在清末的莱阳民变,民国年间的五四运动、威海卫交涉事件中,都可以看到旅京山东人在报刊上的呼声。同时,社会舆论也通过报刊报道表达了对旅京山东人社会活动的密切关注。本书即选取了《申报》、《大公报》、《顺天时报》、《每周评论》、《东方杂志》、《山东杂志》以及《晨报》、《盛京时报》等著名报刊为史料来源。

(五) 私人著述

无论是著者自编还是后人编辑,私人著述都反映了当事人和作为旁观者或评论者的非当事人对旅京山东人社会活动的记忆和评论。这类史料以文集、日记、书札和回忆录为主,内容鲜活生动,一定程度上丰富了我们对旅京山东人的认识。如陈宗蕃的《燕都丛考》,张爵、朱一新著《京师五城坊巷胡同集 京师坊巷志稿》,徐珂的《清稗类钞》,李家瑞编《北平风俗类征》,陈恒庆撰写的《谏书稀庵笔记》,刘侗、于奕正撰写的《帝京景物略》,崇彝撰写的《道咸以来朝野杂记》,吴长元辑录的《宸垣识略》等。

上述资料的出处,笔者在后面的论述、引用中均已一一注明。

第一章　近代山东人进京概况

自古以来，山东人为谋求生计或改善自身的生活条件等原因向外迁移，北至辽东，南达上海、闽广一带，远至日本、南洋等沿海各国，而尤以东北地区和口外为其主要去处。明清时期，随着商品经济的发展、城市以及交通运输业的繁荣，进城成为越来越多山东人的选择。作为都城的北京，因其优势，具有相当的吸引力，山东人进京谋生已多见记载。近代以降，随着自然和社会发生的剧烈变迁，山东人持续北上入京已成为常态。

人口迁移是各种因素共同作用的结果。山东人的迁移入京有着不同的客观原因和主观动机。在北京的山东人，其籍贯和职业分布有着很强的关联性。本章试图利用人口学的理论方法，对近代旅京山东人的人口结构特征进行动态的分析，以期对旅京山东人的来源与分布取得宏观性的认识。

第一节　前近代山东人进京概况及特点

北京拥有三千多年的建城史和八百多年的建都史。一方面，每当封建朝代更迭之际，因战乱原因，京师人口减少，需迁外地人口以充实。另一方面，北京作为区域中心城市和首都的汇聚效应，吸引外地人口的迁入。山东地近北京，在元代就有山东人入京的

记载，但限于经济发展水平和交通等因素，直到近代之前，山东人入京还不是普遍现象。

一、前近代山东人进京概况

北京城初建于公元前1045年，时称蓟城，初始作为区域政治中心，之后长期发展，至辽代北京发展为陪都，是北京立都之始。此后历金、元、明、清以至民国，北京上升为全国性首都。北京在由军事重镇发展成为国家首都的进程中，其政治地位上升和城市职能的转化中所产生的汇聚力，使得历朝历代都有外地人口来京。可以说，北京是中国历史最悠久的移民城市。

由于北京是基于政治的需要建城，其城市功能一开始就有政治和军事特色。在每次战争结束、政权更迭后，随着统治的稳定，统治者开始从京畿地带向北京移民，以加强北京的军事防卫力量，同时弥补战争造成的北京人口减少，由此形成中国古代历代相沿的迁移人口以实京师的政策。山东地近北京，不免有为数不少的山东人口以实京师。如元代至正元年(1341)，敕山东经略副使武秀选益都新军一千人充武卫军赴中都①。一般来说，中国城市往往也是“商业和手工业中心”②，但古代中国传统行政中心城市的发展特征，使得北京的经济功能附属于政治功能，城市的经济功能非常弱小，北京的商业、手工业更多的是为统治者需要服务。所以明清之前山东移民入京主要是政治和军事因素，属于政

---

① ［明］宋濂:《元史》卷五《世祖纪》，转引自韩光辉《北京历史人口地理》，北京大学出版社1996年版，第249页。

② (德)马克斯·韦伯:《儒教与道教》，江苏人民出版社1997年版，第19页。

治迁移。

明清之后，这种状况发生改变。由于商品经济的发展，山东人进京除了以实京师之外，从事商业活动的因素逐渐增多，再加上明清时期已成为都城的北京，“靠着地区与国家经济上的统一，靠着政治结构上中央集权的势力，才成为一个极为富裕舒适的城市”①。北京城市独特的吸引力，使自愿性山东移民逐渐多起来，如永乐四年（1406）出现山东等地郡县吏愿为北京民者现象②。明代中期之后，各地商人、工匠、平民内聚迁入北京者颇多，多从事工商业活动，如明朝就有不少山东人在北京开饭馆。③ 限于资料，尽管无法确知山东移民入京的人数和从事职业状况，但是可以肯定的是，山东人自发性迁居北京的人数较之前逐渐增多。明清时期，北京成为科举中心，因科举入京也成为移民的一个重要渠道。

明清时期，随着商业和手工业的发展，从事服务行业的人亦越来越多。据郭松义分析的清代北京山东移民的 381 个样本中，属于清代中期的有 133 个，其中为公家、官府服务的诸如当差、奴仆、太监、府库赶车人、抬轿人、佣工等大约不到 30 人，占总数不到 22%；从事日常商业活动者有 77 人，约占总数的 59%；另外还有从事教读、看井、挑水、粪业、手艺工匠、农业雇工等北京市民日常生活需要的行业。这些案例虽然不够全面，但也从一个侧面说明，在京山东人从事的行业以满足北京市民

① 施坚雅主编，叶光庭等译：《中华帝国晚期的城市》，中华书局 2000 年版，第 162 页。

② 《明太宗实录》卷四十，转引自韩光辉《北京历史人口地理》，北京大学出版社 1996 年版，第 262 页。

③ 烟台市福山区政协文史资料研究委员会编：《烹饪之乡采录》，1985 年版，第 6 页。

日常生活需要为主。

来京人口的增多给北京城市生活带来不少社会问题。为了解决京师人口迅速增长带来的种种社会问题,清代前中期一直实行限制人口的政策,直至清中期之后,逐渐取消限制直省流民占籍京师政策,此后外来人口来京人数逐渐增加。

二、特点

因资料所限,不能有山东人入京确切总数,但是可以说明的一点是,前近代山东人入京受经济、交通、社会发展等各种因素制约,人数不是很多。总的来说,前近代山东人入京有以下几个特点:

1. 从入京动因来看,古代北京山东移民多为被动迁移。山东是儒家思想的发祥地,又是中国传统的农业大省,优良的地理环境为山东民众提供了世代繁衍生存的自然资源,悠久的文化传统和优良的自然条件都使得山东人引以为自豪,这种自豪感构成了他们对家乡的厚重情怀。浓厚的"安土重迁"观念在山东民众的意识世界中有着尤为牢固的根基,一般人是不会放弃故土和既有的生活方式去飘荡四方。① 同时,自给自足的小农经济也限制了山东人向外迁移的欲望。所以早期山东人迁移多迫于战乱、灾荒或统治者的强制政策。移民的迁移动因、自身素质对文化传播、社会发展有着非常重要的影响。被动迁移这种传统意义上的人口迁移对人类社会进步与发展产生的影响要小,相比之下,主动性迁移则要对

---

① 著名社会学家费孝通指出,在传统中国社会里,世代定居于某地是常态,而迁移是变态。参见费孝通《乡土中国》,见《费孝通选集》,天津人民出版社 1988 年版,第 161 页。

迁入地的影响要大许多。

2. 从事职业方面，早期的山东人入京多以计划性迁移为主，历代政府为满足自己政治与经济生活的需要，大量内聚迁移政府官吏、军队、工匠及服务人口，故山东移民的职业也主要是为了满足统治者的需要。明清时期，随着商品经济的发展，山东人自发迁入北京的越来越多，其所从事的行业以满足北京市民日常生活为主，尤其是以经商者居多，体现在移民的职业构成中，军人数量比重下降，城市经济人口数量比重明显上升。

3. 从迁移的规律和数量来看，古代山东移民北京呈现出阶段性特征。由于受北京城市容量和经济发展程度限制，城市不能提供更多的就业机会以容纳更多的外来人口，一旦内聚迁移人口过多而超出北京城市承载力时，统治者往往会采取离散迁移措施，限制外来人口进京，以控制北京城市户口规模。如元代、明代中期和清代前中期，统治者都采取过这种措施。①

第二节　近代山东人进京的原因

与古代因战争因素造成的人口阶段性迁移不同，近代的山东人北上迁移入京呈现出持续性和常态性的特点。晚清和民国时期，随着传统政治经济体系的逐渐解体，自然和社会发生剧烈变迁，极大地影响了山东人的生活环境，亦影响到他们的生活观念和方式；再加上近代北京的迅速发展，扩大了对外来人口的需求和容纳量，颇具吸引力。许多山东人在各种因素驱动下，打破墨守乡土的故习，告别家乡，大量北上进京，开始他

① 韩光辉：《北京历史人口地理》，第 299 ~ 312 页。

们新的生活。山东人入京有着多样的原因，既有传统因素在惯性作用下的延续，又有因时代变迁而来的近代因素。总体上来说，在各种传统与近代因素的交互作用下，山东人告别故土，北上进京，开始其新生活。

一、传统因素的延续——科举

科举取士自隋唐至清存在了一千三百余年，一直作为封建社会选拔官吏的制度。在传统的四民社会中，士居四民之首，人的上升性社会流动，最主要的途径就是通过科举考试以获取功名。“科举制是一项集文化、教育、政治、社会等多方面功能的基本体制，它上及官方之政教，下系士人之耕读，使整个社会处于一种循环的流动之中，在中国社会结构中起着重要的联系和中介作用”①，为此，士子莫不埋首于四书五经之中，皓首穷经，孜孜以求，一旦考中进士，出身穷苦人家的读书人就能“朝为田舍郎，暮登天子堂”，从此改变命运，跻身于社会上层。

明永乐十九年(1421)，明成祖朱棣以北京为京师，全国性科举考试机构也随之北迁，北京成为科举中心。“由于教育与行政职位间的紧密联系以及最高等考试必须在北京考场中举行的事实，北京成为旧中国的教育、政治中心”②，直至科举制度废除之前，尽管发生很多变化，北京一直保持着这种地位。此时以八股文为取材标准的科举制度也日渐完备。科举按照级别分为：县试、乡试和

---

① 罗志田:《清季科举制改革的社会影响》,《中国社会科学》1998 年第 4 期。

② (美)西德尼 · D. 甘博著,陈愉秉等译:《北京的社会调查》,中国书店 2010 年版,第 123 页。

会试，直至殿试四级。县试是在考生的原籍县份举行，以选拔秀才为目的，及格者称“童生”。乡试在考生的所属省份的省会举行，以选拔举人为目的。会试和殿试以选拔进士为目的，均在封建王朝的统治中心——京城举行。考中的进士再分授不同的官职。乡试和会试是三年一试，被称作是“大比之年”。[①] 可以想见，在大比之年，各地的举子络绎不绝地赶往京城应试，希冀在科场一搏成名，以改变自己的社会地位和门庭。一纸黄榜，使大多数举人失意而归，当然也有少数举子幸运地榜上有名，成为“天子门生”，开始他们宦海沉浮的生涯，京城就成为这些新科进士的生活地。从人口迁移的角度来看，科举也是各地举子向北京移居的途径。

作为儒家文化的发祥地，山东的传统教育有较高的普及程度。光绪三十一年(1905)清廷宣布废止科举制度之前，科举一直是近代山东向北京输出人才的重要途径，自然也成为那些谋求政治前途以改变自身命运的山东人向北京迁居的途径。明清两朝总共举行了 201 科京城会考(包括临时举行的恩科和博学鸿词科)。在这长达五百多年的时间中，山东省向北京输送了大量的进士。据沈登苗的统计，明代全国共录取进士 24814 人，其中山东籍进士占到 1763 人。入清以后，山东籍进士的人数比例又有明显的上升。有清一代，全国共录取进士 26747 人，其中山东籍进士又占到 2270

---

① 笔者在此参考了许树安《古代选举及科举制度概述》(天津人民出版社 1985 年版)、于景祥《金榜题名：清代科举述要》(辽海出版社 1997 年版)、何力《北京的教育与科举》(北京出版社 2000 年版)、张亚群《科举革废与近代中国高等教育的转型》(华中师范大学出版社 2005 年版)、杨齐福《科举制度与近代文化》(人民出版社 2003 年版)等著作。

人。明清两代山东进士总数排在全国进士榜第五。[1] 见表1-1：

表1-1 明清各省进士地理分布

朝代 省份	明代		清代		明清两代	
	进士数	名次	进士数	名次	进士数	名次
浙江	3697	1	2808	2	6505	1
江西	3114	2	1919	5	5033	3
江苏	2977	3	2949	1	5926	2
福建	2374	4	1371	8	3745	6
山东	1763	5	2270	4	4033	5
河南	1729	6	1721	6	3450	7
河北	1621	7	2674	3	4295	4

① 由于所运用的资料和统计方法的不同，学界在对明清时期山东进士的统计上数据不甚相同。如据王耀生统计，明代山东进士为1630人，清代为2240人，明清两代山东进士共计3870人（《明清时期山东进士地域分布特点及与经济、区位、民风的关系》，《中国地方志》2005年第9期），与陈国生统计一致（《明代人物的地理分布研究》，《学术研究》1998年第1期）；吴宣德统计出明代山东进士为1737人（《明代地方教育建设与进士的地理分布》，《教育学报》2005年第2期）；沈登苗统计出明代山东进士为1763人，清代山东进士为2270人，明清共计4033人（《明清全国进士与人才的时空分布及其相互关系》，《中国文化研究》1999年冬之季总第26期）；李润强统计出清代山东进士为2260人〔《清代进士的时空分布研究》，《西北师大学报（社会科学版）》2005年第2期〕等。参见张增祥《明清时期山东进士的时空分布研究》，辽宁师范大学硕士学位论文，2008年。另据赵丽美的统计，明代山东进士共有1710名（《明代山东进士群体研究》，辽宁师范大学硕士论文，2011年）；张泗洲统计出山东地区共有进士2259人（《清代山东进士地域分布初探》，曲阜师范大学硕士学位论文，2008年）。尽管所统计的山东各省进士数有出入，但各省拥有进士数量的名次排序还是一致的。

（续表）

省份＼朝代	明代		清代		明清两代	
	进士数	名次	进士数	名次	进士数	名次
四川	1369	8	753	13	2122	11
山西	1194	9	1420	7	2614	8
安徽	1169	10	1119	10	2288	9
湖北	1009	11	1247	9	2256	10
陕西	870	12	1043	11	1913	12
广东	857	13	1011	12	1868	13
湖南	481	14	714	14	1195	14
广西	207	15	568	17	775	16
云南	122	16	694	15	816	15
甘肃	119	17	289	18	408	18
贵州	32	18	607	16	639	17
辽东	23	19	186	19	209	19
旗籍	——	——	1281	——	1281	——
其他	87	——	103	——	190	——
合计	24814	——	26747	——	51561	——

资料来源：沈登苗《明清全国进士与人才的时空分布及其相互关系》，《中国文化研究》1999 年冬之季总第 26 期。

从表 1－1 统计的数字不难看出，明清两代山东的进士数在北方省份中是最多的。这些从山东来的进士中榜之后，除了一部分被分派外省任职外，还有一部分人留在北京朝廷各部院供职。由此，北京的军政界也集聚了人数众多的鲁籍人员，并在当时政局产

生重要影响。如清末有孙毓汶①、王懿荣②、吕海寰③、柯劭忞④、王宝田⑤和王垿⑥等鲁籍官员在朝中供职。其中,山东济宁人孙毓汶得到了当时掌控朝廷大权的慈禧太后的信任,被朝野目为后党中坚。甲午战争时期,孙毓汶曾支持李鸿章对日求和的主张。⑦ 王懿荣曾发起成立山左会馆,并整顿登莱胶馆,成为旅京山东人的首领。御史王宝田在宣统二年(1910),数次为莱阳民变上奏请命,赢得了舆论的好评。王垿则因为主张镇压莱阳民变,而被同乡所不

① 孙毓汶(1833～1899),字莱山(亦作来杉),山东济州(今山东济宁)人。甲午战争中的主和论者。咸丰六年(1856)以一甲二名进士授翰林院编修,历任工部左侍郎、军机大臣、总理各国事务衙门大臣、刑部尚书、太子少保等职。

② 王懿荣(1845～1900),字正儒,一字廉生,山东福山(今烟台市福山区)古现村人。中国近代金石学家、甲骨文的发现者和爱国志士。曾三任翰林院庶常馆教习,三为国子监祭酒。

③ 吕海寰(1842～1927),字镜宇,山东掖县(山东莱州)人。清末著名外交家,中国红十字会创始人。历任驻德国、荷兰两国公使,工部尚书、钦差商约大臣、兵部尚书、外务部尚书、督办津浦铁路大臣等职。

④ 柯劭忞(1848～1933),字凤荪,号蓼园,山东胶州人。光绪十二年(1886)进士,历任翰林院编修、侍读、侍讲,京师大学堂总监督,清史馆代馆长、总纂。治学广博,尤精元史,曾独力编著《新元史》,负责总成《清史稿》,其学术成就为人们肯定。

⑤ 王宝田(1857～1923),字仪山,山东峄县(今山东枣庄)人。光绪六年(1880)进士,授翰林院庶吉士,内阁中书,钦差大臣卿衔,赏四品卿衔,先后任辽宁监察御史、云南监察御史、山东宣慰使等职。

⑥ 王垿(1857～1933),字爵生、觉生,号杏村、杏坊,晚号昌阳寄叟,山东莱阳人。光绪十五年(1889)己丑科进士,钦点翰林院庶吉士,后授检讨、詹事府、右春坊右赞善、右春坊中允、翰林院侍讲学士、国子监祭酒,内阁学士兼礼部侍郎、法部右侍郎兼实录馆副总裁等职。善书法,自创的“垿体”社会影响较大。

⑦ 参见赵尔巽等纂:《清史稿》卷四三六,《列传》二二三,中华书局1977年版,总第12371页。

齿。关于他们的社会活动,本书将在其他章节中有详细叙述。

山东向北京输送如此众多的进士,并不是偶然的。省内教育事业发达为山东向北京输送进士提供了良好的教育环境。明清时期,山东一直是传统教育文化发达的省份,以书院为例,明代山东全省共有书院96处,清代这一数字上升至213处。① 山东省教育发展水平与经济发展程度有很大的关联性。山东在明清两代经济比较发达,商品经济的发达为山东州县向北京大量输出人才奠定了物质基础。

若从山东籍进士的县籍归属上进一步分析,可以看出这样一个事实:明清时期的山东向北京输出的进士,在地理分布上明显有地域上的不平衡性。省城及济南府驻地历城县输出进士数量最多,其他州县依次为济宁州143人,诸城县127人,莱阳县122人,潍县106人,益都县104人,胶州102人,德州99人,临清州90人,聊城县80人,其他州县输出进士数量一般在30至60人之间,此外有31个县输出进士不足20人。② 由此可以看出,明清两代输出进士密集的山东州县主要集中于三大区域:其一是鲁西京杭运河沿岸地区,包括济宁、临清、聊城、德州等州县;其二是以济南府为中心,包括济南、泰安和淄博等地的鲁中地区;其三是沿海的胶东半岛地区,如潍县、青州、胶州等州县。这三大区域形成了明清时期山东省三个人才密集区,也是山东向北京输送科举人才较多的区域。

---

① 白新良:《中国古代书院发展史》,天津大学出版社1995年版,第107、271、272页。

② 参见王耀生:《明清时期山东进士地域分布特点及经济、区位、民风的关系》,《中国地方志》2005年第9期。

不难看出,山东的经济发达区域和科举人才输出密集区域是重叠的。商品经济较为发达的鲁西运河沿岸地和鲁中、胶东地区,学校数量较多,办学水平较高,省内教育发展水平与经济发展程度有很大的关联性。这种关联性从山东各地书院的数量分布就可以略加窥见。根据王云教授的研究,明代鲁西运河地区的府、州、县,如聊城、临清、济宁、德州等地,设有约42处书院,约占全省书院总数的42%。清代鲁西运河地区书院数量增加为86处,约占全省书院总数的40%。①

商品经济的发达为山东州县向北京大量输出进士奠定了物质基础。由于鲁西、鲁中和胶东三大区域工商业发达,经济富庶,积累了雄厚的资本。这就为在当地广设学校、广招学生、延聘名师、刊刻印刷等提供了比较雄厚的物质经济基础。清代山东共有6名状元,全部出自鲁西和鲁中,见表1-2:

表1-2 清代鲁籍状元一览表

朝号	状元姓名	籍贯	朝代	状元姓名	籍贯
顺治朝	傅以渐②	聊城县	咸丰朝	孙如仅③	济宁州

① 王云:《明清山东运河区域社会变迁》,人民出版社2006年版,第227页。

② 傅以渐(1609~1665),字于磐,号星岩,山东聊城人。顺治三年(1646)状元,为清朝开国后第一位状元,授弘文院修撰。曾纂修《明史》、《清太宗实录》,总裁太祖、太宗圣训及《通鉴全书》,承旨作《资政要览后序》,撰《内则衍义》,复核《赋役全书》,与庶子曹本荣编成《易经通注》。历官国史院侍讲、左庶子、秘书院侍讲学士、少詹事、国史院学士,加太子太保衔,武英殿大学士兼兵部尚书。傅以渐官至一品,又加封太子太保,成为封建皇朝中极其少见的"超一品"官员。

③ 孙如仅(1820~1880),字亦何,号松坪,山东济宁人。咸丰三年(1853)状元,授翰林院修撰。一生多次从事典试、督学之务,曾出任陕甘学政、云南学政、江苏学政,多次以修撰衔、庶子衔充会试同考官,任经筵讲官,累官至内阁学士、礼部侍郎。

（续表）

朝号	状元姓名	籍贯	朝代	状元姓名	籍贯
康熙朝	邓钟岳①	聊城县	光绪朝	曹鸿勋②	潍县
道光朝	孙毓溎③	济宁州	光绪朝	王寿彭④	潍县

资料来源：赵尔巽等撰《清史稿》卷二八三，列传第二五，“傅以渐传”，中华书局1977年版，总第9496页；卷二〇，本纪第二〇，“文宗本纪”，总第724页；卷八，本纪第八，“圣祖本纪”，总第301页；卷二三，本纪第二三，“德宗本纪”，总第856页；卷三六六，列传第一五三，“孙玉庭传”，总第11445页；卷二四，本纪第二四，“德宗本纪”，总第945页。

除了上述科举状元外，山东在清代还输出15名武状元。其中出自上述三大经济发达区的武状元就有7人，将近占清代鲁籍武

① 邓钟岳（1674～1748），字东长，号悔庐，山东东昌府（今聊城市东昌府区）人。康熙六十年（1721）状元，入翰林。官历江南副考官道、江苏学政、广东学政、内阁学士兼礼部侍郎。

② 曹鸿勋（1846～1910），字仲铭，又字竹铭，号兰生，另号铭帛，室名益坚斋，山东潍县（今山东潍坊）人。光绪二年（1876）状元，授翰林院修撰。历任湖南学政提督、翰林院庶常馆教习、詹事府左春坊左赞善、云南永昌知府、贵州布政使、湖南布政使、陕西巡抚。

③ 孙毓溎（1802～1867），字犀源，号梧江，山东济宁人。出身于名门望族济宁孙氏家族，是体仁阁大学士、两江总督孙玉庭之孙，江苏巡抚孙宝善之子。道光二十四年（1844）状元，授翰林院修撰。历任云南学政、山西按察使、浙江按察使。

④ 王寿彭（1875～1929），字次篯，山东潍县（今山东潍坊）人。光绪二十九年（1903）状元，授翰林院修撰。曾随载泽、端方等五大臣赴日本考察政治、教育和实业，后任湖北提学使，寻兼署布政使，代理湖北巡抚。民国时期任北京总统府秘书、山东省教育厅长、山东省图书馆馆长、山东大学第二任校长。著有《考察录》、《靖盦诗文稿》、《潍县志稿·艺文志》等。

状元总人数的一半。这一事实说明,山东地区不仅重视儒家经典教育,也重视培养军事人才。一些落后地区虽然整体教育普及程度较差,在私塾和官学接受教育的人员偏少,但是当地习武风气浓厚,加之培养军事人才受经济条件的限制较少,这在一定程度上使山东成为军事人才输出大省。早在明代中叶,抗倭名将戚继光就出自山东登州府。近代,山东费县人左宝贵在甲午战争中血洒疆场,宋哲元、赵登禹和张自忠的英名更是被铭刻在抗日英雄的不朽丰碑上。

水陆交通的便利也为山东向北京输送人才提供了必要的交通条件。位于水陆要道上的城镇,由于交通便捷,信息畅通,可得风气之先。当代著名学者季羡林先生曾这样描述他的家乡:

> 我们临清市,在过去一千多年的历史上,曾经是中国南北交通大动脉运河上的经济文化重镇。文人学士、达官贵人、贩夫走卒、赶考举子,只要是从南方进京,几乎无不通过临清。……我们临清,南通苏杭,北连皇都;会八方之风雨,通百邑之有无。①

相比之下,鲁南沂州府(今临沂市)诸县地处沂蒙山区,交通不便,信息不畅,经济落后,相对落后的社会发展状况制约了沂州府在明清时期科举的发展,无疑也使沂州府向北京输送人才的能力受到极大的限制。由此可见,明清时期山东向北京输出进士数量地域上的不平衡性并非偶然孤立的现象,而是有其内在的客观规律。全面分析当时山东各地经济文化发展状况不难看出,此种地域分布不平衡性与山东省内各地经济发展、交通区位、学校建设以及社会风气相对应,与当时山东省出现的商品化、城市化的区域进

① 山东省临清市地方史志编纂委员会编:《临清市志·序》,齐鲁书社1997年版。

程相一致，表现出较强的经济、交通、文化相关性。

二、近代因素

山东人入京有着更多的近代因素。鸦片战争以来，西方资本主义国家用枪炮打开了中国大门。随着清政府的日渐衰败，控扼京津门户的山东半岛成为列强觊觎的对象。外来势力的入侵极大地损害了中国在山东的主权，也冲击了山东人平静的传统生活。第二次鸦片战争期间，法国军队在烟台登陆，西方侵略者第一次踏上山东土地。据《天津条约》，烟台被辟为商埠。① 甲午战争期间，困守威海卫的北洋水师全军覆没，日本军队在威海接受了北洋水师的投降书，掠走了残存的舰艇。光绪二十三年（1897）冬，一直图谋在华取得殖民地的德国借口"巨野教案"，强行派遣铁甲战船驶进胶州湾，并逼迫清政府将胶州湾以99年的期限租借给德国。1914年，日本利用第一次世界大战爆发之际，驱逐了德国势力，强行占领了青岛，并沿胶济铁路西进，入侵济南。1928年5月3日，日本侵略军在济南制造了惨绝人寰的"五三惨案"。1938年，日本侵略军占领了山东全境。频繁的外敌入侵，加剧了山东的半殖民地化进程，作为圣人之乡的山东蒙上了耻辱的阴霾。山东再不复是一片安宁的乡土。

外来侵略使中国社会发生一系列重大变化，其中之一就是自给自足的自然经济解体，造成众多失业者和剩余劳动力；而近代以来山东人口的失控性增长，使得山东境内地少人多的现象愈来愈突出，人均可耕土地面积的不足使山东本地难以承载更多人口的正常生活。在这种情况下，许多人无法在故乡从事农业生产，就谋

① 原规定是登州，后改为烟台。

求经营手工业和商业等非农业的劳动，以拓展生存空间。再加上频发的天灾人祸，冲击了受灾地区的民众生活秩序，许多在家乡无法继续照常生活下去的灾民被迫背井离乡，前往大邑商埠谋生。另外，一些已经脱离体力劳动的人员如乡村士绅，也有可能离开故土，去谋求更好的政治前途。

"中国人的习惯是喜欢在本乡住的，凡携家眷离别本土而移居他处者，一定有很不得已的原因"①。近代中国社会的剧变影响到山东人的乡土观念，封闭的安土重迁的观念开始被打破，乡土意识渐趋淡化，外出冒险的精神日益增强。1935 年，实业部中央农业实验所对山东农民离村原因进行的调查具有一定代表性，见表 1－3：

表 1－3　1935 年山东农民离村原因调查表

原因	比重(100%)	原因	比重(100%)
农村经济破产	3.9	捐税过重	0.6
耕地面积过小	5.6	佃租率过高	0.3
乡村人口过密	6.2	农业歉收	2.3
农村金融困敝	0.6	农产物价格低廉	
水灾	12.9	副业衰落	0.3
旱灾	9.0	求学	4.2
匪灾	7.6	改营商业或其他职业	3.1
其他灾患	2.3	其他	8.7
贫穷而生计困难者	31.8	不明	0.6

资料来源：实业部中央农业实验所农业经济科编《农情报告》第 4 卷第 7 期，1936 年 7 月，第 179 页。

---

① 李景汉：《北平郊外之乡村家庭》，商务印书馆 1933 年版，第 12 页。

据上表可知,民国山东农民离村原因之中,因灾患(水、旱、匪患及其他灾患)及因之导致的农业歉收占到34.1%,地狭人稠(耕地面积过小、乡村人口过密、佃租率过高、捐税过重)及因贫穷而生计困难者为12.7%,这三项原因占到78.6%。可以说,山东移民背井离乡的主要原因在于灾荒、耕地不足以及贫穷。经商与求学所占的比重虽小,仅为7.3%,但这也是山东移民改善自身生存条件的重要途径。总之,近代山东人向外移民有复杂的因素。下面,笔者从求学、人口与土地的矛盾、天灾人祸、外出经商等方面加以具体阐述。

(一)求学

20世纪初,内忧外患的加剧,使得废除科举被提到议事日程上来。光绪三十一年(1905),随着实行了一千多年之久的科举制度废止,新式学堂在各地开办起来,讲授内容也由四书五经之类的经学逐渐扩大到数理化和外语之类。北京近代学校的创建,萌发于第二次鸦片战争后同治元年(1862)京师同文馆的创设,开端于京师大学堂的诞生。辛亥革命后,南京临时政府宣布在各中小学校废止读经。1912年,南京临时政府北迁,北京为中华民国的首都,政治上的优越地位使北京拥有大量的新式教育资源。政府通过厘定教育宗旨、学制和教育行政令,建立起一套比较完整、科学、合理又平等的教育体系,促进了教育事业的大发展。根据甘博的调查,1919年,北京拥有全国14%的大学和专科院校,其中全国最著名的北京大学、清华大学、北京师范大学、女子师范大学、协和医学院等都在北京,各大学的在校生合计达万余名。北京的各类学校约有387所。① 这些不同于私塾、县府各学、书院、国子监的教育机构得

① [美]西德尼·D.甘博著,陈愉秉等译:《北京的社会调查》上册,中国书店2010年版,第134页。

到了越来越多的中国人的认同，普通人家子弟"欲图出身，惟学校是赖"①。在教育制度和教学内容大变革的时代，山东各州县也和全国各地一样大办新式学堂。据统计，1912 年至 1915 年间，山东省投入的教育经费居全国第二，所办学校数量居全国第三，在校学生数居全国第四。

1928 年，国民党政府南迁，北京虽失去国都地位，但仍为北方政治、军事重镇，且因深厚的文化底蕴，仍是全国性的教育与文化中心。1931 年，北京的高等学校达 26 所，占全国高校数量的一半。再加上梁启超、蔡元培、鲁迅等一大批著名的教育家、思想家及学者汇聚北京，②丰富的近代教育资源吸引了山东学生，他们在家乡翘首北望，希望能入京深造。与科举时代的国子监相比，北京新式学校入学的门槛相对较低，招生规模的大大增加，为北京大量吸纳山东籍学生提供了可能。③

由此可见，在新式教育逐渐普及的时代，山东省仍然是向北京输出教育人才的大省。大量来京求学的山东人不仅提高了自身的学历，也充实了北京的人才队伍。

（二）人地矛盾尖锐化

山东是一个人口大省，人地矛盾在近代山东非常突出，这成为近代山东人入京的主要动因之一。

土地是农业生产中不可替代的自然资源。在以农业经济为主

---

① 《永新同乡会会刊》，转引自唐仕春《清末民初北京同乡会馆社会资源流动轨迹》，见严洪昌编《经济发展与社会变迁国际学术研讨会论文集》，华中师范大学出版社 2002 年版。

② 余钊：《北京旧事》，学苑出版社 2000 年版，第 529 页。

③ 舒新城编：《中国近代教育史资料》（上册），人民教育出版社 1981 年版，第 368 ~ 369 页。

的封建时代,人口数量与土地资源数量形成极不稳定且复杂的动态关系。如果人口数量增长与土地资源保持平衡,则人口能长期定居于一处。如果人口增长超过了土地供应能力,则一部分人口将不得不离开故土去他乡谋生;相反,如果本地劳动力不足,则由其他地方的移民来补充。而后者正是山东向缺少劳动力的东北地区移民的动因。"国家生齿浩繁,田畴日辟,农桑本业,人余于地,其不能耕种者,不得不逐末谋生"①。山东是中国的农业大省,近代人口数量的失控性增长与土地资源的不足是长期困扰山东经济发展的严重问题,由于统治者未能有效制止土地兼并现象,更没有意识到限制人口过度繁殖的现实必要性,造成为数众多的山东人离开世代生活的故乡前往异乡谋生。由此,山东成为对外输出劳动力的大省。

山东对外输出劳动力的数量是随着近代山东人地矛盾的日益突出而逐渐增长的。山东省农业开发较早,长期以来属农业生产发达的地区。从地形上看,山东中部为鲁中南山地丘陵区,东部半岛大都是起伏和缓的波状丘陵区,一直延伸入黄海,北隔渤海海峡与辽东半岛相对,拱卫京津与渤海湾,鲁西、鲁北是由黄河冲积而成的鲁西北平原区,为华北大平原的一部分。目前山东省陆地面积约为215.78万平方公里。山地约占陆地总面积的15.5%,②丘陵占13.2%,洼地占4.1%,湖沼占4.4%,平原占55%,其他占7.8%。这种复杂的地形地貌限制了山东境内土地资源的进一步发掘。

---

① 章学诚纂:《章氏遗书》第24卷《湖北通志检存稿》,上海古籍出版社1995年版。

② 山东境内的山地主要是泰沂山地,胶东半岛还有昆嵛山地。

清代，由于统治秩序长期保持稳定，特别是在康乾盛世时期，山东境内越来越多的土地得到了开垦，嘉庆帝就曾在“圣训”中称山东已经是“山峦海滩，开垦无遗”①。此后，山东开垦土地的增长趋于缓慢。以光绪十三年（1887）官方丈量统计的耕地数字为准，当年山东耕地面积达125941301亩，占到山东陆地总面积的48%，其开垦率居当时全国之首。与雍正二年（1724）相比，该年山东开垦土地面积增长了26.88%。如此高的开垦率也使得山东土地资源被开发到了接近极限的程度。

山东境内土地资源的农业开发趋于极限的同时，山东人口数量却保持持续增长。山东人口增长在全国并不是个例，清代中叶是全国人口急剧增长的时期。② 人口的持续增长，给耕地带来严重的压力。这一现象引起山东许多地方官员的忧虑，他们为此疾呼：“户口渐增，百病以人多为首。”③笔者综合多种资料，制成下表，以说明清代至民国时期山东人口数量与耕地面积对比的变化，见表1－4：

表1－4　清代至民国山东人均耕地面积变化表

统计时间	人数（单位：万）	耕地面积（单位：亩）	人均耕地面积（单位：亩）
顺治十八年（1661）	852.9228	74133665	8.69

① 《清仁宗圣训》卷一五《爱民》一，嘉庆二年（1797）十月。

② 据赵文林先生所著《中国人口史》，清代是中国人口飞跃上升的时期。乾隆二十二年（1757），中国人口首次突破二亿大关。乾隆五十二年（1787），中国人口超过三亿。道光十年（1830），中国人口超过四亿。参见赵文林、谢淑君《中国人口史》，人民出版社1988年版，第377～384页。

③ 《清高宗实录》卷三三一。

（续表）

统计时间	人数 （单位:万）	耕地面积 （单位:亩）	人均耕地面积 （单位:亩）
康熙二十四年(1685)	1023.1686	92526840	9.04
雍正二年(1724)	2094.5710	99258674	4.74
乾隆十八年(1753)	1277	99347263	7.78
乾隆三十一年(1766)	2563	(民田)96714003	3.77
乾隆四十九年(1784)	2547	(民田)92493670	3.62
嘉庆十七年(1812)	2896	98634511	3.41
	2906.012	98634511	3.39
咸丰元年(1851)	3326.6	98472844	2.96
同治十二年(1873)	3521.9	98472846	2.80
光绪十三年(1887)	3669.4	125941301	3.43
1916 年	2960	125185000	4.23
1933 年	4030	120000000	2.98

资料来源：

赵文林、谢淑君《中国人口史》，人民出版社 1988 年版，第 452、455 页；

李文治编《中国近代农业史资料》（第一辑），三联书店 1957 年版，第 9、10、13 页；

《清朝文献通考》卷四《田赋》四，卷十九《户口》；

《乾隆大清一统志》卷一二五；

《嘉庆朝大清会典》卷十一，《户部》；

梁方仲编著《中国历代户口、田地、田赋统计》，上海人民出版社 1980 年版，第 380 页；

张玉法《中国现代化的区域研究：山东省（1860－1916）》，“中央研究院”近代史研究所 1982 年版，第 11、15 页；

［美］黄宗智《华北的小农经济与社会变迁》，中华书局 2000 年版，第 331、337 页。

从表中的统计数字可以看出,有清以来的山东人口总体上呈急速上升的趋势。从顺治十八年(1661)至嘉庆十七年(1812)的151年中,山东的总人口纯增加了约2053万,增长率约为241%,而此期间山东全省土地开垦面积纯增加24500846亩,增长率仅为33%,人均耕地面积由8.69亩骤降至3.39亩。

如果说至清前中期山东的人地矛盾已然显现出来的话,晚清以后山东的人地矛盾则逐渐激化起来。虽然晚清和民国时期人口和土地增长速度相对放慢了许多,但人均耕地面积却骤降。从咸丰元年(1851)到1933年的82年时间里,人均耕地面积不足3亩,山东省的人口与耕地矛盾更加凸显。根据1935年实业部中央农业实验所对冀鲁豫三省耕地面积的调查,山东离村农户中土地在5亩以下者占到38.5%,10亩以下占33.5%,两者合计占到72%,是3省离村农户中占地量最少的。当时的家庭人口构成以3至6人为最多,由此算来,人均耕地面积是2亩左右。由此得出结论:"离村之农家,小农为最多,盖耕地之不足,实为农民离村之重要原因。"①

在以农为本的时代,经营土地是农民重要的生活来源和最主要的谋生手段,占有土地面积的多寡是衡量和制约农民生活水平的基本指标。学术界认为,在当时的条件下,人均拥有耕地4亩左右才能维持基本温饱。② 这种人地关系状况在清代的正常年景或许尚可维持农民的最基本生活水平,然而歉收之年就不足以维持

① 实业部中央农业实业研究所经济科编印:《农情报告》第4卷第7期,1936年7月,第171页。

② 美籍学者黄宗智的研究认为,在华北地区,一户维持生计最起码的要求是拥有耕地15亩,人均耕地应不低于4亩。参见黄宗智《华北的小农经济与社会变迁》,中华书局2000年版,第301页。

农民的基本生活。随着山东省人均耕地面积降至3亩以下,近代农民更是无法维持生计。

当然,就具体地区来看,山东省内的人均耕地面积也有较大的差别。如胶东半岛以丘陵山地为主,人均可耕地较少,而鲁西、鲁北平原地区则相对较多。地处丘陵地带的黄县和博山县,人均耕地仅有8分,地处泰沂山地和华北平原交界地带的历城县则在4亩以上。

近代山东地区突出的人地矛盾不仅反映在人均耕地不足上,还反映在土地的肥沃程度上。山东境内复杂的地形地貌,造成各州县土地肥瘠程度不一,水土资源相差甚大,贫富悬殊,经济发展不平衡。前面已经论述到人多地狭的矛盾在山东沿海地区较内陆地区更为突出的事实。如地处黄海之滨登州府的栖霞县,早在乾隆年间,人地矛盾的状况就比较普遍。据《栖霞县志》载:栖霞县田地稀少贫瘠,当地百姓"贫则轻去其乡,至航海数年,弃妻子而不顾,殆亦石田贫瘠之苦,非独性异人也"①。光绪年间的《登州府志》记载:"栖霞教稼穑,轻服贾","惟栖山多土硗,不足自赡。民性固滞,轻去其乡,殆亦贫瘠所致耳"。②

类似这种现象在山东并非栖霞县所独有。光绪年间,山东籍大臣吕海寰在《创修山东会馆碑》中就清晰地陈述了地少人多是山东百姓向外移民的原因:"昔管仲齐相,擅鱼盐之利,发山海之藏,卒霸齐国。嗣是以来,流风未沫,大率四出谋生,以佐耕桑之不逮。

① 卫苌纂修:乾隆《栖霞县志》卷一《风俗》,乾隆十九年(1754)刻本。

② 方汝翼、贾瑚修,周悦让、慕容干纂:《增修登州府志》卷六《风俗》,光绪七年(1881)刻本。

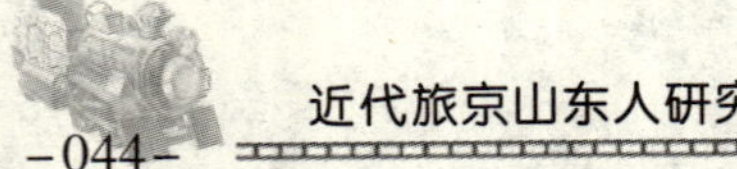

地濒海也,番樯市舶,无往不通。”①吕海寰的叙述可以从清代的山东地方志中得到多方印证。光绪朝《登州府志》有如下记载:该府“地狭人稠,境内所产,不足以自给,故民多逐利四方”②。

为了进一步说明人地矛盾造成山东人口向北京外流的情况,笔者择取经商人员和资本大量流向北京的黄县(今龙口市)为例来说明。③

黄县地处山东丘陵和黄海之间,可耕土地面积较少,与人口的大量繁衍不成比例,人多地少的矛盾极为突出,这在历代黄县的地方志中皆有反映。康熙年间的《黄县志》就有此类记载:“黄地狭人稠,有田者不数家,家不数亩。”④同治年间的《黄县志》,此类记载更是屡见不鲜:“黄县地狭人稠”,“丰年之谷不足一年之食”,黄县“地寡人众,惜地如金,……然黄多逐末之民,亦势使然哉”。⑤《山东通志》记载:“地狭人稠,故民多逐利四方。”⑥由此可见,可耕土

---

① 上海图书资料室编:《上海碑刻资料选辑》,上海人民出版社1980年版,第195页。

② 方汝翼、贾瑚修,周悦让、慕容干纂:《增修登州府志》卷六《风俗》,光绪七年(1881)刻本。

③ 黄县在春秋时是莱国之地,战国时始称黄县。黄县东、东南、西、西南与蓬莱、栖霞、招远等地接壤,其北、西北、东北则濒海。县境内南北狭隘,仅30公里,东西稍广,最宽约45公里,总面积1800余平方公里。其境内多山,可耕地面积狭小,却拥有长达75公里的海岸线,用“吾黄距山海间”形容其处境,非常恰当。

④ 李蕃修,范廷凤纂:《黄县志》卷首,康熙十二年(1673)刻本。

⑤ 尹继美纂修:《黄县志》卷一《风俗》卷三《食货》,同治十年(1871)刻本。

⑥ 张曜、杨士骧等修,孙葆田、法伟堂等纂:《山东通志》卷四十《疆域志》第三《风俗》,上海古籍出版社1991年版。

地的不足是黄县长期面临的困境。丰年尚且难以保证全县粮食供给，平年和灾年就更不足以维持一县官民的基本生活所需了。根据官美堞教授的推算，清朝雍正年间，黄县的地亩与人口比例为每人4.7大亩。至清末，此种形势更加严峻，平均每人仅有一大亩略多，这就使得相当多数的人无法通过农业劳动得到温饱，需要寻求其他生活出路。[①] 到1931年左右，黄县人均耕田面积更趋于减少，从人均3市亩多减到2.5市亩。

移民之原因除了人地矛盾冲突外，还有清政府实行的丁税制及各项苛捐杂税所造成的官民紧张关系。据乾隆年间修撰的《黄县志》载，清朝顺治年间，黄县县令李蕃曾在当地调查人口逃亡情况：

> （李蕃）到任数日，稽查烟火，逃亡过半，……询其所由，皆以丁为累也。夫田赋丁谣虽云并重，然先王止有则壤成赋，则丁差亦必土著者矣。而黄人却有一、二亩而纳丁者，有以一、二分而上丁者，又有无立锥地而上丁者甚众。数年以前优免之法滥设，致行差之地无几，而倡为每一丁作地五亩入派，呜呼！初以无地而上丁，犹可剜肉医疮也。今以有丁而加地，民能白骨起肉哉，轻去之乡所由然矣。[②]

此类现象并不是黄县所独有，山东省内相当普遍。由此，日益严重的人地矛盾使得山东在成为人口大省的同时，又成为移民输出大省。

---

① 参见官美堞：《清代山东黄县的发展》，《清史论丛》1994年12月第1版。

② 袁中立修，毛贽纂：《黄县志》卷十《黄县均徭序》，乾隆二十一年（1756）刻本。

(三)天灾人祸

从前表1-3可知,灾祸亦是山东农民离村的重要原因之一。灾祸总是与人类的生产生活相伴随。灾祸可分为自然灾害和人为灾祸。从自然灾害来讲,与古代灾荒相比,近代灾荒呈现出以下几个特点:发生更为频繁;灾荒所造成的人财物损失更大;灾荒对社会秩序的破坏更重、社会影响更为深远。[①] 山东自古以来就是自然灾害较多的省份,素有"十年九灾"之说。近代的山东开始进入自然灾害的群发期和严重期。根据王林等人的研究,近代山东灾荒呈现出以下特点:[②]

1. 种类多,发生频率高。至近代以来,山东的自然灾害更是极为频繁,几乎是无年不灾、无处不灾。据统计,在清代统治的268年中,山东曾出现旱灾233年次、涝灾245年次,黄河与运河的洪灾127年次,潮灾45年次。除仅有两年无灾外,每年都有不同程度的水旱灾害。[③] 灾害种类上,有霜冻、冰雹、风暴、海潮、重雾、冰雪、蝗虫、瘟疫、地震等。1912年至1937年间,山东省先后发生过旱灾、水灾、风灾、雹灾以及其他各种灾害,总数达900多县次。[④] 在各种自然灾害中,旱、涝灾最为严重。以旱灾为例,1840年至1920年间(中缺1882年),山东历年所受旱灾县数统计如表1-5:

---

① 孙语圣、徐元德:《中国近代灾荒史理论探析》,《灾害学》2011年第2期。

② 王林主编:《山东近代灾荒史》,齐鲁书社2004年版。

③ 袁长极等:《清代山东水旱自然灾害》,见山东省地方史志编纂委员会编《山东史志资料》第2辑,山东人民出版社1982年版,第150页。

④ 山东省地方史志编纂委员会编:《山东省志·民政志》,山东人民出版社1992年版,第134~135页。

表1－5　1840年至1920年间山东历年所受旱灾县数统计列表

年份	受灾县数	年份	受灾县数	年份	受灾县数	年份	受灾县数
1840	20	f1860	12	1880	14	1901	2
1841	25	1861	19	1881	2	1902	9
1842	23	1862	10	1883	1	1903	4
1843	9	1863	9	1884	6	1904	2
1844	7	1864	1	1885	7	1905	2
1845	42	1865	3	1886	5	1906	4
1846	41	1866	10	1887	3	1907	13
1847	66	1867	5	1888	23	1908	38
1848	16	1868	8	1889	5	1909	34
1849	34	1869	32	1890	1	1910	2
1850	42	1870	32	1891	3	1911	1
1851	4	1871	7	1892	8	1912	26
1852	19	1872	1	1893	1	1913	21
1853	12	1873	2	1894	1	1914	16
1854	9	1874	16	1895	0	1915	14
1855	6	1875	38	1896	4	1916	22
1856	58	1876	97	1897	4	1917	46
1857	41	1877	63	1898	2	1918	25
1858	5	1878	23	1899	41	1919	40
1859	55	1879	4	1900	28	1920	64

资料来源：山东省地方史志编纂委员会编《山东省志·水利志》，山东人民出版社1994年版，第65页。

从表1-5可以看出，旱灾在近代山东不仅频繁发生，而且所覆盖的范围和人口都相当广泛。1928年发生的旱灾中，“山东最困苦之灾民，总计有千万以上，约占全省人数四分之一。其中三百万已赴外省就食，或在省内寻觅生路，二百万在家忍饿，所余之五百万，则以草根树叶等充饥”①。

2. 危害重。各种自然灾害给山东人民带来严重危害。以黄河河患之灾为例。黄河是中国历史上危害最为严重的一条大河，一直以来有“华夏水患，黄河为大”的说法。河患之灾使山东人民饱受其苦。晚清时期，黄河结束了夺淮入海的历史，改由山东境内入海，同时承担漕粮运输的京杭大运河山东段也日渐淤塞，又严重恶化了山东境内的自然生态环境。此后，黄河“愈治愈坏”，河患“至道光朝而愈亟”②。从道光二十年(1840)始到咸丰五年(1855)黄河铜瓦厢决口的15年中，有6年发生过大决口。

咸丰五年(1855)，黄河发生了离现在最近的一次自然大改道。③ 黄河在河南省兰考县北铜瓦厢决口，不再东经江苏省徐州、淮阴等地直达黄海，而是改由河南通过山东境内，并夺占了大清河河道，于利津、垦利两县间注入渤海。此次黄河改道对山东的地理环境造成重大的影响，河北、河南省境内的黄河决口都会程度不等地殃及山东，使山东境内的黄河水患大增：

> 盖上游之河北、河南两省境内之黄河堤岸，土质不良，而治河者，又依据行政区划，每存畛域之见，未能通盘筹画，全部

① 《鲁灾民数百万将饿毙》，《大公报》1928年4月24日。

② 赵尔巽等纂：《清史稿》卷三八三，中华书局1977年版，总第11661页。

③ 1938年的黄河花园口决堤系人为改道。

治理。以致冀、豫河决，鲁西即蒙水患；所谓“河在河北，而患在山东”。①

黄河铜瓦厢决口后，黄河河患更是变本加厉，原非黄河流经省份的山东变成了黄河的下游省份。桀骜不驯的滔滔河水给山东境内带来了严重的自然隐患。据《光绪朝东华录》记载，从铜瓦厢决口到1912年清王朝覆灭、民国初建的56年中，山东省因黄河决口成灾的年份有52年之多，平均年县次为改道前的7倍，“黄河自（咸丰五年）铜瓦厢决口后，迄今三十余年，河身淤垫日高，急溜旁趋，年年漫决”②。其中自光绪八年（1882）到光绪十六年（1890）的9年中，由于河堤维修不足，四处漫溢的河水长期淹浸山东沿河两岸的广大田地，致使可耕土地严重减少。山东巡抚张曜在给朝廷的奏折中如此诉说山东的水患：“山东地方十余年来，黄水为患，灾祲频仍，民间地亩或成巨浸，或被沙压，不能耕种，生计日蹙。”③

失控的黄河给近代山东人民带来的灾难不胜枚举。至民国时期，黄河水患有增无已。据报载，1933年黄河决口，淹没菏泽、巨野等沿河16县村庄6412个，受灾民众1482316人。④ 次年黄河又泛滥成灾，此次洪灾危害更加严重：“今岁黄河泛滥为灾，鲁西二十余县俱遭浩劫，灾民不下五百万人，淹毙尸骸触目皆是。”⑤

---

① 黄泽苍编：《山东》，中华书局1935年版，第9页。

② 朱寿朋编纂：《光绪朝东华录》（二），中华书局1958年版，总第2042页。

③ 《录副档》，第一历史档案馆藏张曜折。

④ 《鲁筹赈会昨日开会》，《大公报》1933年9月13日。

⑤ 《北大医学院关于赠送钢盔、面具和救济灾民破制服问题与北平市各界救国团体募集救国联合会及山东旅平同乡会鲁省水灾筹赈会来往函》，北京市档案馆藏档号：J029－003－01002。

由于黄河改道,造成京杭运河航道受阻,尤其是山东段运河亦日渐淤废,失去以往的航运功能。一些依靠运河发展起来的中等城市如聊城、临清、济宁,出现经济衰落的现象。凭借运河为生的两岸人民大批失业,陷入经济困顿的窘境。民国时期,黄泽苍在《山东》一书中描述道:

清季漕运停废,运河及其支流湖泊,……泛滥成灾,冬春水涸,又无相当之节制,航行不便,灌溉无资。且沿运各县,如济宁、鱼台两县,终年淹没沉粮之地,……被水淹没缓征地,计济宁、鱼台、汶上、邹县、峄县、东平、东阿,共七九八七〇公亩。又时被水灾之区,如金乡、嘉祥、巨野、滋阳、滕县、宁阳及聊城、阳谷、博平、清平、临清等县……故此段运河,实害多而益少也。①

1939 年,黄河再次决口,造成"鲁西运河、卫河、大清河决口,馆陶、临清、武城、恩县、夏津、东平等县,适当其冲,一片汪洋"②。再加上时值抗战时期,退守重庆的国民政府根本无力治理河患,日寇又趁火打劫,造成大批山东灾民出逃。

除了自然灾害,山东还有战乱和匪乱这样的人为灾害。与古代相比,战乱在近代山东具有发生频繁且常与天灾相交织的特点,更加剧了危害后果。

晚清时期,山东是民间武装与官军激烈征战的地方。如咸丰年间太平军北伐曾取道山东,鲁西北的宋景诗率领的黑旗军转战鲁西地区,另有运河两岸的幅军、鲁西南长枪会军以及邹县的文贤教军等起义。西捻军在山东徒骇河一带,与清军进行了最后的决

---

① 黄泽苍编:《山东》,中华书局 1935 年版,第 13 ~ 14 页。

② 李文海等:《近代中国灾荒纪年续编(1919 - 1949)》,湖南教育出版社 1993 年版,第 527 页。

战。反清武装与官军的反复征战，致使山东全省“大半糜烂”，社会发展严重滞后。①

民国时期，山东境内的战乱有增无已。北洋军阀和国民党新军阀的混战、日本侵华战争以及国民党发动的内战，都给山东人民带来了深重的灾难。尤其在民国初年的军阀混战期间，山东等地因“数年以政令之烦，军匪之扰，移出之数倍于往昔，且多货其田庐，携其带子，为久居不归之计”②。1946 年，国民党发动内战，山东解放区是内战的重灾区。正如山东昌邑、黄县、荣成、福山等县旅平同乡会在致北平市政府的呈文中所陈诉的那样：“以鲁难严重，空前未有兵匪水旱蝗虫等灾，几遍全省，难民流离失所，有家难归，惨苦情形，难以悉数。”③1948 年初，鲁西南的菏泽、巨野、定陶等县发生严重的旱灾，而在此之前，鲁西南又刚刚经历了剧烈而残酷的战争。1947 年，沙土集战役、定陶战役、巨（野）金（乡）鱼（台）战役等都在鲁西南一带进行。在这些战役之后，国民党军队和流亡地主武装——还乡团又对曾经支援解放军的平民进行了残酷血腥的报复。连年战乱，使山东人的生存环境更为恶化。天灾与人祸交织在一起，大量山东民众为躲避战火而流离失所，背井离乡来到北京。④ 当时的北京虽然已经渐渐处于解放军的包围之中，但是

①② 赵琪修，袁荣叟纂：《胶澳志》第三卷，青岛华昌印刷局 1928 年铅印，第 130 页。

③ 《山东昌邑、黄、荣城、福山等县旅平同乡会成立申请备案之文件（附发起人名册）》，北京市档案馆藏档号：J181－014－00486。

④ 参见《山东来京难民遣送办法》，山东省档案馆藏档号：J102－02－0001－214－003；《山东来京难民遣返回省实施工赈计划纲要》，山东省档案馆藏档号：J102－02－0001－214－002；《为转社会部检发山东来京难民遣送办法给收复》，山东省档案馆藏档号：J102－04－0090－C04 等。

仍然成为山东灾民的聚集地。山东旅平同乡会沉痛地诉说了这样无法回避的事实:“山东惨遭兵燹累月经年,各乡民逃难来平者为数甚多。”①

除了大规模的战争之外,山东境内还频繁发生土匪劫掠事件。民国时期,山东省仍是匪患最为严重的省份之一。由于社会秩序的破坏,土匪在山东十分猖獗,他们烧杀淫掠、绑票勒索,无恶不作。山东土匪人数之多,分布之广,组织程度和武装水平之高,对社会的影响和危害之大,在当时以匪患著称的中国具有典型的代表性,匪患成为一个严重的社会问题。而作为防御性的组织,民团与土匪的转换更是加剧了匪祸程度。② 匪患多集中在沿海一带,以及内地的运河、胶济铁路和津浦铁路沿线。1923 年,抱犊崮土匪孙美瑶劫持了津浦铁路客车,将一些外国人劫持为人质,由此引发了一场外交危机。当时旅京山东人对临城劫车案极为关注,并借此攻击当时的山东省督军田中玉,要求北洋政府撤换山东督军(详见第五章第二节)。一些政府军也利用剿匪为由,大肆扰民,由此造成官匪不分的状况。1928 年,土匪出身的“东陵大盗”孙殿英纵容部下洗劫章丘旧军镇。孟氏家族在旧军镇的产业经此变乱,元气大伤。这一打击还直接波及孟氏家族在北京的产业——瑞蚨祥。

---

① 《山东旅平同乡会为救济逃平难民出具启事委托居住同乡劝募》,北京市档案馆藏档号:J181-016-00621。

② 有关山东匪患的专门研究主要有吕伟俊、王耀生《北洋军阀统治时期山东土匪成因浅析》,《烟台大学学报》(哲学社会科学版)1997 年第 3 期;宋大鹏《近代山东土匪问题研究》,山东师范大学 2005 年硕士论文。两文从近代山东土匪的成因、活动状况、对策、影响等方面进行了探索。谢贵平的《民国时期的山东匪患与民众自卫》(山东大学硕士论文,2005 年)还对民与匪的转换关系进行了论述。

总之，战乱和匪患构成了山东境内的人为灾害，使得社会秩序更加动荡不安。

天灾人祸的频繁发生致使山东受灾地区的民众无法照常生活，被迫流落四乡去谋生。这样，他们由灾民变成移民就具有了不得已的必然性。由于离京较近，清代以来北京成为山东、河北等地难民逃生的主要去处。清代早期，此类记载并不鲜见。如康熙四十三年(1704)前后，山东、直隶、山西等省发生大旱，“比年欠收，民生饥馑”①，山东及直隶河间府等地饥民“流至京师者甚多”②。乾隆二十四年(1759)，直隶、山东一带发生水灾，“流民扶老携幼入京”，一时间，京师“五城米厂饭厂人倍增”③。除了灾荒原因外，还有一些因地主兼并而失去土地的农民流入北京。康熙年间，山东一些豪强侵占良民田产，使之“无所倚藉”，不得不离乡背井，前往京师等地寻求衣食之源。④

对于近代山东灾民流落他乡的历史虽然长期以来缺乏细致的记载，只有零星、空泛的叙述，但是我们可以从后人的记述中来汲取片段的记忆。“文革”时期，著名作家浩然在措写新中国成立初期农村土改和合作化运动的长篇小说《金光大道》中，细致描写了主人公山东人高大泉随着母亲向河北逃荒的艰难经历：

> 一九三二年，山东省水泊梁山地区又是大灾大难。
>
> ……
>
> 逃荒的人上路了，谁能知道这是一条死道，还是活道呢？

---

① 《清圣祖实录》卷二一七。

② 《清圣祖实录》卷二一五。

③ 赵尔巽等纂:《清史稿》卷三三六《列传》一二三，中华书局 1977 年版。

④ 《清圣祖实录》卷一一六。

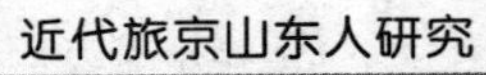

……一群一伙的人,被灾难从家乡热土中赶了出来,在这泥泞的路上跋涉着;背包的,挑担的,推车的,拄棍的,一个个面黄肌瘦,破衣拉花;那一张张没有表情的脸,一双双无神的眼,好像有千愁万苦无处诉说,……远处残碑枯树下边的乱坟中间,有几堆崭新的黄土,青烟升腾,风扯挂纸,接着是一声声凄凉的哭啼……

这一切一切,都给背井离乡的大泉娘增添着悲伤和烦恼。她坐在高贵举推着的小拱车上,一手拉着坐在车子另一边的二林,一手紧紧地抓着拴行李的粗麻绳;看着,想着,不断地掉泪。她活了四十多年,没有离开过方圆二十里的地盘;如今穷困逼迫,丢下病危的亲人,带着不懂事的孩子,往千里之外的陌生的地方投奔,真不知道走的是一条什么道路啊?

高大泉的心情却完全是另外一个样子。他在车前边拉牵,胸膛挺得高高的,脚步迈得稳稳的……他想,河北那边一定没有"积善堂",一定没有专门逼着穷人要钱的财主,也一定没有光咬穷人孩子的黄毛红眼大狗,那里的人一定都好。他听别人说过,那地方离北京很近,北京有金銮宝殿,有天桥小市,还有养着老虎大象的花园……,总归一句话,高大泉认为山东好比地狱,河北好比天堂。眼下是走出地狱上天堂,他怎么能不高兴呢?他象盼年盼节一样盼着快点儿到河北。①

尽管高大泉他们最终没有走进北京的永定门,而是在北京周边的冀东平原的一个小村庄——芳草地(作者虚构的地名)落下了脚,但是,作品的文学描写可以看作近代山东人向北京及其周边地区逃荒的写照。

---

① 浩然:《金光大道》,人民文学出版社 1972 年版,第 1~4 页。

(四)悠久的经商传统

前面已经谈到山东向北京输出教育人才和劳动力,除了这两类移民外,还有外出经商人员。去北京谋求商机也是近代山东人向北京迁移的重要原因。

古代的重农抑商政策并没有遏制人们的求富心理。山东虽然深受儒家文化的影响,但并没有放弃对财富的追求。自先秦以来,山东就有着悠久的经商传统,善于经商的管仲、子贡、范蠡都是古代山东人经商的典型。山东地处沿海,对外贸易便利,加上运河的开通,使得南北交通发达,从而为山东发展工商业提供了良好的交通条件。① 因山东与辽东、京津地区有较近的地缘关系,故山东人去关东、北京这两个地方经商的人数比较多。比情景可在《黄县志》得到印证:"其商于外者,辽东为多,京都次之。"②由于北京比其他北方城市拥有更为丰富的商机,一部分山东人把发展工商业的目光放到了京城,纷纷前往北京从事商业。因此,离乡赴京经商也是一种有目的的移居活动。

明清时期,社会生产力水平有了进一步提高,农业、手工业得到发展,商业也日趋繁荣,自给自足的小农经济开始向小商品经济转化,山东省内出现了三片经济发达区,即沿运河的鲁西地区、以济南为中心的鲁中地区和沿海的胶东地区。

在清末黄河铜瓦厢大改道之前,以输送漕粮为主要功能的南北大运河是华北平原和江淮平原的水上交通大动脉,山东地段以

---

① 本书参考了姜培玉编《山东经贸史略》(山东人民出版社 1989 年版)、许檀《明清时期的山东商品经济的发展》(中国社会科学出版社 1998 年版)和宋志东《近代山东商人的经营活动及其经营文化》(山东大学博士论文,2008 年)等有关山东商业历史的研究成果。

② 尹继美纂修:《黄县志》卷三《食货》,同治十年(1871)刻本。

运河为中心向外辐射的长条形地带是全省商品经济最为发达地区，出现了一系列著名工商业城镇，如济宁、聊城、临清、德州等。明清时期，临清就因沿运河而成为“南北之要冲，京师之门户，舟车所至，外连三边，士大夫有事于朝，内出而外入者，道所必由”①，济宁亦是“当漕河要害之冲，江淮百货走集……济当南北咽喉……士绅之舆舟如织”②。

随着经济开始由传统的自然经济向近代市场经济转化，山东城乡市场网络体系初步形成。③ 鲁中地区和胶东地区是山东半岛与京津、中原和东北之间经济交流的重要区域。由于交通便利，商贸流通频繁，促进了这两块区域的工商业发展，出现了一批工商业城镇，并通过“以点带面”的方式带动了山东省工商业经济的发展。这些工商业城镇包括青州、颜神镇（今博山）、潍县、莱阳、诸城等地。④ 晚清时期，随着黄河、运河的衰落以及铁路、公路等近代交通的发展，山东经济区域转移到东部沿海地区。⑤

山东各地尤其是沿海地区，普遍盛行经商风气，在清代早期山东各县的地方志中都有程度不等的记载。如康熙朝的《莱阳县志》

---

① 王俊修，李森纂：《临清州志》卷二《建置》，乾隆十四年（1749）刻本。

② 廖有恒修，杨通睿纂：《济宁州志》卷二《风俗》，康熙十二年（1673）刻本。

③ 许檀：《明清时期中国经济发展轨迹探讨》，《天津师范大学学报》（社会科学版）2002 年第 2 期。

④ 明清两代，鲁西和胶东两大区域，几乎相互隔绝，层次低，流向单一，带有浓厚的封闭色彩。近代，山东以口岸城市和中心城市为核心的市场结构开始形成，而依赖运河的传统城镇则相继衰落。参见安作璋主编：《山东通史（近代卷）》下册，山东人民出版社 1994 年版，第 457～459 页。

⑤ 参见彭慕兰著，马俊亚译：《腹地的构建：华北内地的国家、社会和经济（1853－1937）》第二章，社会科学文献出版社 2005 年版。

称：莱阳商人“资之饶者，置货于京师、金陵、苏、杭、淮、扬，其歉者，远至临清，近则南北台、青山庙”[①]。《栖霞县志》记载更为详细：清朝初年，栖霞县商人，有“富厚者，家多牧羊至千百为群，或贩榆树皮于京师”，还有“收买防风、黄芩等药材者”。[②]

登州是山东外出经商风气极为浓厚的地区之一。登州府处于山东半岛之东段，下辖除栖霞外的蓬莱、招远、黄县、莱阳、文登、福山、海阳、荣成和宁海州等9个州县，三面临海，海运交通方便。“滨海之利，九属皆资”[③]。道光年间，“荣邑为山陬海澨之地，…鱼盐之利藉为衣食计者，亦甚夥矣”，“岁歉则轻去其乡，奔走京师、辽东、塞北”[④]。山东胶州商人“商大者曰装运。江南、关东及各海口皆有行商”[⑤]。同治朝《即墨县志》则记载称，即墨商人刘鼎，清康熙初年就曾在北京从事贸易。[⑥] 光绪年间栖霞人王永盛去京师后，不数年经营致富。[⑦]

在登州府所辖的10个州县中，黄县（今龙口市）经商传统更是遐迩闻名。早在清初，黄县人就“逐什一以谋生……海运通道，商

---

① 万邦维修，魏元爵、张重润纂：《莱阳县志》卷三《民业》，康熙十七（1678）年刻本。

② 张凤羽编辑：《招远县志》卷四《风俗》，顺治十七年（1660）刻本。

③ 方汝翼、贾瑚修，周悦让、慕容干纂：《增修登州府志》卷六《风俗》，光绪七年（1881）刻本。

④ 李天骘修，岳庚廷纂：《荣成县志》卷三《食货》，道光二十年（1840）刻本。

⑤ 张同声修，李图等纂：《重修胶州志》卷一五《风俗》，道光二十五年（1845）刻本。

⑥ 林溥修，周翕镄纂：《即墨县志》卷九《人物　孝义》，同治十二年（1873）刻本。

⑦ 黄丽中修，于如川纂：《栖霞县志》卷七《人物·义行》，光绪五年（1879）刻本。

旅如归”①。至同治年间，黄县商人更是“逐末四方，往往致富，远适京师，险泛重洋，奉天、吉林方万里之地，皆有黄民履迹”②。据同治《黄县志》统计，清代黄县人“农十之三，士与工十之二，商十之五”③。也就是说，从事手工业的人与经商者加在一起，约占黄县全部人口的60%。他们走南闯北，经多年打拼，至民国时期，国内各大商埠城镇都有黄县人创办的产业。自然，北京成为黄县人外出经商的目的地之一。

总之，对商业利益的追逐也促成了山东人向北京移居规模的扩大。随着大批山东人进京从商，一支具有庞大规模、资金实力雄厚的山东商帮在北京逐渐形成。由于北京是近代中国的政治文化中心，又是消费城市，在这种情况下，大多数进入北京的山东农民不仅面临着生活环境转换的问题，而且还面临着生产方式转换的问题。由此，脱离农业劳动，改而从事为城市服务的体力劳动或经营规模不等的商业就成为可能。黄县人移居北京后，他们当中许多人就从事粮食和食用油的供应业，并掌控了与之有关的北京市场，后面的章节将有所细述。

（五）北京的吸引力

上文分析了近代山东对移民的推力，那么近代北京的拉力又如何呢？首都城市是处于国家城市系统中顶级地位的城市，具有较多的资源支配权与向心力，以及较大的辐射范围。其政治地位的优势集中体现在它所具有的巨大吸引力和辐射力、巨大的投资

① 李蕃修，范廷凤纂：《黄县志》卷首《知县李蕃序》，康熙十二年（1673）刻本。

② 尹继美纂修：《黄县志》卷一《疆域》，同治十年（1871）刻本。

③ 尹继美纂修：《黄县志》卷三《食货》，同治十年（1871）刻本。

与消费市场。首都城市作为全国中心的资源优势,可说是无价之宝。① 北京作为清朝和北洋政府的首善之区,既是政治中心、文化中心,也是闻名的消费城市。北京这一特殊地位,在传统时代是最有影响力和辐射力的,其城市发展有赖于国家通过行政力量在全国调取资源的支持。进入民国后,依然如此。各种有利资源汇集于此,机关林立,官僚众多。又因政治与思想文化的紧密联系,北京承载了文化中心职能,高校汇聚,名牌教授云集,各地学子慕名而来,堪称人文荟萃之所。北京的城市基础设施、公用事业也迅速发展,逐渐成为交通重镇和信息中心。北京作为一座消费都市,围绕官僚集团服务的金融业、商业、交通运输业、娱乐业盛极一时,吸引了大量外籍人口前来谋生,成为一座百万人口规模的大都市。② 即使在南京国民政府时期,北京不再是首都,但仍然是北方重要的政治中心以及中国的文化中心和消费城市,对全国仍具有强大的辐射力和影响力,吸引着来自全国各地的大量人口。

1. 多功能型首都

纵观世界绝大多数文明古国的首都,在从传统农业社会步入现代化工业社会的进程中,其城市的功能会逐步叠加,即除政治中心的核心功能外,同时具备其他多种功能,如文化中心、经济中心等,最后演变为“多功能型首都”。北京作为中国的首都城市,是民族凝聚、国家整合的需要,也是历史上中华民族长期交往融合的必然结果。清末民国时期,北京处于激烈变革的时代,北京亦由此发

① 彭兴业:《首都城市功能研究》,北京大学出版社 2000 年版,第 156 页。

② 陈鹏:《试论 1928 年迁都对北京的影响》,《北京社会科学》2010 年第 4 期。

展成为多功能型首都城市，集政治中心、文化中心、消费城市于一身。

政治功能是首都城市的核心功能。首都城市与非首都城市的区别概括起来，就是首都作为国家政治管理与权力中心，以及作为民族国家构建与整合象征的功能，这是非首都城市所不具备的。在所有的城市中，首都城市政治信息灵敏度和控制程度较高。晚清政府和北洋军阀政府统治时期，北京是政治中心，1928 年以后，由于国民政府南迁，北京一度成为区域性的政治中心，尽管如此，政治中心始终是北京城市的根本定位。作为首都城市，近代北京是国家的最高权力中心，是政治资源最集中的地方，吸引着全国各地的人们前来施展其政治抱负。同时，居住在北京的人们，处于世界风云之先，拥有利用政治资源的便利条件，在各种政治运动中发挥着主导作用。

首都城市也是一个文化氛围浓郁、文化底蕴丰富、文化事业发达、文化艺术魅力与吸引力很强的中心城市。一般来说，首都最集中地体现了现代社会文化与文明发展水平，绝大多数的首都城市均为本国文化与文明发展最高水平的“窗口”。北京拥有三千多年的建城史和八百多年的建都史，既是具有浓郁的文化底蕴的城市，也是中国文化的浓缩点。① 特别是明朝迁都北京后，北京作为全国文化中心的地位就形成并一直沿袭下来。

首都城市一般都拥有长期历史积淀形成的知识资源，拥有众多的高等学校、科研院所、新闻媒体及其他文化机构，聚集了大量的优秀人才，成为全国智力最集中的荟萃之地。晚清时期，随着科

---

① 彭兴业:《首都城市功能研究》，北京大学出版社 2000 年版，第 101、23、113、142 页。

举制的废除，兴办新式学校培养新式人才成为朝野上下的普遍要求，北京成为最大的受益者。在国家政权大力支持下，北京兴办了大批学校，并造就了中国新一代的知识分子群体。光绪三十三年(1907)北京已有各类学校200所，学生17053名，教师1300名，其中还有17所女校。① 进入民国后，中国教育进入一个新时期。北京的教育，尤其是高等教育获得快速发展。1912年，京师大学堂改为北京大学，成为北京第一所国立大学堂，以后又陆续建立起一批公立和私立的大专院校。到1931年，北京的高等学校已达26所，占到全国高校总数的一半。

新式文化机构开始兴起。近代北京有两个国立研究院：北平研究院和中央研究院，有全国最大的图书馆，文物、文献资料丰富，成为学术研究最便利之处。其他的专门文化机构更是不能胜数。

更为重要的是，政府官办学校较大的规模、相对充足的经费和首都强大的吸附能力，使得当时以北京大学、清华大学、燕京大学为代表的北京教育界吸引了一大批当时中国最优秀的知识分子，超过上海成为在思想文化领域全国影响最大的城市。

北京的文化中心功能还体现在集散功能。“首都的文化功能体现在无疑是集散功能——把区域文化吸收进来，经过升华，然后再辐射出去，或者说是‘统治性文化中心’功能”。首都城市在国家发展中扮演着民族文化演化及推广的媒介、本国政治文化与社会文化的主要策源地或辐射源的角色。首都城市是本国的文化艺术、教育科学、生活方式、社会风俗、价值观与审美标准的中心，是创立各种文化、艺术并使之成为“显学”的重要载体。人们认识一

① (美)西德尼·D. 甘博:《北京的社会调查》教育章，转引自袁熹《清末民初北京的外来人口探析》，《北京社会科学》2000年第2期。

个国家的文化通常就是从首都城市开始的。各个地方文化要成为"显学",必须首先进军首都城市,再从首都城市反馈到地方,才能形成全国性影响。北京亦具有这样的文化功能,例如中国古代的乾嘉学派与岭南文化都是典型案例。前者属于江浙皖文化,那里虽是发达地区,但限于局部地区,影响不大。乾隆年间,乾嘉学派的人士被网罗来京,成为修纂《四库全书》的主力,最终依靠首都的政权力量影响到全国。岭南文化前期一直没有大的影响,后来康有为、梁启超到北京公车上书,搞戊戌变法,才有了重要影响,成为"显学"。①北京具有的这种集散功能,对全国各地包括山东在内的各类人才有着巨大吸引力。

2. 消费中心——对服务人员的需求

马克斯·韦伯将城市分为君侯城市和市场城市,君侯城市往往也是消费城市,北京就是这样的消费型城市。② 近代,由于工业发展缓慢,北京一直"未能摆脱传统的封建帝都经济的束缚",1949年以前的北京"始终未能改变消费城市的经济地位"③。

清代,北京市是全国政治和文化中心以及清王朝统治机构的中枢,这里汇聚着皇室和大批贵族、官僚、宗室以及大批游手好闲的八旗人口,吸引着大批外地应试举人、官员及大量"云集京师"的游宦士子等流动人口。此外还有大量士绅、工商、兵勇等不事生产者,使得北京成为全国当时最大的消费城市,据1918年的统计,这类人口大约占全城的40%。④

---

① 彭兴业:《首都城市功能》,北京大学出版社2000年版,第140页。

② (德)马克斯·韦伯(Max Weber)著,康乐、简惠美译:《非正当性的支配:城市的类型学》,广西师范大学出版社2005年版,第5~6页。

③ 李淑兰:《北京史稿》,学苑出版社1994年版,第408页。

④ 曹子西主编:《北京通史》第八卷,中国书店1994年版,第422页。

随着近代生活方式的引进，作为消费城市，北京出现了更多新的服务行业，对从事服务行业的人员的需求大增，如商业、餐饮业、服装业、瓦木工匠、裱糊匠、洋车夫等，这也为本地和外来人口提供了较多的就业机会。据调查，各商行共有职工九万余人，洋车夫六万余人。其中粮食业由于经营范围广，销售量大，经营粮食的商行达五六百家，从业人员成千上万；绸缎业是北京一大行业，在会从业人员一千三百四十余人，从事布匹经营的商铺更多，约三百余家，店员共约五千二百余人；茶叶也是一项大宗买卖，全市经营茶叶的店铺一百五十余家，店员共约一千一百余人。肉业包括猪肉、羊肉、牛肉三业，共有二百五十余家，从业人员约计四千人；至于各行各业的流动商贩，则更是难以计数。①

由于城市的定位，近代北京的工业相较于其他城市不是很发达。尽管如此，至民国时期，北京城市近代工业获得了一定发展，逐渐改变着过去北京纯消费城市的性质。无论是商业、工业、金融业还是服务业，都需要充实大量劳动力和管理人员。至 1936 年，北京市的近代企业已发展至 6895 家。日伪时期，北京沦陷，日本侵略军实行以战养战的掠夺政策。为掠夺北京城较丰富的物产资源，日本先后在北京市设立公司 20 多个。抗战胜利后，北京的民族工商业艰难复苏。至 1948 年，北京注册的官私营企业已经增加到 13826 个，与抗战前的 1936 年数量相比，十余年间增长了 92.7%；若以从业人数计，则由 1936 年的 50997 人增加到 1948 年的 83178 人，其增长率为 63.1%。②

---

① 袁熹：《近代北京的市民生活》，北京出版社 2000 年版，第 20～21 页。

② 北京市统计局编：《北京市国民经济统计资料》，转引自韩光辉《北京历史人口地理》，第 281 页。

总之,近代北京工商业的持续发展,使得对劳动力的需求巨大。正是北京拥有巨大的谋生机会,吸引着外地人口的涌入。在民国时期,山东、河北和山西是向北京输入人口较多的省份。外地人口的涌进固然会增加北京的负担,带来严重的社会问题,但也解决了北京城市劳动力不足的问题,促进了城市发展。①

3. 京鲁两地密切的地缘关系

北京强大的汇聚力吸引着全国各地人口,那么近代北京何以成为山东人迁移的独特之地?主要归因于京鲁两地的地缘政治、壤地相接、便利的交通条件以及文化的接近以及密切的历史关系。

(1)京鲁两地密切的地缘政治关系

北京建都之前一直是北方的重镇。自元至清,北京由北方重镇迅速上升为统一国家的政治中心,期间除明朝外,均为少数民族建立的政权。北京地处中原农耕地区和东北游牧地区的交界地带,建都于此,对巩固多民族统一国家的政治统治,极具战略意义。明代之前,历代中央政权的威胁主要来自北方边境,所以地处东部沿海的山东对于北京的战略地位尚不突出。这种情况到明清以后发生改变。明清时期,随着西方航海事业的发展,一些西方国家陆续来到中国沿海,再加上倭寇的不断侵扰,加强海防就成为中央政权的重要任务。山东地处中国东部沿海,南与安徽、江苏接壤,北与辽东半岛环抱渤海,西与河北、河南相邻,东隔黄海与朝鲜半岛、日本相望,尤其是山东半岛,扼京津交通咽喉,拥有三千多公里的海岸线,是北京乃至整个华北的海上门户,由

① 彭南生:《近代农民离村与城市社会问题》,《史学月刊》1999 年第 6 期。

此山东的战略地位骤然上升。故明清时期山东一直是中央政权控制较紧的省份。① 鸦片战争以后，西方资本主义国家从海上入侵，山东更成为侵略前沿。特殊的地理位置，使得山东对北京有着重要的地缘政治价值。

山东亦具有重要经济战略地位。山东是一个矿产资源十分丰富的省份，据清末勘测资料表明，“山东省于中国二十二行省之中，以最富矿物闻”②。民国初年，山东已开采的矿藏有煤、铁、金等13种，分散于全省各州县，共计259处。③ 特别是淄博、枣庄的煤矿，储量丰富，质地优良，已有一千多年的开采历史；坊子煤矿所掘坑道达40米之深。位于今淄博市的金岭镇铁矿，春秋时代即为齐国的主要矿山。丰富的矿产资源是发展工业所必需，鸦片战争以后，西方资本主义列强侵入山东，这里的矿产资源便“吸引了许多探矿者”。山东还是我国著名的重工业基地。从第二次鸦片战争以后，山东走上了经济近代化的道路，出现了一批近代化的工矿企业。光绪元年(1875)，时任山东巡抚的丁宝桢为筹办海防需要，在济南城西北八里处的泺口设立山东机器局，引进国外机器设备，能够制造炮、枪、弹药以及机器、锅炉、火药、电灯与电池。该机器局创设多年，从未募一西人，是以经费较为节省，而制造各种军火，悉皆精良适用。④ 山东机器局是近代中国第一家引进国外机器设备，并依

---

① 王耀生、薛允锋：《近现代山东政局特点及与中央政权关系变化规律的历史启示》，山东省情网2007年7月23日。

② 中国史学会济南分会编：《山东近代史资料》第三分册，山东人民出版社1961年版，第137页。

③ 马庚存：《近代山东的采矿事业》，《山东经济》1994年第5期。

④ 孙毓棠编：《中国近代工业史资料(1840－1895)》第一辑(上册)，中华书局1962年版，第473、481、483页。

靠自己的技术力量独立建设的企业，成为山东近代工业的开端。此后山东经济发展迅速，如光绪十八年(1892)，爱国华侨张弼士先后投资300万两白银，在烟台创办了张裕酿酒公司，等等。据史料记载，至1915年，山东动力使用和不用动力的工厂共计936家工厂。① 至20世纪30年代初，随着华北战事基本结束，山东达到旧中国时期工业化的最高水平。② 从区域经济结构的变迁上看，清嘉、道年间，随着大运河的日益衰落和山东沿海地区港口城市的兴起，山东社会经济重心逐渐东移。近代，山东沿海地区对外开放后，不仅建立了与海外市场的直接联系，而且扩大了与国内各通商口岸之间的贸易往来。胶济铁路的开通，拓展了山东沿海口岸的市场腹地，使山东内地乃至整个华北地区迅速地脱离"边缘化"的状态，整合到以海洋为纽带的国内国际市场经济体系中。③ 山东的经济战略地位凸显。

正因为自明清以来山东重要的政治经济战略地位，山东成为历代中央政府重点经营之地。特别是晚清和北洋政府时期，由于地缘政治，处于统治中心的北京和山东关系紧密，山东历任地方最高行政长官都是由中央政权派出，故京鲁两地历史上关系密切。

(2)便利的交通条件与文化的接近

随着近代交通运输业的发展，京鲁两地交通往来尤为方便。

---

① 陈真、姚洛编:《中国近代工业史资料》第1辑，生活·读书·新知三联书店1957年版，第16页。

② 吕伟俊等:《山东区域现代化研究(1840－1949)》，齐鲁书社2002年版，第383页。

③ 张彩霞:《以海洋为纽带:近代山东经济重心的转移》，《中国社会经济史研究》2004年第1期。

由公路、铁路和水运等编织而成的交通网络为山东人向北京移民提供了甚为便利的条件。当时，山东全省交通分为水陆二种。据载，山东省内与北京联系的主要道路有两条：其一，自北京经德州、高唐、茌平、东阿、汶上、滋阳、兖州、邹县、滕县、徐州。该路是广东官路的北段，是一条南北孔道；其二，自北京经德州、平原、禹城、济南、泰安、新泰、兖州至徐州的道路。关于这条道路，康熙年间的方志就有记载，这是清代山东与北京之间最为重要的一条交通干线，不仅山东人赴京可利用这条路线，江苏、浙江、江西、福建等地的官民赴京，也皆经此道。①

此外，还有津浦铁路。这条铁路始建于光绪三十四年（1908），由英、德两国承建。铁路的北段自京奉铁路天津总站以南两路接轨处起至山东韩庄，南段自山东韩庄至江苏浦口，全长共有1009公里。1912年，津浦铁路全线通车。这条南北铁路干线的开通，更是极大便利了山东人向北京的移居。

除了陆地交通外，山东人移居北京还仰仗河运和海运的水上交通。纵贯鲁西的京杭大运河在咸丰五年（1855）黄河改道之前，是山东人前往北京的重要内河航道。重要水路交通中心有济宁、临清、聊城、德州。而胶东沿海州县的人则可以在烟台、青岛登船，前往天津，抵天津塘沽后，乘车再往北京。晚清时期，从事航运业的招商局就开辟了从上海经停烟台至天津的轮船航线。② 济南的

---

① 参见黄棣侯主编：《山东公路史》第一册，人民交通出版社1989年版，第50～51页。

② 《中国政治通览》（交通篇），《东方杂志》第九卷第九号。

小清河轮船公司于光绪三十年(1904)开辟了济南杨家沟-烟台-天津的轮船航线。①

水陆交通的便利使山东人迁居北京具有得天独厚的优越条件。他们不必像山西人那样,要翻越太行山,方能抵达河北平原;也不必像口外人那样,牵着骆驼,风尘仆仆地穿越沙漠,才能抵达北京西直门。可以说,山东人移居北京所要付出的交通成本是比较低的。

另外,京鲁两地在文化上尤为接近。若从方言分布上来看,两地都属于北方官话系统。北京有北京官话和冀鲁官话,山东则主要有中原官话、冀鲁官话和胶辽官话。② 其中冀鲁官话就是京鲁两地方言的叠合部分。语音的接近,使得山东人不用像去上海等南方城市,需要克服语言交流上的障碍。由此,地理和文化的接近使得北京成为山东人口流动的重要目的地也就合乎逻辑了。

---

① 参见安作璋主编:《山东通史》近代卷下册,山东人民出版社 1994 年版,第 511 页。

② 北方官话即北方方言,包括:北京官话:三声四调,古入声派入平、上、去且相对均匀。主要分布于北京、河北北部的承德等地、辽宁朝阳等地、内蒙古的赤峰等地。冀鲁官话:三声四调,古入声派入平、去。主要分布于天津、河北南部(保定、沧州等地)、山东西部、北京、山西部分地区。胶辽官话:三声三调或四调,古入声派入平、上、去。主要分布于辽宁辽东半岛、山东胶东半岛等地。中原官话:三声三调或四调,古入声派入平声。主要分布于江苏、安徽、山东、河北、河南、山西、陕西、甘肃、宁夏、青海、新疆等地〔参见中国社会科学院、澳大利亚人文科学院编:《中国语言地图集》,朗文(远东)出版有限公司 1987 年版〕。

第三节　数量规模与人口结构

晚清以来，随着社会变迁的加剧，山东迁移入京的人数逐渐增加。民国年间，北京市的人口进入快速增长时期，这种增长以内聚迁移为主。① 众多外来人口中，山东移民数量仅次于河北人，位居第二位，且长期保持这种稳定状态。通过不同路径“闯京城”的山东人广泛分布于北京社会各个阶层中，不仅缓解了山东本地的社会矛盾，同时也对近代北京城市发展产生了重要影响。

一、数量与规模

清前中期实行限制人口的政策，城市人口增长缓慢，清末人口控制放松之后，外来人口涌入一直是一个总的发展趋势。② 民国时期，北京市人口急剧增加，从 1908 年的 761106 人增至 1948 年 1513529 人，城市人口增长了 1 倍左右，③其中来自全国各地人口已占到北京市总人数的一半左右，并长期保持稳定状态。据《市政统计公报》提供的人口统计数字，1929 年北京市人口总数为 1364208 人，其中北京本地人为 690888 人，约占总数的 50.6%，外省籍人数

---

① 韩光辉：《北京历史人口地理》，北京大学出版社 1996 年版，第 281 页。

② 由于依据文献以及统计方法不同，人口数据存在明显出入，使得统计口径不同，但是一致认为近代以来北京城市由于外来人口的涌入导致人口显著增长。相关研究参见王钧：《1900 - 1937 年北京城市人口研究》，《地域研究与开发》1996 年第 1 期。袁熹：《清末民初北京的外来人口探析》，《北京社会科学》2000 年第 2 期；《近代北京城市人口研究》，《人口研究》2003 年第 5 期。周进：《北京人口与城市变迁（1853 - 1953）》，中国社会科学院研究生院博士学位论文，2008 年。

③ 袁熹：《近代北京城市人口研究》，《人口研究》2003 年第 5 期。

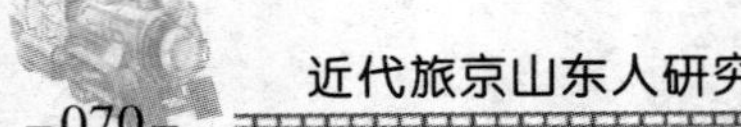

占总人口的49.4%。① 1936年的北京市人口总数为1533083人，其中北京本地人为651021人，占42.5%，外省籍人口为882062人，占总人口的57.5%。② 其他年份的北京人口统计基本与此一致，如1942年及1948年外省籍人口分别占北京市总人口的53%、51.6%。③ 可以说，北京是一座历史悠久的移民城市。

在京外省籍人口中，山东籍人口总量稳居第二，仅次于河北籍人数。以1929年和1936年的北京市民籍贯统计为例：1929年，来自30个省的移民中，以河北来京人口数最多，为279639人，占外省籍人口的34.1%；山东籍人数仅次之，为61955人，约占6.3%。1936年的统计中，河北人数为616114人，占外省籍人口的41.2%，山东人数为86567人，约占5.7%。见下表1-6：

表1-6 民国时期北平居民籍贯分布统计表

籍贯	1929年		1936年		籍贯	1929年		1936年	
	人数	比重	人数	比重		人数	比重	人数	比重
北平	690888	50.6	651021	42.5	广西	1551	0.1	1617	0.1
河北	464682	34.1	616114	41.2	吉林	1463	0.1	4627	0.3
山东	85395	6.3	86567	5.7	热河	1365	0.1	1767	0.1
山西	28293	2.1	35977	2.0	贵州	1307	0.1	920	0.06

① 林颂河：《统计数字下的北平》，见陶孟和编辑《社会科学杂志》，社会调查所出版，1931年第2卷第3期。

② 北平市政府秘书处第一科统计股编：《北平市统计览要》，1936年，第11页。

③ 李慕真主编：《中国人口》（北京分册），中国财政经济出版社1987年版，第54、55页。

（续表）

籍贯	1929 年		1936 年		籍贯	1929 年		1936 年	
	人数	比重	人数	比重		人数	比重	人数	比重
河南	19083	1.5	17374	1.1	甘肃	1030	0.1	1397	0.09
江苏	12597	0.9	22878	1.5	云南	999	0.1	1244	0.08
浙江	12300	0.9	10583	0.7	绥远	782	0.1	2430	0.2
安徽	7398	0.5	7131	0.5	黑龙江	769	0.1	1453	0.09
湖北	5714	0.4	12136	1.0	察哈尔	478	*	4202	0.3
广东	5638	0.4	5914	0.4	宁夏	326	*	269	*
湖南	5156	0.4	5135	0.33	蒙古	175	*	1317	0.09
福建	4992	0.4	5401	0.4	新疆	99	*	710	0.05
四川	3156	0.2	2992	0.2	西藏	45	*	543	*
江西	2821	0.2	3515	0.2	西康	12	*	45	*
辽宁	2618	0.2	25310	1.7	青海	12	*	363	*
陕西	2164	0.2	2131	0.1	总计	1364208	100	1533083	100

资料来源：林颂河《统计数字下的北平》，见陶孟和编辑《社会科学杂志》，社会调查所出版，1931 年第 2 卷第 3 期；

北平市政府秘书处第一科统计股编《北平市统计览要》，1936 年。

注：* 代表百分比为 0.05 以下。

由表 1－6 显示，旅京山东人口总量长期保持稳定增长状态，与古代山东人入京呈阶段性相比，近代山东人迁移入京已成为一种持续的常态。

二、人口构成

根据人口迁移理论，迁移具有选择性，只有某些特定的人才可

能成为迁移者。迁移与否与迁移者的年龄、性别、受教育程度和职业相关。对旅京山东人的构成分析,可以帮助我们更好地了解迁移动机、迁移作用。

人口的构成又称人口结构,反映群体内部各种不同质的规定性的数量比例关系,包括自然构成、社会结构和地域结构。人口地域结构包括按人口所在地的自然地理标志、行政区划标志、经济区划标志、城乡标志等而划分的各种人口地域结构。由于旅京山东人均来自同一个省份,故人口的地域结构一致。下面着重分析其自然结构和社会结构。

(一) 自然构成

人口的自然构成依据人口的自然指标,主要由性别、年龄等因素构成。① 人口的自然构成状况对经济社会的发展有重要影响。

1. 性别构成

人口性别结构系指男性人口和女性人口在总人口中所占比重。人口迁移的性别选择中,由于适应环境能力以及社会诸方面的因素,迁移者多为青壮年男性。② 近代北京的外来人口的男女性别较高,仍以 1929 年和 1936 年为例,见表 1-7、1-8:

表 1-7 1929 年旅京外来人口的性别构成统计表

籍贯	男	女	性别比	籍贯	男	女	性别比
河北	279639	185043	151.1:100	广西	1001	550	182:100
山东	61955	23440	264.3:100	吉林	893	570	157:100

① 李莉:《人口学研究与实践探讨》,贵州科技出版社 2008 年版,第 163 页。

② 佟新:《人口社会学》(第四版),北京大学出版社 2010 年版,第 105 页。

（续表）

籍贯	男	女	性别比	籍贯	男	女	性别比
山西	22208	6085	264.9:100	热河	974	391	249:100
河南	13780	6303	221.1:100	贵州	786	521	151:100
江苏	7150	5447	131.2:100	甘肃	679	351	193:100
浙江	6809	5491	124:100	云南	633	366	173:100
安徽	4279	3119	137.1:100	绥远	590	192	307.3:100
湖北	3355	2359	142.2:100	黑龙江	458	311	147:100
广东	3182	2456	129.5:100	察哈尔	353	125	282:100
湖南	2991	2165	138.2:100	宁夏	302	24	1258:100
福建	2872	2120	135:100	蒙古	113	62	182.3:100
四川	1919	1237	155:100	新疆	71	28	254:100
江西	1794	1027	175:100	西藏	27	18	150:100
辽宁	1602	1016	158:100	西康	6	6	100:100
陕西	1415	749	189:100	青海	10	2	500:100
总计	943429	589654	160:100				

资料来源：根据北平特别市市政府秘书处编《北平特别市市政公报》（第19期，1929年）整理。

表1-8　1936年旅京外来人口的性别构成统计表

籍贯	男	女	性别比	籍贯	男	女	性别比
河北	375342	240772	155.9:100	四川	1876	1176	159.5:100
山东	61521	25046	245.6:100	绥远	1572	858	183.2:100
山西	27633	8344	331.1:100	陕西	1323	808	163.4:100
辽宁	13325	11985	111.2:100	热河	1006	761	132.2:100

（续表）

籍贯	男	女	性别比	籍贯	男	女	性别比
江苏	15270	7608	200.7:100	广西	1082	535	202.2:100
河南	10649	6725	158.3:100	黑龙江	880	573	153.4:100
湖北	5904	6232	94.7:100	甘肃	894	503	177.7:100
浙江	6353	4230	150.1:100	蒙古	775	542	143:100
安徽	4251	2880	147.6:100	云南	721	523	137.9:100
广东	3464	2450	141.4:100	贵州	587	333	176.2:100
福建	3157	2244	140.7:100	新疆	472	238	198.3:100
湖南	3099	2036	152.2:100	西藏	344	199	172.9:100
吉林	2597	2030	127.9:100	青海	258	105	247:100
察哈尔	2872	1330	216:100	宁夏	145	124	117:100
江西	2000	1515	132:100	西康	33	12	275:100
总计	834450	529758	157.5:100				

资料来源:《北平市市民籍贯统计表》,北平市政府秘书处第一科统计股编《北平市统计览要》,1936年。

从表1-7、1-8可以看出,1929年旅京外来人口男女性别比为160:100,1936年旅京外来人口男女性别比为157.5:100,两年中,外来旅京人口男女性别比都较高,且变化不大。具体到省份来讲,1929年,来京人数较多的省份如山东、山西、河南、河北等的男女比例较为悬殊,其中山东省籍移民男女性别比为264.3:100。1936年,来京人数较多的河北、山东、山西、辽宁男女性别比较高,其中山东省籍的为245.6:100,与1929年相比差别不大。男性移民数量大大超过女性移民数量的现象,与中国社会传统习惯有密切关系。在传统社会中,男主外女主内的社会分工,使得男性成为家庭的主要经济来源,而女性以家务为主,很少外出谋生计。

2. 年龄构成

人口年龄构成指一定群体各年龄组人口在总人口中的比重。人口迁移的年龄选择性与个人的生理、心理和职业发展过程有关。从人的生理、心理发展历程看,15 岁之前是生理、心理的发育时期和职业准备阶段,15 岁至 35 岁之间就进入谋求职业、创造事业的时期,这一阶段从人的心理上来说可塑性和适应性较强,个人通过不断地变化职业以求得最佳职业,此后随着事业的稳定和心态的变化,人们追求安稳的生活从而减少迁移。① 根据历年的统计数据显示,民国时期北京人口的年龄构成以少年和成年人为主,尤其以青壮年人为多,人口的半数以上集中于青壮年组。以 1929 年的统计为例,15 岁以下人口 175614 人,占总人口的 19.1%;15 岁至 60 岁的人口 701248 人,占 76.3%;其中 21 岁至 45 岁的壮年人口 464044 人,占 50.4%;而 60 岁以上者仅为 42015 人,占 4.6%。② 据 1948 年的统计,北京市人口共计 1918200 人,15 岁以下者 499070 人,占总人口数的 26%;15 岁至 60 岁之间者为 1250240 人,占 65.2%;60 岁以上者 168890 人,占 8.8%。③ 北京市人口中青壮年人口比重如此之大,正是体现了移民城市的特点。人口总量中,青壮年年龄人口所占比重大,劳动力资源就相对雄厚。尤其是21 岁至45 岁壮年正是人生中创业的最佳年龄段,正是人生中身

① 段成荣编著:《人口迁移研究:原理与方法》,重庆出版社 1998 年版,第 39 页。

② 北平特别市市政府秘书处编:《北平特别市市政公报》第 19 期,1929 年。

③ 北平市政府统计处编:《北平市政统计》,1948 年 8 月。

体强壮、精力充沛、适应能力强的好时机。旅京山东人口的年龄结构与北京市总体人口的结构相一致。以从事猪肉业的旅京鲁商为例,见表1-9:

表1-9 1949年北京市猪肉业同业公会山东籍理监事职工履历表

商号	姓名	年龄	籍贯	学历	履历
聚顺斋	孙茂栋	42	山东福山	郁文大学法律系毕业	1935年开始任本公会主席、会长、理事长,迄于1949年。
天庆楼	鲁殿元	51	山东莱阳	初中毕业	17岁初中毕业后到北京学猪肉业。1918年曾考入电话局,由司机至领班。1942年退职,经理本商号。
宝华楼	王华璞	51	山东掖县	私塾4年	17岁到北京学猪肉业,1928年经理本号业务。
中华坊	李世德	70	山东德平	私塾3年	曾在本县学做烟,35岁来北京学徒猪肉业,在本号经理业务30余年。
天德楼	李景福	72	山东福山	私立学校4年	18岁来北京学猪肉业,后即在本号经理业务。
德美斋	刘继瑞	42	山东牟平		16岁到本号经理业务。
兴隆局	王继珍	49	山东掖县	私塾2年	自幼在本市猪肉铺习商,1949年充任兴隆局经理、猪肉商业理事。
泉成斋	彭守信	46	山东掖县	私塾3年	15岁在东北俄国铂店荷贩4年余,后来北京经理猪肉。
庆云斋	鲍毓藻	35	山东福山	烟台中学毕业	毕业后即经理庆云斋业务至1949年。

（续表）

商号	姓名	年龄	籍贯	学历	履历
玉香斋	牟焕瑞	55	山东福山	小学肄业	小学未毕业即从学徒至伙计，为铺长。
正云楼	镡锡九	56	山东掖县	私塾4年	退学即到北京，在该号正云楼经理业务。

资料来源：《北京市猪肉业公会理监事职工履历表》（1949），北京市档案馆藏档号：087－034－00003。

（二）社会构成

人口的社会结构，是指按一定的社会、经济标志将人口划分为各个组成部分而形成的人口结构，主要包括婚姻状况、教育状况和职业结构等。

1. 婚姻状况

一般来说，未婚者因少了家庭的羁绊和牵制，较已婚者容易迁移。故在迁移的初期，大多是一人独闯，待工作有所成，生活各方面条件稳定下来，再考虑自己的婚姻大事。在北京历年婚姻统计中，已婚人口占适婚人口的比重都比较低，而且在适婚人口中未婚男性远远多于女性，已婚男性亦大大超出女性。这也从另一方面表明了进京谋生的外地人增加。①

2. 教育程度

迁移理论认为，迁移者的素质是影响迁移动机、迁移作用的重要因素。接受教育是提升人的素质的一个途径。人口的教育构成是指

① 韩光辉：《北京历史人口地理》，北京大学出版社1996年版，第282页。

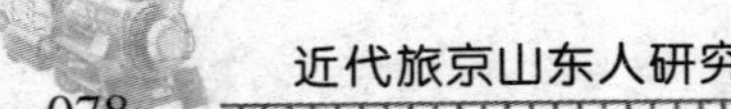

移民本身受教育程度。一方面,人们为了接受较好的教育离开原住地前往文化中心城市;另一方面,接受了教育的人增加了知识和技能,其克服迁移障碍的能力也就越强,也就越容易迁移。可以说,受教育程度对迁移倾向的作用非常明显,教育程度较高者有较高的迁移机会。分布于不同行业中的旅京山东人教育程度差距较大。一般来说,知识分子阶层、学生群体、官员群体等教育程度最高,从事苦力的旅京山东人受教育程度最低,从事经商的旅京山东人所受教育程度跨度较大,从初等到高等教育程度不等。

经商者应具有识字、算术的基本能力。由于山东人非常重视教育,这也为外出经商者掌握基本知识打下了基础。他们大多数接受了基本教育,掌握了基本的识字和算术能力,有的甚至还接受了高等教育。如据1937年估衣业同业公会改选职员名册中,12名鲁籍职员中有1名教育程度为燕大商科,其余11人为"普通"。[①] 1938年,羊肉业同业公会的鲁籍职员教育程度为"普通"。[②] 1939年对北京市白油业同业公会鲁籍会员的统计,33名山东籍职员中,32名均教育程度为"平常",1人教育程度为"优良"。[③] 1941年,汤锅业同业公会鲁籍职员的教育程度为"本县公学"。[④] 1946年木业同业公会鲁籍职员中,常务理事孙廉泉、理事崔雨轩受过私塾教育,

---

① 《北京市估衣业同业公会第三次改选职员名册》(1937),北京市档案馆藏档号:087-029-00004。

② 《北京市羊肉业同业公会第三次改选职员名册 》(1938),北京市档案馆藏档号:087-035-00001。

③ 《北京市白油业同业公会会员名册》(1939),北京市档案馆藏档号:J071-001-00338。

④ 《北京市猪类汤锅业同业公会第三届改选职员名册》(1941),北京市档案馆藏档号:087-034-00001。

监事吕志居教育程度为初小。[①] 从1942年北京市饭庄业同业公会12名鲁籍职员可知，接受中学教育的2人，其余10人接受私塾教育。[②] 从1949年猪肉业公会理监事鲁籍职工履历表来看，受过私塾教育的5人，中学教育的2人，小学教育2人，高等教育的1人（见表1-9）。

3. 职业结构

移民的职业选择固然与劳动报酬和社会需求有关，但更受制于自身教育、技能水平与身体状况等个体因素。晚清时期，北京的山东人大致可分为官、绅、商以及体力劳动者等传统职业群体。在郭松义研究的381宗个案样本中，在京谋生的山东人从事传统的社会职业，以从事商业活动者为最多，约占一半，其次为佣工苦力，另外还有当公差、奴仆、太监以及教书为生者等。[③] 清末以来，随着新式学堂和新式教育的发展，社会结构发生重大变化，旅京山东人中出现了学生、自由职业者以及专业技术人员等新兴社会群体。"新兴社会群体的产生，就是社会变迁的具体反映。虽然社会变迁在许多方面都有所体现，但相比较而言，其中较为直接和重要的一项内容乃是新兴社会群体的形成，而且随之所带来的社会影响也更为深远。因为新兴社会群体形成之后，反过来对社会变迁的进一步发展又会产生更为突出的作用与影响。"[④]总体来说，无论晚清还是民国时期，从数量上看，旅京山东人以体力劳动者和工商业者居多，政界、

① 《北平市木业同业公会职员姓名略历表》（1946），北京市档案馆藏档号：087-026-00005。

② 《饮食业会员、委员名册、异动及章程》（1938～1948），北京市档案馆藏档号：087-036-00001。

③ 参见郭松义：《清代北京的山东移民》，《中国史研究》2010年第2期。

④ 朱英：《从社会群体透视社会变迁》，《华中师范大学学报》2007年第6期。

知识界人数相对较少;而从影响力来看,这些身处政界、知识界以及商界的旅京山东人拥有更大的社会能力,影响最大。

(1)政界

近代,有不少山东人在中央政府和北京市政府各部门就职。在政局动荡的北洋政府时期,鲁籍军政人物是北京军政界不可忽视的群体,如吴佩孚①、靳云鹏②、周自齐③、马龙标④、王讷⑤、潘

---

① 吴佩孚(1874～1939),字子玉,山东蓬莱人。晚清秀才,北洋军阀中曾经为实力最雄厚的军阀之一。历任北洋第三镇参谋、营管带、炮兵第三标标统、直鲁豫巡阅使等职。曾反对在巴黎和约上签字,也曾在1923年残酷镇压京汉铁路工人大罢工制造“二七”惨案。日伪时期拒任伪职。1939年病逝。

② 靳云鹏(1877～1951),字翼青,山东邹县(今山东邹城)人。北洋武备学堂毕业。北洋系人物,袁世凯旧部,段祺瑞手下四大金刚之首。1913至1916年任山东都督。1918年任参战督办公署参谋长,代表段祺瑞政府与日本签订《中日陆军共同防敌军事协定》。1919年任北洋政府陆军部总长,同年9月24日代理国务总理职至1920年5月14日。皖系失败后,在奉系支持下,再度于1920年8月9日任国务总理,直至第一次直奉战争爆发前的1921年12月18日辞职。之后寓居天津英租界。1951年病死。

③ 周自齐(1871～1923),字子廙,山东单县人。顺天乡试副榜。历任驻美公使馆参赞、领事,外务部右丞、左丞,山东都督兼民政长、中国银行总裁、财政总长、交通总长、陆军总长。1922年3月,署理国务总理。1922年6月2日,摄行大总统职务。

④ 马龙标(生卒年不详),回族,字锦门,山东青州人。早年投淮军左宝贵门下,1895年入新建陆军,成为袁世凯亲信。1904年任第二镇步三协统领,1911年任第二镇统制,1912年任山东护军使、第五镇统制。曾在济南与邱丕振组建“五族大同会”山东支部,并任副会长,后转任蒙古正红旗副都统、京师军警督察长。1921年被授予恒威将军之衔。

⑤ 王讷(1881～1957),字墨仙、默轩,别号七二名泉烟雨楼主、西湖渔父,山东安丘人。清末举人,授七品京官。民国初被选为第一届国会众议院议员,曾在湖南先后担任厘金局长、湘西保靖县知事之职,后出任陕西省教育厅厅长。1922年冬,回山东任教育厅厅长。翌年,改任山东储材馆长。1924年,改任实业厅长。1925年后,谢绝仕途。1953年8月,任山东省文史馆馆员。

复①和沙明远②等知名程度不一的军政人物。这些人物因其拥有社会能量而对近代山东乃至全国政局产生重要影响。除了在中央政府任职的鲁籍高级军政人员外，还有大量山东人任职于北京市政府各部门。以1936年对北京市政府部门职业人员的籍贯构成的调查统计为例，在北京市政府20个部门中共有2813名职员，其中山东籍为208人，占总人数的10%，仅次于河北省，这与旅京山东人在旅京外来总人口中的所占比重相一致。这些鲁籍职员主要集中在秘书处、公安局、财政局、工务局、卫生局等重要部门。其在政府各部门的分布状况见表1－10：

表1－10　1936年北京市政府鲁籍职员统计表

机关	人数	机关	人数	机关	人数
市政府秘书处	29	整理中南海临时委员会	12	中山图书馆	4
公安局	53	社会局	9	北海公园委员会	1
财政局	28	自治事务监理处	6	体育委员会	2
工务局	21	农事试验场	4	公共汽车管理处	3
卫生局	26	市立第一工厂	3	国货陈列馆	7

资料来源：本表格根据北平市政府秘书处第一科统计股编《北京市统计览要》（1936年，第26页）。

---

① 潘复（1883～1936），字馨航，山东济宁人。清末举人。曾为山西巡抚陆钟琦幕僚。民国初年，一度与他人合资开设鲁丰面粉公司，1913年1月任山东省实业司司长，后到北京从事政治活动，历任靳云鹏内阁财政次长、代理财政总长，任顾维钧内阁交通总长、国务总理兼交通总长、北京政府国务总理等职。

② 沙明远（1879～1950），字月坡，回族，山东临清人。民主人士。早年投西北军冯玉祥部，先后在绥远省、甘肃省、陕西省任教育厅厅长等职。1926年，任山东省硝磺矿总局局长。日伪时期，拒任伪山东省教育厅厅长。1949年，任中央民族事务委员会委员。

(2)知识界

“清末新政废除科举、兴办新式教育和选派大批留学生,造就了160余万新式学生,使一个完全不同于传统士人阶层的现代知识分子群体成长起来”①。所谓现代意义上的知识阶层,是指城市中“具有现代教育背景的,从事抽象符号系统创造、传播和使用的自由职业群体,包括文学家、艺术家、自然科学家、人文学者、教师、编辑、记者等”②。近代知识阶层的诞生,一方面是城市近代化的结果,另一方面又对近代城市社会的发展起着巨大的推动作用。鲁籍新式知识分子群体可分为两部分:在京求学的学生群体以及从事律师、医生、技师等职业的自由职业者。

①学生群体

学生群体的出现是近代中国社会关系变动的重要方面③。晚近以来,随着新式学校的建立,接受高等教育和中等教育的旅京鲁籍学生成为一个新兴的重要群体。旅京鲁籍大学生分布于中国大学、北京大学、中央大学、清华大学、朝山大学、北平工大等北京各大高校中。④

旅京鲁籍学生具有浓厚的乡土观念,常以同乡关系为纽带组织学生会,以“联络乡谊,砥砺学行”。如1916年,汇集于北京高等

---

① 关海庭:《20世纪中国政治发展史论》,北京大学出版社2002年版,第38页。

② 许纪霖:《近代中国变迁中的社会群体》,《社会科学研究》1992年第3期。

③ 桑兵:《晚清学堂学生与社会变迁》,学林出版社1995年版,第69页。

④ 《国立北京大学济南校友会同学录》,山东省档案馆藏档号:J102-02-0018-056;《国立中央大学、清华大学、师范大学、朝山大学、北平工大等鲁籍同学录》,山东省档案馆藏档号:J101-12-0423-001等。

学校的鲁籍学生发起成立“山东旅京学友会”，并编纂成《山东旅京丙辰年学友录》，由柯劭忞作序。这些鲁籍大学生就读的高校有：北京大学 75 人，中国公学 58 人，北京高等师范学校 32 人（另有附属中学 13 人），民国大学 32 人，法华学校 16 人，法政专门学校（堂子胡同）13 人，中华大学 11 人，俄文专修馆 11 人，法政专门学校（化石桥）9 人，协和医学 9 人，农业专门学校 5 人，北京工业专门学校 4，高等专门医学校 4 人，税务学校 3 人，北京师范学校 3 名，共计 253 人①，均来自于山东各地。

还有以同一县籍组织成立的学生会。1929 年，在北京各校求学的 51 名莱阳籍大、中学生组织成立了“山东莱阳旅平学生会”，其会员姓名、性别和就读学校等相关信息见表 1－11：

表 1－11　山东莱阳旅平学生会（1929 年）

就读学校	性别	姓名
国立北平大学法学院	男	徐宗民、赵铭常、殷次伯
国立北平大学医学院	男	姜远楷、姜庆璋、于庆蕃
国立北京大学	男	徐志敬、宋仲濂、修春泰
中国大学	男	于培连、于修春、陈厚民、李银海、殷维域、于恩济、刘尚忠
朝阳大学	男	于柄一、于世琦、徐鸿翔、张序成
中国大学	男	张受丰、王官焿
民国大学	男	孙镜清、孙毓昌、姜锡福、王金郭
国立北平大学俄文法政学院	男	张宣

① 《山东丙辰年旅京学友录》，山东省档案馆藏档号：J101－12－0427－001。

（续表）

就读学校	性别	姓名
华北大学京华美术专门学校	男	程式
国立清华大学	男	崔自新
国立北平大学第一工学院	男	于俊峰
交通大学北平铁道管理学院	男	王宝正
北平特别市市立第一中学校	男	初莲峰、姜守正
国立北平大学第一工学院	男	于培蕙、梁铭常
文治中学校	男	李丰玠
国立北平大学俄文法政学院	男	徐启光
贝满女子中学校	女	张绛萼
志成中学校	男	初毓椝
弘达学院	男	殷丕熹
郁文大学附属中学校	男	龙榆成
国立北平大学附属中学校	男	王逊
国立北平大学第二师范院附属小学校	男	王述、王迁、王遂
国立北平大学第二师范院	女	王葆廉
交通大学	男	修振江
国立北平大学农学院	男	于宝岺
国民政府财政部税务学校	男	邱瑞荃
国民政府行政院内政部警官高等学校	男	张衍庆
陆军部军医学校	男	张心固

资料来源：据山东莱阳旅平学生会编《山东莱阳旅平学生会会员齿录序》(1929)整理。

上述就读于北京高等、中等学校的莱阳籍学生中，以男生为主，女生仅有2名。山东莱阳旅平学生会"以联络感情，交换智识，研究学术，实现三民主义，并促进本县一切应办事宜为宗旨"①，制定了简章和规章制度，以全体大会为最高机关，采取委员制，规定会员的现有选举权及被选举权、建议权、表决权及复决权，同时要履行遵守简章和服从议决等各项义务。会员每年缴纳会费一元。莱阳学生会设有执行委员会及监察委员会，执行委员会分常务股、文书股、交际股、财务股、事务股五股，各股分设主任和干事各一人，监察委员会设常务一人，委员一人，共同监督审察本会一切事务。山东莱阳旅平学生会组织机构完备，职责分明，具有初步的民主特征。

类似这种以同乡关系为纽带的学生会并不止于山东莱阳旅平学生会。1933年，国立北京大学农学院的31名鲁籍师生组织成立了"北平大学农学院山东同乡会"，并制定了简章，以"增进乡谊，敦砺品学，办理同乡公益"为宗旨，分文书股、交际股、事务股三股，各股各设干事二人，经费来自于会员缴纳的会费，每年二角。②

表1－12　北京大学农学院山东同乡会会员一览表(1933年)

姓名	籍贯	身份	姓名	籍贯	身份
王正	安丘	森林系主任	王者化	博兴	生物系三年级学生
高长庚		化学系讲师	黄逢源	威海	生物系二年级学生

① 山东莱阳旅平学生会编：《山东莱阳旅平学生会会员齿录序》，1929年。

② 《北大招生简章、农学院农学丛刊投稿简章及两广同学会、山东同乡会简章、名单等》，北京市档案馆藏档号：J066－001－00108。

（续表）

姓名	籍贯	身份	姓名	籍贯	身份
李顺卿	海阳	生物系讲师	杨英烈	寿光	生物系二年级学生
徐佐夏	广饶	生物系讲师	王大顺	文登	生物系二年级学生
周瑞庭	安丘	本院院医	孙登渭	惠民	生物系二年级学生
许锡图	冠县	生物系助教	罗清泽	沾化	生物系二年级学生
冷家栋	平度	森林系四年级学生	季永点	阳信	生物系二年级学生
徐守围	即墨	森林系三年级学生	周邦抡	清平	生物系二年级学生
陈学耀	黄县	森林系三年级学生	张之杰	诸城	农艺系一年级学生
卞克昌	益都	森林系二年级学生	洪长庚	惠民	农艺系一年级学生
吕宝琛	夏津	森林系一年级学生	毕世昌	夏津	经济系二年级学生
李学孟	黄县	化学系四年级学生	王淑贞	无棣	森林系一年级学生
李金符	安丘	化学系三年级学生	吴新之	栖霞	高中二年级学生
胡光汉	惠民	化学系三年级学生	郑容舟	日照	高中二年级学生
傅蕴琦	临沂	生物系四年级学生	孙万祥	乐陵	高中二年级学生
亓大齐	莱芜	生物系三年级学生			

资料来源：《北大招生简章、农学院农学丛刊投稿简章及两广同学会、山东同乡会简章、名单等》，北京市档案馆藏档号：J066－001－00108。

若将山东莱阳旅平学生会和北平大学农学院山东同乡会两个组织进行对比，二者各有特点：山东莱阳旅平学生会不局限于同校，但只限于莱阳籍；而北平大学农学院山东同乡会不限于一市一县，但又只限于一校之内的山东籍教师和学生。限于资料，尽管无法得知这些学生组织的具体活动，但可以肯定的是，这些学生组织的成立有助于增强本省籍同学之间的联系，遇有活动时便于组织和统一行动起来。

旅京鲁籍中学生亦成立了山东省旅平中学同学会总会，会址设于北京中南海的成达中学，这是一个既跨校也跨县市籍的鲁籍同学组织。据1946年山东省旅平中学同学会总会的统计，当年在北京接受中等教育的山东籍在校学生已经达到1258人，分布于北京市的51所中学里，见表1－13：

表1－13　**北平市各中学校鲁籍学生数量统计表**（1946年）

学校名称	学生数量	学校名称	学生数量
北平市市立第一女子中学校	23	北平市私立山东中学	81
北平市市立第七中学	16	北平市私立崇实中学校	13
北平市市立高级商业职业学校	8	辅仁大学附属中学	117
北平市市立第五中学校	29	北平市私立育英中学校	169
北平市市立第四中学校	12	北平市私立贝满女子中学校	20
北平市市立第一中学校	5	北平市私立孔德中学校	30
北平市市立第三中学校	5	北平市私立弘达中学校	25
北平市市立第二女子中学校	26	北平市私立中大附中学校	26
北平私立新华中学校	7	北平市私立育华中学	13
北平市私立競存初级中学校	38	北平市私立盛新中学校	69
北平市私立大中	6	河北省立北平女子职业学校	7
北平市私立佑贞女子中学	13	北平市私立西北中学男校	13
北平市私立春明女中	15	河北省立北平高级中学	10
北平市私立平民中学校	21	北平市私立五三中学	14
北平市私立大同中学校	32	嵩云中学校	7
北平市私立培根女子初级中学	2	北平市私立艺文中学校	20

（续表）

学校名称	学生数量	学校名称	学生数量
北平市私立笃志女子中学校	4	北平市私立公益高级助产职业学校	16
北平市私立求实中学校	13	北平市私立光华女子中学	25
北平市立高级工业职业学校	14	北平市私立华光女子中学	17
北平市立第二中学校	31	北平市私立志成中学校	46
市立初级商业职业学校	7	北平市私立文华女子中学	13
北平市立第三女子中学校	22	北平市私立崇慈女子中学	10
北平市私立燕冀中学	4	北平市私立成达中学校	34
北平临时大学补习班第七附属女子中学校分班	56	北平市私立育青女子高级职业学校	5
北平市私立文治中学	7	北平市私立四存中学	13
合计:共51校,1258名鲁籍中学生。			

资料来源:《北平市财政局关于代发平津鲁籍学生救济费事项的呈与天津教育局、山东教育厅的来往函电和救济学生名单等》,北京市档案馆藏档号:J009－003－00069。

由此可见,在新式教育逐渐普及的时代,山东省仍然是向北京输出人才的大省。这些受过西方近代社会科学和自然科学知识教育的学生群体,成为日后从事政治、教育、文艺、科技、法律、新闻出版以及各种自由职业者群体的中坚与主体。因其流动性较强,学生群体中少部分人毕业后留在北京,大多数去往外地工作。

②自由职业者

近代城市中的知识阶层与封建士大夫的根本区别在于其接受了不同于旧式书院的新式教育,掌握了一定的现代科学文化和技能，知识结构、文化修养及思维方式迥异于旧式知识分子，在职业上显示了较为明确的分工，从事教育文化事业、科学技术研究、新闻出版等行业，职业呈现出多元化景象。受资料限制，尽管对鲁籍自由职业者总体数量的考察存在一定困难，但是通过对北京市档案馆藏部分同业公会成员的考察，可获取大致了解。如据 1930 年北京市教育会职员 10 人中，鲁籍 1 名，占总人数的 10%。① 1934 年国医学会的统计，59 名会员有 1 名为鲁籍，约占总数的 2%。② 1937 年的律师公会 450 名会员中，鲁籍有 21 人，约占 5%。③ 1946 年中医公会 780 名会员中鲁籍 29 名，约占 4%。④ 1947 年牙医同业公会的统计，28 名会员中有 6 人为鲁籍，约占 21%。⑤ 北平美术作家协会会员 44 人，鲁籍 4 名，占 11%。⑥ 1948 年统计的农业技师 99 名会员中，鲁籍有 6 名，约占 6%；⑦工业技师公会会员有 97 人，鲁籍有 5 人，约占 5%。⑧ 1948 年，《北平新报》的社长山东陵县

---

① 《北平特别市教育会报送本会执行委员就职日期教育会章程、职员名册的呈及教育局的指令》，北京市档案馆藏档号：J004－001－00349。

② 《北平市国医学会关于呈请立案呈报国医学会会章会员职员名册的呈文及教育部社会局的指令》，北京市档案馆藏档号：J002－003－00214。

③ 《北京律师公会会员录》，北京市档案馆藏档号：J001－001－01290。

④ 《北平市中医师公会报送会员名册的呈文及社会局的指令（附名册）》，北京市档案馆藏档号：J002－002－00241。

⑤ 《北平市牙医师公会请求备案的呈文及社会局的批、指令卫生局的公函（附简章、名册）》，北京市档案馆藏档号：J002－002－00308。

⑥ 《北平美术作家协会请求备案的呈文及社会局的批（章程会员职员名册）》，北京市档案馆藏档号：J002－002－00230。

⑦ 《华北林业试验场、北平农事试验场等单位关于农业技师参加立委选举给社会局的公函及社会局的复函（附名册）》，北京市档案馆藏档号：J002－004－00787。

⑧ 《北平工业技师公会选举职员、报送章程、名册的呈文及社会局的指令》，北京市档案馆藏档号：J002－002－00340。

人窦培恩任北京市日报公会理事。[①] 同年,北平音乐协会成立,32名发起人中,鲁籍为1人。[②]

可以看出,在与文教、卫生、律师、新闻等相关的同业公会中,与其他省籍相比,鲁籍人士的数量不是很多,但这并不意味着缺少突出贡献的精英人物。如美术作家协会的李苦禅,是我国现代杰出的大写意花鸟画家、书法家、美术教育家;另有首次创办了北平国医学院、被誉为"京城四大名医"的孔伯华,等等。

(3)商界

经商是旅京山东人从事的一个重要行业。北京沦陷时期,日本学者泽崎坚造曾对当时的北京商会会员业别和籍贯状况进行过调查。该调查表明,在北京经商的河北人最多,其后依次为山东、山西、浙江、江苏和安徽人。[③] 这与山东人总人数位居北京外省籍人口总量第二相一致。旅京鲁商人数在旅京山东人群体中所占比重相当大,是旅京山东人中一个重要的群体。据载,宣统二年(1910)山东旅京同乡公会召开的第一次大会中,参会人员"范围极广,各界人均在其内,而要以商界人为最夥,事亦较繁","商界入会者,共三千余家,已逾吾东在京商家半数"[④]。由此可推断,在京经商的鲁籍人士约有超过六千家。由于加入旅京山东同乡公会的商

---

① 《日报、医师、技师、曲艺、律师等十六个公会组织成立的呈文和社会局、社会部的指令、代电(附章程总报告表)》,北京市档案馆藏档号:J002－002－00165。

② 《北平音乐协会请求备案的呈文及社会局的批(附章程)》,北京市档案馆藏档号:J002－002－00327。

③ (日)泽崎坚造:《北京市商会の同乡性》,《经济论丛》,京都法学会1941年,第52卷,第5号。

④ 《山东旅京同乡公会第一次全体大会演说词》,《山东杂志》第88期,宣统三年(1911)四月三十日。

界人数众多,公会规定以商界事务为重:“故本会当以全身注重于商界以求发达”,“商界诸君亦宜结合团体,辨明何事关系公共利害,报告本会,以便办理”。为促进商业发展,加强商情沟通,1912年旅京鲁商还专门成立了自己的组织——山东商务促进会,会址设在右一区顺城街,以“维持、发达山东商务”为宗旨,政界人士周树标担任会长①,增强了山东商人的影响力。山东商务促进会入会会员达到两千五百人之多②,反映了在京经商的山东人人数之众、实力之强。

(4)苦力

近代北京从事苦力的外省籍人中以山东人最多,对此史料多有记载:“打水、投递报纸官报大概为山东人。苦力亦以山东人最多。北京话所说的山东儿即指山东人”③,“旧都的工商两界,数百年来,几乎全是山东和山西人的势力,劳工以山东为多”④,山东“其人数尤众者为老米碓房、水井、掏厕之流,均为鲁籍”⑤。众多

---

① 周树标(1875~1939),字建龙,山东安丘人。毕业于日本法政大学,1906年在东京加入中国同盟会。1908年,参与发起成立山东矿产保存会。1909年,当选为山东咨议局议员,并多次参加国会请愿运动。1910年,辞去议员之职。1911年,加入宪友会,为山东支部发起人。1913年,任国会众议院议员,曾参与过反袁斗争。1914年,为山东旅京同乡会会长.后历任察哈尔省政务厅厅长、绥远特别区高等检察厅检察长、山东东临道尹等职。

② 于彤、袁凤华:《北洋政府时期北京社团一览》,《北京档案史料》1991年第1期。

③ (日)服部宇之吉等编,张宗平、吕永和译:《清末北京志资料》,北京燕山出版社1994年版,第343页。

④ 李家瑞编:《北平风俗类征》(上),上海文艺出版社1937年影印本,第185页。

⑤ [民国]夏仁虎撰:《旧京琐记》卷九《市肆》,见车吉心总主编《中华野史》清朝卷五,泰山出版社2000年版,第5098页。

的鲁籍劳动者还成立了山东旅京劳动会，他们的乡缘意识浓厚，积极参与有关家乡利益的活动，如在五四运动中，数万名鲁籍劳工有突出表现。[①] 这部分人数虽然众多，但是无论从经济实力还是从社会影响力来讲，都是比较微弱的。

由上可见，旅京山东人广泛地分布于社会各个行业中，近代职业的多元化，展示了中国近代移民文化的多元性。从事不同行业的旅京山东人结成的行业性同乡会，显示了近代旅京山东人有着浓郁的乡缘意识，这一方面有利于密切本行业同乡群体的联系，促进知识的增长和经验的交流，另一方面也便于汇集力量，在本行业中形成势力，增强自身的影响力。在近代涉及家乡利益的重大事件中，从事不同行业的鲁省人士跨越社会阶层，凝聚在一起，加强了自身在北京的社会地位，增强了群体的活动能量和社会影响力，有效地表达共同的利益诉求，从而使得自身在北京成为不可小觑的移民群体。

“人口变迁是一切社会变迁的枢纽”[②]。无论因为何种原因和动机移入北京的山东人，在各自所从事的行业中以及所处的社会地位上，对北京近代城市发展历史发挥着自己的作用及影响；同时，身处北京的山东人也心系桑梓，时刻关注着家乡的种种变化，在近代动荡的社会形势下，旅京山东人借助北京这一特殊空间对家乡事务发挥影响。此类内容见诸后面各章的相关论述。

---

① 《旅京鲁工界之奋起》，《申报》1919 年 5 月 16 日。

② 胡鉴民：《人口变迁与社会变迁》，《民国丛书》第一编第 19 辑，上海书店 1932 年影印版，第 86 页。

第二章　从会馆到同乡会

——旅京山东同乡组织的近代变迁

文化适应是指移民以融入的方式进入新的环境,重建原有的生活环境和文化是其适应模式之一。当移民形成一个新的移民网络时,迁移者往往会在新的社区中重建原有的生活方式和文化。[①]聚集在北京的山东人,通过建立同乡组织来重构其原有的生活模式,实现自我组织、自我管理。会馆和同乡会都是旅京山东人在北京建立的同乡组织,二者不同的是,会馆是传统意义上的同乡组织,而同乡会则更具有现代社团的特征。与会馆相比,同乡会不仅在宗旨目标、组织结构上更呈现出开放性、民主性的现代特征,其会务活动涵盖范围也更为广泛。同乡组织与时代同步发展,其机构日臻健全,功能渐趋完善,在社会变迁中起到了积极的推助作用。

第一节　会馆——前近代的旅京山东同乡组织

会馆作为同籍贯的人以乡缘为纽带,在异地自发、自愿组织起

① 佟新:《人口社会学》(第四版),北京大学出版社 2010 年版,第 107 ~ 108 页。

来的一种传统同乡组织,最先出现于明代中叶的北京:"考会馆之设于都中,古未有之,始嘉、隆间。"①清代,建立会馆已成为一种普遍的现象,山东省也毫不例外地加入到这一高潮中,这些鲁籍会馆就成为山东人在北京举行公共集会和开展社会活动的固定场所。

早在1925年,社会学家郑鸿笙就关注了会馆的社会功能,他指出:同乡团体的会产专用于祭祀、飨宴和慈善、社会公益事业,因而它具有财产团体和社会公益团体的双重性质,并从功能上界定了同乡会馆和同业公会的区别与联系。② 窦继良对会馆与同乡观念的变迁进行了深入研究。③ 根据这些启发,笔者拟对山东各地驻京会馆的分布和社会功能进行探究。④

一、在京鲁籍会馆的分布

与其他城市会馆产生的原因不同,北京会馆的最初兴起,是与

① [明]刘侗、于奕正:《帝京景物略》卷四,北京古籍出版社1980年版。按:引文中所称的"嘉"系明世宗的年号"嘉靖","隆"则是明穆宗的年号"隆庆"。

② 郑鸿笙:《中国工商业公会及会馆、公所制度概论》,《国闻周报》1925年第二卷第二期。

③ 窦继良编著:《同乡组织之研究》,正中书局1943年版。

④ 在以往的研究中,学术界对会馆和同业公会的形式及其社会功能的异同的认识经历了很大的曲折。20世纪50年代,史学家普遍把明清时期的会馆和工商业公会等而视之,认为是资本主义萌芽出现的产物,如李华的《明清以来北京的工商业行会》(《历史研究》1978年第4期)、雷大受的《漫谈北京的会馆》(《学习与研究》1981年第5期)、贺海的《北京的工商业会馆》(《北京日报》1981年11月21日)等。20世纪80年代,这种认识有所改变,吕作燮在《明清时期的会馆并非工商业行会》(《中国史研究》1982年第2期)中,强调了会馆的同乡联谊和互助功能。关于中国会馆历史的宏观性学术史回顾,请参见王日根《国内外中国会馆史研究评述》(《文史哲》1994年第3期)。

北京作为明清时期和北洋政府时期的首都与科举中心密切相关的。随着汇聚于此的全国各地举子不断增多,各省各地竞相在北京设立会馆。通过查阅有关的文献、档案资料并加以考证分析,在京鲁籍会馆建立于清代,具体情况统计如表 2－1:

表 2－1 清代在京鲁籍会馆统计表

级别	名称	同乡范围	地址	创始年代	备注
省级	山左会馆	全部鲁籍人员	教场头条胡同七号;又一在铁香炉①	约在清代乾隆年间	又名山东会馆,试馆性质
	齐鲁会馆	全部鲁籍人员	崇文区手帕胡同	约在清代	主馆,商业性质
			宣武区粉坊琉璃街,后门在潘家河沿	清代乾隆年间	附产,曾名汶水会馆、莱芜会馆,试馆性质,清末废
			广安门外手帕胡同	约在清代	附产,义园
	山东会馆	全部来京应试鲁籍举子	崇文门大街	约在清代乾隆年间	同乡试馆
	山东试馆	全部来京应试鲁籍举子	东城区鲤鱼胡同	约在清代	试馆性质

① [清]杨静亭原编,[清]李虹若重编:《朝市丛载》卷三《增补都门纪略》,清光绪十二年(1886)刻本;中华图书馆编辑部编:《北京指南》卷三《公共事业》,上海中华图书馆 1918 年铅印本。但笔者目前尚未见到关于位于铁香炉的山左会馆(今香乐胡同)更为详细的史料。

（续表）

级别	名称	同乡范围	地址	创始年代	备注
府级	济南会馆	济南府籍来京人员	宣武区烂缦胡同三十六号	约在雍正年间	曾名济南十六邑馆，试馆性质
	登莱胶义园公所	登、莱、胶三州来京人员	宣武区干面胡同十二号①	约在清代乾隆七年(1742)	义园，试馆性质
	青州会馆	青州府籍来京人员	宣武区门楼巷	约在清代	试馆性质，清光绪年间废
	武定会馆	武定府籍来京人员	崇文区东交民巷	约在清代	试馆性质
县级	海阳义园	海阳县籍来京人员	朝阳内外郊一区舍茶棚四号	道光二十五年(1845)	义园，试馆性质
	寿张会馆	寿张县来京人员	宣武区阎王庙街	约在清代	试馆性质，清光绪年间废
	章丘会馆	章丘县籍来京人员	宣武区校场三条	约在清代	试馆性质

资料来源：[清]吴长元辑《宸垣识略》，北京古籍出版社1983年版；

[明]张爵、[清]朱一新《京师五城坊巷胡同集 京师坊巷志稿》，北京古籍出版社1982年版；

[清]周家楣、缪荃孙等编纂《光绪顺天府志》第二册，北京古籍出版社1987年版；

陈宗蕃编著《燕都丛考》，北京古籍出版社1991年版；

何炳棣《中国会馆史论》，台湾学生书局1966年版；

窦季良编著《同乡组织之研究》，正中书局1943年版；

① 干面胡同，明代即已启用，1965年改为登莱胶胡同，后简化为“登莱”。

李文海主编《民国时期社会调查丛编》(二编),福建教育出版社2009年版,第192页;

周均美主编《中国会馆志》,方志出版社2002年版;

《山东会馆老账》,清乾隆三十七年(1772);

李金龙、孙兴亚主编《北京会馆资料集成》,学苑出版社2007年版。

由表2－1可看出,在京鲁籍会馆主要集中于宣武区的牛街和广安门内大街一带,说明这一带是旅京山东人的主要聚居和活动区域。在京鲁籍会馆分为三大类:县级会馆、府级会馆和省级会馆。不同级别鲁籍会馆的并存,一方面,表明了来京鲁籍同乡人口的日益增多,另一方面,各府县级会馆的设立也反映出来京人员所集中的区域。由于这些区域的同乡人员众多,联系也更为密切,以至于有再按府县设立会馆的需要。下面对这三类鲁籍会馆进行分述:

(一)省级会馆

省级会馆是以全省来京的鲁籍人员为服务对象的会馆,服务对象最为广泛。省级会馆的出现,反映出来京山东移民数量的扩张。旅京山东人建立的鲁籍会馆包括山左会馆、齐鲁会馆、山东会馆和山东试馆,其中以山左会馆规模、影响最大,近代旅京山东人经常在此集会,商议有关家乡的事宜。

1. 山左会馆

山左会馆曾名为山东会馆,位于教场头条七号(今校场胡同17号)。《京师坊巷志稿》记载:"教场上、下头条胡同,有云南、山左、宜荆、永新诸会馆。"①《宸垣识略》也有清晰的记载:"西城会馆之

① [明]张爵、[清]朱一新:《京师五城坊巷胡同集 京师坊巷志稿》,北京古籍出版社1982年版,第219页。

山左会馆旧址大门,摄于2012年夏

著者,……将军教场头条曰云南、山左。"①

山左会馆据说是乾隆年间由鲁籍京官刘墉②捐的私宅,或是由其首倡建立而成。③ 道光以前,山左会馆"馆舍湫隘",与青州会馆

---

① [清]吴长元辑:《宸垣识略》,北京古籍出版社1983年版,第214页。

② 刘墉(1719~1804),字崇如,号石居,山东诸城人。清乾隆十六年(1751)进士,授翰林院庶吉士,历任安徽学政、江苏学政、山西太原知府、江苏江宁知府、陕西按察使、内阁学士、《四库全书》副总裁、户部右侍郎、湖南巡抚、都察院右都御史、工部尚书兼属吏部、直隶总督、协办大学士、体仁阁大学士,加太子少保衔。卒后晋赠太子太保衔,入祀贤良祠,谥文清。

③ 北京市政协文史资料委员会编:《北京文史资料》第68辑,北京出版社2004年版,第254页。

为邻。道光之后，随着以潍县陈官俊（道光帝师）①、滨州杜受田（咸丰帝师）②为代表的鲁籍京官实力大增，重修山左会馆的事宜逐渐被提到议程上来。道光二十九年（1849），“陈文悫公官俊始议，以同乡官公存钱重修，廓其基址，别置青州馆，而合其舍为一，厅事五楹，规模大备”③。原青州馆合并于山左会馆，规模得以扩大，青州馆则迁到门楼巷。

山左会馆“由京官同乡组织而成，以为来京考试同乡暂居之所，并京官有资望者轮流值年”④。光绪三十一年（1905），山左会

① 陈官俊（？～1849），字伟堂，号吁尊。山东潍县（今山东潍坊）人。嘉庆十三年（1808）戊辰科二甲进士。历任翰林院编修、赞善、洗马、右庶子、山西学政、侍讲学士。道光十四年（1834）授詹事，迁内阁学士、礼部侍郎，改吏部侍郎。道光十九年（1839）授工部尚书，后被革。道光二十年（1840）四月授通政使。道光二十二年（1842）迁户部侍郎，改吏部侍郎。道光二十三年（1843）迁礼部尚书，历工部、吏部尚书。道光二十四年（1844）十二月授协办大学士（接卓秉恬）。道光二十九年（1849）七月初二日卒。赠太子太保，入祀贤良祠，谥“文悫”。见［清］方浚师《蕉轩随录》卷一，中华书局2008年版；朱彭寿原著，朱鳌、宋苓珠改编整理：《清代大学士部院大巨总督巡抚全录》，国家图书馆出版社2010年版，第94页；陈祖光、邓华编：《潍城陈氏世家简史》，天马图书有限公司2004年版，第45页。

② 杜受田（1787～1852），字锡之，号芝农。山东滨州人。道光三年（1823）癸未科会元，二甲进士。任翰林院编修、中允、洗马、山西学政、侍讲学士。道光十八年（1838）授内阁学士，迁工部侍郎，改户部侍郎。道光二十四年（1844）授都察院左都御史，历工部尚书、刑部尚书。道光三十年（1850）二月加太子太傅，六月授协办大学士（接祁寯藻）。咸丰二年（1852）七月初九日卒于江苏清江浦差次，年六十六。赠太子太师，大学士，入祀贤良祠。谥“文正”。见朱彭寿原著，朱鳌、宋苓珠改编整理：《清代大学士部院大臣总督巡抚全录》，国家图书馆出版社2010年版，第94～95页。

③ 山左会馆撰：《山左会馆设祭仪节》，光绪三十二年（1906）春重刊。

④ 《1947年各省会馆总登记表》，北京市档案馆藏档号：J002－002－00263。

馆由宗人府府丞王培佑①负责管理。光绪三十二年(1906),据北京外城巡警右厅调查,山左会馆主产已经拥有大小院子三座,由时任法部侍郎的王埥负责管理,日常看管人为过钧,寓居会馆者36人。② 由于山左会馆规模较大,设施齐全,在省级会馆中影响最大,故许多来京赶考的鲁籍学子,常暂居于此。山左会馆名下还有两处附产:一是位于前门内化石桥的山东中学(见第四章第一节),另一处为登莱胶义园公所。

2. 齐鲁会馆

齐鲁会馆在北京城区有三处馆址,位于崇文区手帕胡同的齐鲁会馆为主馆,另外两处为附产,分别位于宣武区的粉房琉璃街、广安门外手帕口胡同。齐鲁会馆主馆是鲁籍会馆中唯一的商业性质的会馆,兴建于清代。关于这座齐鲁会馆,《京师坊巷志稿》、《燕都丛考》均有文字记载。《京师坊巷志稿》载:"手帕胡同,仓场总督署在北,详衙署,井三。有齐鲁会馆。"③尽管拥有三处馆址,但与山左会馆相比,作为主馆的齐鲁会馆建筑规模仍然比较小,《崇文区地名志》一书中有明确的记载:"手帕胡同内的齐鲁会馆,就只有一个小院,北房五间,南房四间,东西厢房各两间,共十三间。"④

齐鲁会馆两处附产的产业规模都比主馆还要大。处于宣武区

---

① 王培佑(1855~1915),字保之,山东平度邹家坡村人。光绪九年(1883)中进士,入选翰林,后历任监察御史、顺天府尹、太常寺卿、宗人府丞等职。一生为官清正,刚正不阿。曾参与公车上书、保护胶州湾、戊戌变法等活动。

② 《清末北京外城巡警右厅会馆调查表》,《历史档案》1995年第2期。

③ [明]张爵、[清]朱一新:《京师五城坊巷胡同集 京师坊巷志稿》,第201页。

④ 转引自胡春焕、白鹤群编著:《北京的会馆》,中国经济出版社1994年版,中国经济出版社1994年版,第177页。

粉房琉璃街的齐鲁会馆附产曾名为“汶水会馆”，即莱芜会馆，但人们习称其为“齐鲁会馆”①，其后门在潘家河沿(今为潘家胡同，现处于拆迁中)。据《宸垣识略》载：“西城会馆之著者，潘家河沿曰齐鲁。”②这座附产在功能上也是为来京应试的鲁籍举子服务的同乡试馆，兴建于清代，在宣武门外会馆群中属于建馆时间较晚的一座，但随着科举制度的废除而逐渐消失。《光绪顺天府志》有载：潘家河沿“有怀庆、吉安、黄陂诸会馆，旧有江南、江西、齐鲁、渭南、余姚会馆，今废”③。民国初年，齐鲁会馆改为齐鲁学堂师生的宿舍。④

齐鲁会馆另一处附产是义园，其地址亦在宣武区广安门外手帕口胡同，正如胡焕春在其所著的《北京的会馆》中所说的那样，两个齐鲁会馆，两块“手帕”，一东一西，一“生”一“死”，遥相呼应。⑤ 这座义园建于清代，后来为了便于对义园的管理，山东京官与商旅又捐资在义园的东侧占义地，修建了一座由三套宽敞大套院组成的会馆，定名为齐鲁会馆。可见，这座齐鲁会馆是在自乡义地内增建的。⑥

3. 山东会馆

该会馆功能上以同乡试馆为主，兴建于清代，位于今崇文门大

---

① 宣武区地名志编辑委员会编：《北京市宣武区地名志》，北京出版社1993年版，第470页。

② [清]吴长元辑：《宸垣识略》，北京古籍出版社1983年版，第214页。

③ [明]张爵、[清]朱一新：《京师五城坊巷胡同集　京师坊巷志稿》，第263页。

④ 白继增：《北京宣南会馆拾遗》，中国档案出版社2011年版，第89页。

⑤ 胡春焕、白鹤群编著：《北京的会馆》，中国经济出版社1994年版，第177页。

⑥ 国家文物局主编：《中国文物地图集·北京分册》(下)，科学出版社2008年版，第148页。

街。《光绪顺天府志》载:“崇文门大街,俗称哈哒门大街,……有山东会馆。”①《宸垣识略》亦载:“东城会馆之著者,……崇文大街曰山东。”②

4. 山东试馆

顾名思义,该会馆无疑属同乡试馆,兴建于清代,位于今东城区鲤鱼胡同。《京师坊巷志稿》载:“鲤鱼胡同有山东试馆。”③

以上会馆皆属于服务对象范围较大的省级会馆。从某种意义上讲,省级会馆是在京同乡的总联谊点。在京的山东省级会馆中,以山左会馆规模最大,影响也最大,山东同乡在此举行的活动也最多。从后面的章节中将有论述。

随着移民数量的增多以及移民来源范围的渐趋集中,在省级会馆的基础上渐渐出现了以同府同县的邑人为服务对象的府县级会馆。

(二)府级会馆

旅京山东人在近代北京建立的府级会馆包括济南会馆、登莱胶义园公所、青州会馆、武定会馆,共计四处。

1. 济南会馆

曾名济南十六邑馆,兴建于清代中叶,是接待济南府籍应试举子的同乡试馆,其故址位于今烂缦胡同36号。史载:“烂面胡同,亦称孏眠。……有济南、元宁、常昭诸会馆。”④济南会

---

① [清]周家楣、缪荃孙等编纂:《光绪顺天府志》第二册,第399页。

② [清]吴长元辑:《宸垣识略》,第181页。

③ [明]张爵、[清]朱一新:《京师五城坊巷胡同集 京师坊巷志稿》,第109页。

④ [明]张爵、[清]朱一新:《京师五城坊巷胡同集 京师坊巷志稿》,第230页。

馆由窦光鼎①等人倡建，其基址原为清代大学士嵇璜故宅，光绪年间售给山东济南府籍同乡，由济南府的历城、章丘、邹平、淄川、长清、桓台、齐河、齐东、济阳、禹城、临清、长山、陵县、德县、德平、平原16个县（故统称为十六邑）的山东同乡共同筹建而成会馆。"《太乙舟集·移居诗》……又诗：壬申移居懒眠胡同，嵇文恭公故宅也。……宅今已售为济南会馆矣"②。光绪三十二年（1906），据北京警察调查，济南会馆的管理人为军机章京邢翰经，看管人为张瑞祥，寓居会馆3人。③

2. 登莱胶义园公所④

登莱胶义园公所旧址位于今登莱胡同29号的登莱小学。所谓登莱胶，指的是清代的山东登州（今蓬莱市）、莱州（今莱州市）、胶州（今胶州市）三地，但是其成员籍贯并不限于上述三地，还包括昌邑、潍县、平度、即墨、高密、掖县、胶县、黄县、招远、蓬莱、福山、栖霞、莱阳、牟平、海阳、文登、荣成等地的同乡。因此三府覆盖今天的潍坊、烟台和青岛等地的市县，加之该馆又主要提供丧葬服务，故又被称之为山东义地。

登莱胶义园公所创建时间约在清代乾隆时期，是为同乡停灵、埋葬及养病而设的。据《京师坊巷志稿》载："干面胡同，井一。南

① 窦光鼎（1720～1795），字元调，山东诸城人。清乾隆朝进士，历任庶吉士、编修、左中允、内阁学士、左副都御史、浙江学政、吏部侍郎、署光禄寺卿、宗人府府丞、礼部侍郎、左都御史等官职。

② 陈宗蕃编著：《燕都丛考》，北京古籍出版社1991年版，第616页。

③ 《清末北京外城巡警右厅会馆调查表》（1906），《历史档案》1995年第2期。

④ 同乡组织除称会馆外，亦称公所，为同乡组织的驻所。义园公所是为本籍普通人员所设的旅榇之所，同时还具备相应的各种服务职能。参见白继增：《北京宣南会馆拾遗》，第93页。

登莱胶义园公所旧址大门(今登莱小学),摄于2012年夏

有宝应寺,……寺旁为明珰王安墓,其外山左义园也。”①乾隆七年(1742),宝应寺并入登莱胶义园公所,义园规模得以扩大。道光五年(1825),黄县贾东愚、潍县陈文敏相国倡导集资添建殿宇,增置义田,自此庙宇、田产由两郡京官综理。后因管理不善,僧人窃将田产售典殆尽。光绪十二年(1886),福山县牟朵珊侍御史始议修举其事。不久,牟氏出守柳州,由福山县同乡王懿荣继任。王懿荣就任后,即检查契册,追回已失之公产过半,并将车公庄、二里沟亦并入宝应寺,订立章程,聘请总管一人、司事三人以经理,一僧人专司香火。二郡值年京官及四市会首随时督察会馆。自此,登莱胶馆的管理逐

① [明]张爵、[清]朱一新:《京师五城坊巷胡同集 京师坊巷志稿》,第239页。

宝应寺,摄于2012年夏

渐完善起来。① 庚子之乱,都城失守,王懿荣率家人投井以殉,战乱中京城的庙舍半遭燹毁,而独此寺得以保全,人谓"文敏公之忠魂默为呵护者"。二郡绅商为纪念王懿荣,于寺内西室立文敏公神牌。② 1948年后,登莱胶义园公所改称为登莱胶旅平同乡会馆。

3. 青州会馆

兴建于清代,同乡试馆,位于宣武区门楼胡同。《燕都丛考》

① 登莱胶义园公所为现在的登莱小学。2012年夏,本人听宝应寺守门人讲,登莱胶义园公所是由在北京做大官的山东人所建,宝应寺也是山东京官修建的,那时候这里山东大官人来人往,非常兴旺。整个会馆的面积很大,院内有很多的厢房,都是用来停柩的。有钱的山东人死后在这里停灵一段时间后就送回家乡,贫苦无钱的山东人就埋在登莱会馆门外四周。现在的登莱小学四周以前都是大片坟地,新中国成立后政府平整了坟地,在上面建起高楼大厦,包括南面的广安体育馆,这也看出坟地面积之广。

② 《重整山东登莱义园宝应寺公产碑记》,光绪二十九年(1903)。

载:“门楼胡同,旧有青州会馆。”①会馆是由益都、临朐等地绅士和商贾筹建的,原只有二套院,光绪年间规模有所扩大,但至光绪末年会馆已不存在。②《京师坊巷志稿》中有记:“旧有青州会馆,今废。”③可见青州会馆的持续时间不是很长。

4. 武定会馆

同乡试馆,《京师坊志巷稿》载:“东江米巷,亦称交民巷,……东有武定会馆。”④武定府为现在的山东省惠民县,现隶属于滨州市。关于武定会馆更详细的资料目前尚未发现。

(三)县级会馆

以县为单位建立的鲁籍会馆有海阳义园、寿张会馆和章丘会馆。

1. 海阳义园

其旧址位于今朝阳区呼家楼南里2号的北京市呼家楼管理所。据光绪二十九年(1903)鸿胪寺序班附生胡翰翼撰写的《重修海阳义园碑记》载,海阳义园兴建于道光二十五年(1845),由海阳籍旅京人士王乐义、李天阶募创,“专为邑人之客都者养病停柩之所”⑤。这座会馆坐北朝南,原为在京山东籍商人集会议事之地,后变成义园。会馆由东、西两院组成,西院有一影壁,院子东西各长16步,南北各长

① 陈宗蕃编著:《燕都丛考》,第605页。

② 胡春焕、白鹤群编著:《北京的会馆》,中国经济出版社1994年版,第179页。

③ [明]张爵、[清]朱一新:《京师五城巷胡同集　京师坊巷志稿》,第207页。

④ [明]张爵、[清]朱一新:《京师五城坊巷胡同集　京师坊巷志稿》,第53页。

⑤ 《重修海阳义园碑记》,光绪二十九年(1903)。

19 步余；东院东西各长 11 步，南北各长 13 步有余。清代的一步相当于今天的 0. 345 米。据此计算，东西两院面积约 1555 平方米，可见海阳会馆的占地面积相当大。两院共有 28 间瓦房，多用来接纳年老病残山东同乡，体现了海阳会馆“乐善好施”的精神。

海阳义园旧址大门（今北京市呼家楼管理所），摄于 2012 年夏

海阳义园“乐善好施”碑，摄于 2012 年夏

会馆北部 200 米处为山东海阳义园之所在，面积九亩有余。据碑刻记载，光绪二十六年（1900）庚子兵变之时，海阳会馆的房屋遭毁；光绪二十八年（1902）夏秋之交，北京发生严重瘟疫，许多海阳籍同乡染病客死京城，暂厝于海阳会馆里的棺柩积有上百具之多。经过八国联军的洗劫，许多在京的山东商人元气大伤，资金匮乏，无力支援会馆，海阳会馆遂陷入难以为继的困境。在这个艰难时期，海阳籍旅京人士徐芳典召集同乡募得经费白银千余两，于当年将海阳会馆里的棺柩陆续运回故乡。第二年春，又募得山东同乡个人及鲁籍商号捐资的600两黄金作为修补会馆建筑的费用。

2. 寿张会馆

《北京指南》(中华图书馆1916年版)又称之为寿长会馆。兴建于清代,同乡试馆,在宣武区的阎王庙街,史载:“阎王庙街,俗讹延旺。……旧有寿张会馆,今废。”①寿张属今日河南范县与山东阳谷县。会馆在清光绪年间就已不存,其遗址为后来的云南景中祠。②

3. 章丘会馆

同乡试馆,位于宣武区校场三条。

由于史料的缺乏,上述寿张会馆和章丘会馆的情况,无法详究而知,但是可以推断,这两座会馆的规模可能不是很大,而且持续时间不是很长。

上述会馆规模不等,但都为寓居北京的鲁籍人员提供了食宿服务,也提供了联谊活动的公共空间。进入民国后,社会形势发生变化,这些会馆有的废掉,有的则适应形势转变为同乡会。新中国成立后,各地在京会馆急剧走向衰落。由于各省在京会馆主要负责人大部分被捕或逃匿,使得会馆处于无人管理的状态。如登莱胶义园公所就发生了董事长滕子超被捕,实际负责人孙寿岑亦借病请假,原办事务的几个人因此发生怠工等情况,义园公所陷入困境。③ 为了更好地管理各省县在京兴建的会馆及其房地产,1950年9月,北京市政府发布文件,要求各省成立会馆财产管理委员

① [明]张爵、[清]朱一新:《京师五城坊巷胡同集 京师坊巷志稿》,第264页。

② 胡春焕、白鹤群编著:《北京的会馆》,中国经济出版社1994年版,第178~179页。

③ 《山东旅京同乡会、山东登莱胶义园情况报告、章程、会员名单等》,北京市档案馆藏档号:J019-001-00426。

会,对馆产进行检查和重新登记。山东省会馆积极响应号召,于这年11月成立山东会馆财产管理委员会,整理与保管鲁籍会馆财产。先后参加统一管理的,有山左会馆、济南十六邑会馆、登莱胶义园公所、海阳会馆等四家。计有房屋一千三百四十间半,坟地近一百五十亩。1954年底,山东会馆管委会响应政府号召,将全部会馆房地产产权移交北京市房管局管理财产。自此会馆变成政府管理下的国有公产,山东省在北京的同乡组织宣告结束。

从上述北京鲁籍会馆的概况来看,北京鲁籍会馆的来源有三种:一种是由在京工商业者集资兴建的,如海阳义园和齐鲁会馆;另一种是由鲁籍京官首倡或捐建的,如山左会馆、济南会馆、登莱胶义园公所;还有一种是由家乡地方官和工商业者资助的,多与以上两种方式结合,如青州会馆。

与在京其他省籍会馆相较,鲁籍会馆呈现出以下特点:

1. 出现时间较晚

南方诸省份如广东、福建等早在明代就在北京开始了建立会馆的活动,而鲁籍会馆的建立较晚,基本上兴建于清代。由于受材料所限,目前尚无法弄清楚大多数在京鲁籍会馆修建的确切年代,但有一点是可以肯定的,山东在京会馆的出现时间正是北京会馆建设的高潮时期。

入清以来,随着社会经济的更加繁盛,人口的流动以及朝中异地为官的人员增多,各省纷纷在京设立会馆,县一级的会馆、府州一级的会馆、省一级的会馆都先后在京城出现,会馆的建设达到了繁盛阶段,正如时人所描述的:“外城各省会馆,近年创建日繁。”①当时北京各省兴建的会馆一度达341个,“以致外城房屋基地价值

① [清]吴长元辑:《宸垣识略》,《例言》部分,北京古籍出版社1983年版。

腾贵"[①]。会馆的发达与此时期科举制度的鼎盛和商业经济的繁盛有着密切的关系。旅京山东同乡适应形势的需要,也加入到兴建会馆的热潮之中,以便为汇聚北京的同乡人提供一个"敦亲睦之谊,叙桑梓之乐"的场所。

2. 数量偏少

根据史料记载统计,清代鲁籍会馆有14个,至清末就已废掉3个。据1935年田蕴瑾《最新北平指南》记载,到民国年间随着会馆的日渐衰落,鲁籍会馆仅存8个。鲁籍会馆的总数与其他省份在京的会馆相比数量较少。一般来说,各省会馆的多寡,一是由明清时代各地科举文化发展水平的不同所致;二是与"各地京官之多寡贫富"有关[②],正如时人所总结的:"盖士之至京师者多,则设会馆也不能俭。"[③]三是商业发展的客观条件所促成。事实上,近代以来,山东经济、科举发达程度并不输于其他省份。与此相对应,山东省留京做官的也可谓不少,在数量上仅次于江西、南直隶、福建等。鲁籍会馆数量之所以少,究其原因,正如何炳棣说言,或许因为山东省距北京较近,往来方便,不像南方诸省那样距京较远,所以在京师无须设太多的会馆。[④] 其他如河北省亦类似此种情况。

3. 内部地缘结构特征明显

从上文可以看出,清代山东省在北京兴建的会馆中,除省级会

---

① [清]汪启淑:《水曹清暇录》第十卷《会馆》,北京古籍出版社1998年版。

② [清末民初]徐珂编撰:《清稗类钞》第1册,《宫苑类·会馆》,中华书局1984年版,第185页。

③ 李家瑞编:《北平风俗类征》(下),上海文艺出版社影印本1937年版,第398页。

④ 何炳棣:《中国会馆史论》,台湾学生书局1966年版,第33页。

馆有6座外，其余7座属府州县级会馆：登莱胶义园公所和海阳会馆、济南会馆、章丘会馆、青州会馆、寿张会馆、武定会馆，其所涉及的地域范围都是山东省内经济、科举最为发达的鲁中、胶东半岛地区和西部运河沿岸地区，由此可以看出，这些地方的工商业在北京的发展程度越高，其在京设立的会馆公所也就越多。某些京官深知来京应考的举子之不易，也就乐于捐助建馆。而山东内地如鲁南的沂州府（今临沂市）等经济、教育落后的地区则没有在京的会馆，这显示出会馆的地域特征明显。

4. 公益性较强

从会馆性质上来看，北京鲁籍会馆更侧重于为同乡服务的观念，这与商业性浓厚的广东、浙江、山西、安徽等省籍会馆不同。山东省这十四处会馆中，除一处为商业性会馆，其余皆为试馆，其中有三处为山东同乡办理的义园提供为家乡人旅京同乡养病、死亡停灵、埋葬、运输灵柩回籍等公益性服务，还有一处由试馆改为公益性较强的学校——齐鲁学堂（见第四章第一节），可见鲁籍会馆的主要目的是服务同乡。

二、鲁籍会馆的组织体制与功能作用

同乡组织的组织体制和组织功能在很大程度上取决于移民的数量和当时的社会状况。会馆作为一种城市移民的传统地缘性社会组织，它的组织体制是和移民数量以及当时的社会发展状况相一致的。会馆最初作为同乡京官聚会之所，并不在官府管理视野内。晚清至民国以来，随着政府对会馆管理的加强，国家权力开始向其渗透。①

① 王日根、张宗魁：《1915－1956年北京会馆的整顿历程略论》，《中国社会经济史研究》2010年第2期。

(一)组织原则

从清代至民国,在京鲁籍会馆的管理方式经历了由值年制、董事会制到理事会制的变化。在清代,鲁籍会馆实行馆长制。会馆馆长仅限于政界,由本籍同乡从德高望重、能力较强的同乡京官中公推产生,对外代表会馆办理馆务事宜,负责总管会馆的簿记银两和处理会馆的事务,同时安排同乡在京的生活和交往事宜。馆长任期多数为一年,也有两三年的。有的会馆一次选出若干馆长,按年担任实际工作,称为"值年制"。如据1906年京师外城巡警总厅右厅的调查,山左会馆一直由"京官有资望者轮流值年",当年由时任法部侍郎王垿管理,王垿还同时负责管理登莱胶馆;济南会馆的管理人为军机章京邢翰经①。宣统元年(1909),山左会馆规定除值年馆长管理会馆外,举人也可以代理,或另由同乡公举,但是遇有重要之事,"仍须妥商于值年人及同乡京官多数之认可,然后施行",还对这些管理者职权进行限制:除值年馆长外,"他项管理人,其职务系专治馆中之事,此外,值年者应办之事,一切不得干预,以清权限"②。

民国年间,在多数鲁籍会馆转型为同乡会的情况下,登莱胶义园公所虽没有改组为同乡会形式,但是自身亦在积极顺应时代变化,扩大经营范围。在登莱胶义园公所1948年5月27日呈报的简章草案中,"以联络乡谊、办理各项福利、救济、设施为宗旨",规定所经营的范围主要有:

一、关于登莱胶旅平同乡疾病时之疗养事宜;

---

① 《清末北京外城巡警右厅会馆调查表》,《历史档案》1995年第2期。

② 《拟订山东会馆实行简章》,《山东杂志》第43期,宣统元年(1909)十月十五日。

二、关于登莱胶旅平同乡死亡者之停送掩埋灵柩事宜；

三、关于本所房产土地管理之事宜；

四、关于本所基金及经费之募集事宜；

五、其他各种福利救济事宜。①

为适应形势需要，登莱胶义园公所的管理方式发生了变化，由值年制改为董事会制："本所设董事会掌理本所事务。董事十五人、候补董事五人，由会员开会选举之。"②董事会制的董事及委员一般用票投或公推的办法产生，由在京同乡选出董事多名组成董事会，并推选出一人为董事长，任期一年，后改为二年，可以连选连任。③ 此时期采取董事会制的还有 1947 年之前的济南十六邑馆（济南会馆）。④

1948 年 11 月，登莱胶义园公所改为山东登莱胶旅平同乡会馆，采取理事会的管理方式："设理事十一人，由成年之登记同乡票选之。设理事长一人，对外代表会馆。常务理事五人处理日常事务，由理事互选之。理事任期一年，连选得连任。"⑤传统形式的会馆适应形势变化，在名称上加了"同乡"二字，管理制度上采取现代管理方式，表明了传统与现代的互容，也显示了传统事物极强的适

① 《登莱胶义园公所简章草案》，北京市档案馆藏档号：J002－002－00263。

② 《登莱胶义园公所简章草案》，北京市档案馆藏档号：J002－002－00263。

③ 《北平市公安局管理会馆规则》，北京市档案馆藏档号：J002－002－00058。

④ 《济南十六邑旅平同乡会总登记表》，北京市档案馆藏档号：J002－002－00263。

⑤ 《山东登莱胶旅平同乡会馆理事会简章（草案）》，北京市档案馆藏档号：J002－002－00263。

应能力。

(二)组织机构

一般而言,清代的会馆机构设置并不完备,对职能的规定也不甚具体。值年馆长下设有长班(看管人)等,指挥馆役做会馆的日常收发、传达、洒扫等勤杂事务。如据光绪三十二年(1906)的调查,山左会馆看管人为过钧,济南馆看管人为张瑞祥,登莱胶馆的看管人为牟俸。[①] 长班的地位非常重要,"为一馆之耳目,即供一省公事之奔走,执役虽微,关系颇巨"[②]。可以说,日常生活中长班是会馆的"中心"人物。

民国年间,随着董事会制的实行,登莱胶义园公所建立起了较为健全的组织机构:设董事长1人,常务董事5人。董事长对内总理会所事务,对外代表本所。因事务之需要,设事务员若干人,雇员若干人,由董事会任免之。[③] 1948年,随着登莱胶义园公所转为同乡会馆,在理事会制管理下,设理事11人,理事长1人,对外代表会馆,设常务理事5人,处理日常事务。

充足的经费是会馆顺利运作的保障。鲁籍会馆的经费主要来源于会馆自身的房地产租金收入以及家乡和在京官、绅、商的自愿捐助,经费来源并不稳定。以山左会馆宣统元年的收入明细为例,见下表2-2:

---

① 《清末北京外城巡警右厅会馆调查表》,《历史档案》1995年第2期。

② 《拟订山东会馆实行简章》,《山东杂志》第43期,宣统元年(1909)十月十五日。

③ 《登莱胶义园公所简章草案》,北京市档案馆藏档号:J002-002-00263。

表2-2 山左会馆宣统元年(1909)全年收入明细

日期	存入金额	存入款项来源
正月	京平松江银一千七百七十两零四钱三分	原净存
	京平足银八两	系正月房租
二月二十六日	京平足银八两	系二月房租
初八日	京平足银十六两	闰二月三月两个月房租
十二日	京平足银五十两	张星吉公捐
初十日	京平松江银十两	吕彦枚公捐
四月初五日	京平足银一百两	锡清帅捐
十八日	京平松江银十两	卢德复捐
初四日	京平足银二十九两四钱	李宗沆捐
十四日	京平足银十六两	管宅房租四月五月
十五日	京平松江银四十两	张笃桔公捐
二十四日	京平足银四十两	金荣桂捐
六月初一日	京平足银一百两	孙宝琦公捐
八月十三日	京平松江银三十两	丁麟年公捐
十三日	京平足银一百两	王石坞捐
九月初二日	京平足银三十二两	四月房租
二十五日	京平足银十六两	月房租
又	京平松江银一百两	张监白交来团拜费
共计	计存京平足银五百一十五两四钱,升色九两三钱一分,京平松江银一千九百三十两零四钱三分。二共京平松江银二千四百五十六两一钱四分。	

资料来源:《山左会馆宣统元年全年支存清单》,《山东杂志》第67期,宣统元年(1909)七月三十日。

从上表可以看出,除去上一年度余款存入外,宣统元年当年山左会馆的收入共计京平松江银六百八十四两七钱一分,款项来源有房租、官绅捐款以及团拜费三种,其中房租收入京平足银九十六两,官绅捐款为京平松江银四百一十九两四钱,京平松江银九十两,团拜费为京平松江银一百两。从收入结构可知,官绅捐款在山左会馆的收入中占很大比重。由于官绅的捐款具有偶发性,所以会馆的经费来源不稳定。

会馆的经费支出一般用于维修馆舍、佣工支出以及护送已故同乡灵柩回乡路费。仍以宣统元年山左会馆全年支出为例,见下表2-3:

表2-3 山左会馆宣统元年(1909)全年支出明细

日期	支出金额	支出去向或用途
正月初八日	京平足银九两	王大人手谢用
又	京平松江银二两二钱八分	钱四十千作
二十二日	京平松江八钱八分	换官衔门封十扇,钱十五两千作
后二月初五日	京平松江六钱九分	馆内两个月灯油用
三月初四日	京平松江二十两零九钱七分	后二月二十八日请客用
初九日	京平松江十九两四钱	在谦祥栈房请杨莲帅用
	京平松江五两七钱五分	
	京平松江七钱三分	馆内二个月灯油用
二十六日	京平足银六两	过均工食
	京平足银四两	赏过均用
	京平足银十二两	请锡清帅用酒席
	京平松江一两四钱六分	洋钱二元作赏下人
十八日	京平松江七钱	灯油十二千作

（续表）

日期	支出金额	支出去向或用途
五月初二日	京平足银十两	过均工食
	京平松江一两五钱八分	过均手买荆条筐
二十五日	京平松江一两九钱八分	馆用杂支
	京平松江六钱九分	二个月灯油用
十七日	京平松江一千两	开来作修理
	京平松江六钱七分	八月九月灯油
八月初四日	京平松江七钱	十月冬月灯油
十二日	京平足银四十三两四钱六分	修圣庙用
	京平松江七钱三分	赏王石坞下人
	京平足银七两	长班工食
十五日	京平松江三十四两七钱	公请莱州府聚奎堂席
十八日	京平松江七十两	还聚丰堂
二十一日	京平足银二十四两	丁祭用
初三日	京平足银四十二两	丁祭用
二十六日	京平松江二十七两七钱	在西栈公请衍圣公
冬月初一日	京平松江一两	买土筐四个
	京平足银四两	长班工食
十二月初九日	京平松江六钱七分	二个月灯油
初十日	京平足银三两	过均工食
十三日	京平足银五两五钱五分	馆中应用杂支
二十五日	京平松江八钱七分	请何求年用
三十日	京平松江十五两二钱三分	还聚丰堂
	京平松江四两二钱	钱七十五千六百作

（续表）

日期	支出金额	支出去向或用途
共计	以上共支京平足银一百七十两零一分，升色三两四钱三分，京平松江银一千二百一十三两五钱八分。二共京平松江银一千三百八十七两零三钱。除支净存一千零六十九两一钱一分。	

资料来源：《山左会馆宣统元年全年支存清单》，《山东杂志》第67期，宣统元年（1909）七月三十日。

从上表可以看出，在宣统元年山左会馆的全年支出中，共支出京平松江银1387两3钱，全年收入减去支出，结余京平松江银1069两1钱1分。山左会馆的支出结构中，含有用于交际消费、会馆日用消费以及给付雇佣人员工钱等事项。其中交际消费（请客、还聚丰堂等）支出京平松江银185两37钱17分，京平足银12两；会馆的日用消费（含修缮、灯油、应用杂支等）计京平松江银1008两72钱66分，京平足银43两4钱6分，其中以"开来作修理"那次花费甚巨，支出京平松江银1000两。给付雇佣人员薪酬支出京平足银34两，京平松江银1两11钱9分。用于祭祀支出京平足银66两。可见，山左会馆的所有支出中，支出最大处在于对馆舍的修缮，约占全年总支出的一半左右。民国时期，山左会馆"房屋修缮款项来源，多靠当时山东籍市政要人何思源召集梨园界名流义演而得"①。

其他的旅京鲁籍会馆收支状况与山左会馆大体相同。如据光

① 北京市政协文史资料委员会编：《北京文史资料》第68辑，北京出版社2004年版，第253～254页。

绪年间《重整山东登莱义园宝应寺公产碑刻记》载，登莱胶义园公所经费来源有两种，来源用处亦不同：一种为房地租金收入，用以每年修舍宇及付聘用人员工钱；二是由登莱二郡绅商按时捐资，用于每年年终将故于京师同乡“其贫无力者”之柩送回故乡。1948年，登莱胶义园公所的经费来源主要有基金收益和会员捐款。会员捐款分例捐和特捐两种：例捐由会员认定数目，按年捐送；特捐由会员随时自动捐送，由董事会就会员中劝募之。① 海阳义园的经费则主要是由旅京鲁商募捐而来。②

在经费的管理方面，早期会馆的经费及其他款项“归值年者掌理”，无具体管理办法。至清末，为“慎重公款起见，惟每年必须列表一二次，或榜帖，或印送，以昭信实”③，会馆经费的收支明晰、公开化，经费的管理逐渐制度化。

（三）功能作用

1. 会馆的传统功能

会馆的传统功能为“祀神、合乐、义举、公约”④。在京鲁籍会馆供奉孔圣先师，举行岁时祭典、同乡团拜、会餐宴饮、唱戏、为考中进士的同乡贺喜等活动。会馆通过举行这些制度化活动以维系、凝聚人心，巩固和加强同乡关系，具体来说有以下功能：

（1）寓居

---

① 《山东登莱胶、济南、山左等会馆请求备案的呈文及社会局的批（附简章）》，北京市档案馆藏档号：J002－002－00263。

② 《重修海阳义园碑记》，光绪二十九年（1903）。

③ 《拟订山东会馆实行简章》，《山东杂志》第43期，宣统元年（1909）十月十五日。

④ 上海博物馆图书资料室编：《上海碑刻资料选辑》，上海人民出版社1980年版，第359页。

这是会馆的基本功能。鲁籍会馆的建立,起初是为在京同乡官绅聚会以及候选人员设立落脚之处,后发展为供赴京应试举子食宿,故基本上都为试馆性质。平日来京官员可以入住会馆,但不得携带眷属,遇有考试之期,则应迁出,以便让给举子居住。

明清的北京成为科举中心。每到大比之年,各地举子纷纷赴京备考。《天咫偶闻》记载:"每春秋二试之年,去棘闱最近诸巷,西则观音寺、水磨胡同、福建寺营、顶银胡同,南则裱褙胡同,东则牌坊胡同,北则总捕胡同,家家出赁考寓,谓之'状元吉寓'。"①由于状元吉寓房租昂贵,一般举子承受不起,所以举子们有的寄居同乡京官之家。同乡京官或腾出一室招待乡举子,或捐出部分房产作为公产,供同乡士子使用,由是专门服务于科举的会馆应运而生。鲁籍会馆基本上全部为试馆性质,服务于乡人的仕宦和科举。如《1947 年各省会馆总登记表》中显示,山左会馆的成立是"以为来京考试同乡暂居之所"②。

(2)联谊

会馆的最主要功能就是为参加科举考试的同乡举子服务。在举子考中之后,为他们举行庆贺活动就是必然的了。每逢此时,会馆里张灯结彩,大摆筵席,同乡京官纷纷赶来祝贺,非常热闹。参加过光绪二十九年(1903)癸卯传胪的山东人陈恒庆③,在其所著的《谏书稀庵笔记》里,为我们详细提供了一幅山左会馆为同乡举

---

① [清]震钧:《天咫偶闻》,北京古籍出版社 1982 年版,第 53 页。

② 《1947 年各省会馆总登记表》,北京市档案馆藏档号:J002 - 002 - 00263。

③ 陈恒庆(1844 ~ 1920),字子久,山东潍坊人。光绪十二年(1886)进士。历任工部都水司主事、营缮司员外郎、屯田司郎中、巡城御史、兵科给事中、河南监察御史、掌印给事中等职。著有《谏书稀庵文草》等。

人王寿彭考中状元贺喜的场景：

王寿彭传胪时，予正仕京曹。俗例，同乡有应殿试者，京官必携荷包忠孝带，以备前十名引见佩用。是日辰初，读卷大臣鱼贯进内。至辰刻，大臣手捧黄纸，自内出，立于乾清门丹陛上，高呼曰："王寿彭"。王惊喜变色，同乡官代应曰："在此。"乃为之整衣，佩荷包忠孝带，扶上丹陛，肃立大臣之后。俟前十名依次传齐，乃带领引见。引见毕，同乡官偕至山左会馆，已见报喜人以"状元及第"横匾，及"禹门三级浪，平地一声雷"黄纸对联，张贴已毕。会馆值年官即筹备款项，先以五十金交新状元，往拜前科状元，索取历科帐簿。簿上一切事宜帖式，均详载之。乃为之照写请帖，邀请各位老师、历科鼎甲之在京者。翌日，至会馆饮燕。例召梨园演剧，我山东则否，以会馆正厅供至圣先师位故也。翌日辰初，皇上御太和殿，先闻静鞭三响如爆竹，黄伞随驾至殿。鸿胪官唱唤一甲三人升殿，行三跪九叩礼。新进士在午门外行礼。圣驾退，銮仪卫以黄亭舁黄榜，由太和门、午门、端门正中出，鼓乐前导，黄仪仗俱备，出东长安正中门，悬黄榜于北黄墙上。顺天府尹于黄榜之左搭彩棚，设红案，陈酒果，手敬三鼎甲各一杯，皆立饮，为之披红簪花。旁有骅骝绣鞍，请三鼎甲上马。一马数役护之，前有红仪仗鼓乐，导至国子监，行释菜释褐礼。旋至明伦堂，两大司成正坐，受三叩礼。大司成身不敢动，头动则状元不吉；左右手动则榜、探不吉。此说相传久矣。自国子监出，三鼎甲联马而行，沿途观者如堵，妇女则门垂湘帘，或登楼倚槛而观。此俗所谓状元游街也。斯时风和日暖，天街无尘，御柳成阴，樱桃在树，杏花出墙，童稚跳舞欢呼曰："状元郎来矣。"负郭乡村妇女，新衣鲜履，仆仆徒行，信口评骘曰："状元美，榜眼伟，探花秀。”又有艳称唐宋时选驸马者。听其言,殊可哂。侯门处女,守贞待字,父为宰执,配以金马玉堂之士,亦事所或有;然《柳林池》《琵琶记》诸故事,有清一代,未有所闻。盖清代科名难得,儒者自童试、科试至春闱,层累曲折,乃博一第,计年必当逾二三十岁矣。糟糠之妻不下堂,士风之淳,不至如唐宋时之浇习。状元骑马归第,榜、探送之。探花复送榜眼归第,而后自归。于时馆中悬灯结彩,酒筵毕陈。门外冠盖盈衢,车马填巷。大官翰林,一时偕至。同乡官为之款接送迎。予奔波一日,筋力俱疲。潍谚有云:“乃弟娶新妇,乃兄跑断筋。”情形似之。①

会馆通过为新晋状元庆贺,为之日后融入同乡京官群体提供了机会和场所,便于同乡京官之间加强联系和交往。

(3)祭祀先贤

会馆通过举行祭祀活动联结乡情。通常情况下,会馆祭祀的对象有两类:一类为敦睦乡谊、增强乡缘意识而祭拜本土先贤,另一类为崇奉神灵。鲁籍会馆的祭祀对象为前者。光绪三十一年(1905)王培佑管理会馆期间,正值清朝废除延续一千三百多年的科举制度并提升国子监孔庙为“大祀”之时,王培佑试图将会馆的孔子祭祀上升到维系国家生存的高度,正如其在《山左会馆设祭仪节》序言中所说:“诏停科举建学堂,窃维圣道之大,环球莫外,亦历久常新。仰视国家兴学之深心,务使学人于先师至德要道,身体力行之。”②山左会馆于咸丰元年(1851)八月举行祭孔大礼,有近百人参加,其中山东省83人,其他省16人,一时间“同乡官京师者毕

① [清]陈恒庆:《谏书稀庵笔记》,小说丛报社1922年版,第1~3页。

② 山左会馆撰:《山左会馆设祭仪节》,清光绪三十二年(1906)。

集”，可谓盛况空前。这场祭祀参与者多为孔子家乡人，主祭首推“孔氏官京师者”，又可以说是“家人祭祀”。《山左会馆设祭仪节》详细记载了这一盛大的祭祀盛况：场面庄重肃穆，祭祀程序复杂，分为供奉圣像、纠仪、读祝、赞唱、司尊、司香、司爵、司帛、司巾、设彻、掌瘗燎、奉福胙、司庖厨、掌胙、掌祭、司钟鼓、酬宾17个程序。祭祀礼仪完全按照曲阜孔庙的规范进行，并起到表率作用。最后主持祭祀活动的执事20人中，其中孔氏后人有8位，所用祭器多来自孔子后人，以衍圣公捐助最多，这也显示了孔子后人对会馆祭祀的重视程度。① 此后，规定每年“八月二十七日恭请圣像悬于厅事，陈设祭器谨治祭品，悉如礼制”，同时要求“祭毕收藏祭器，值年者亲自检点，不得假手奴辈，并加封固存庋，概不假借，以昭慎重吾东焉”。由此会馆正厅成为祭祀场所，北房亦成为保存孔子圣像的地方：“山左会馆中正楹及偏北一院，为敬奉先师孔子位像之所，供享祀瞻谒。”②

山左会馆定期举行祭祀先贤孔子的活动，在宣扬会馆的乡缘意识、团结同乡人士方面具有重要意义，心理上给人以回归故里之感，起到了凝聚的作用。

（4）慈善救济

会馆的慈善救济主要表现为对丧葬的服务。对同乡逝者的丧葬服务在会馆中尤受重视，很多会馆的开设和最初办理的事务便是这些。由于中国人对“死”的重视主要体现在入土为安和归葬故

---

① 刘征：《京城又一祭孔之地——山左会馆》，《孔庙·国子监》2012年刊；中国会馆：http://huiguan.org.cn，2012.1.16。

② 《拟订山东会馆实行简章》，《山东杂志》第43期，宣统元年（1909）十月十五日。

里，所以会馆举办的事务主要有施棺、寄柩、设义冢，并以运柩回乡为最终目的。山东省在京设立的会馆中，有海阳会馆、山东义园、登莱胶义园公所等。这些义园为贫困的山东同乡做了不少善举。如海阳会馆自成立起至解放初期，其“办理义举一百余年”①。登莱胶义园公所，自清代乾隆年间创办，办理义举至解放前已有两百年左右的时间，“洵盛举也”。

2. 清末民初会馆功能的近代转型

清末，随着科举的废除以及社会形势的变化，会馆的试馆功能丧失，其他传统职能仍在继续，但已开始向近代转型。此时会馆的功能发生了以下变化：

(1)寓居方面

光绪三十一年(1905)科举制度废除后，北京作为政治、文化中心，吸引了大量来京的中小官吏及其家属、商人、学生等，会馆服务的对象不再仅限于科举士子和京官，商人、学生等普通平民也可以免费借住于会馆中。会馆服务于同乡的范围扩大，同乡会性质增强。虽然如此，会馆也对住馆之人有所限制，如宣统元年(1909)山左会馆声明：会馆“非为优老养闲地也，有言会馆专为旅京寒(如穷无所归之人)贱(如厮仆游民之类)而设者，立论错谬，首须破除此说”，并对住馆人之资格进行了明确说明：

(一)设立公所、提议山东全省问题及一切兴公利除公弊之事者；

(二)投考京中各项学堂，或现肄业各项学堂之安分用功者(投考未取肄业被斥即可各地为计，勿妨后来者之居住)；

---

① 《山东海阳县旅平同乡会申请书》，北京市档案馆藏档号：J019-001-00438。

（三）在京各项衙门京官，或外官到京，有引见投供报捐各事者；

（四）已领有毕业文凭之学生，或乡里共知品行端方之寒士（均需有同乡京官保结，学生有文凭者，无保结亦可暂住），到京营业者（无营业之人，不得久住馆中，以防别有流弊）；

（五）此外之山东人，无以上资格，而又共认其无公民权或选举权者，一概不容住馆。①

上述变化亦在当时的小说中有所反映，如吴趼人在《二十年目睹之怪现状》中就记载，山东济南历城书商王伯述曾在北京历城会馆借住过。② 还有的山东同乡为了省钱，也想办法住到会馆去，如：

辅成直跳起来道："这还了得！我明日便依你的话，搬到会馆去住，乐得省点浇裹。"雪舫道："这一着也未尝不是；然而你既赁了宅子，自己又住到会馆里，怎么见得省？"辅成道："哪里的话！我既住到会馆，便先打发了老妈子，带着小孩子住进去了。"雪舫道："早就该这样办法的了。"③

除了本省籍普通平民可以免费入住之外，外省籍人也可以租住于会馆，如民国年间，登莱胶义园公所"稍有薄产"，将36间房间低价租给回教人沈益三，每月房租9元。④

---

① 《拟订山东会馆实行简章》，《山东杂志》第43期，宣统元年（1909）十月十五日。

② ［清］吴趼人：《二十年目睹之怪现状》第七十三回《书院课文不成师弟　家庭变起难为祖孙》，上海古籍出版社2001年版。

③ ［清］吴趼人：《二十年目睹之怪现状》第七十回《惠雪舫游说翰苑　周辅成误娶填房》，上海古籍出版社2001年版。

④ 《山东登莱胶义园公所关于沈益三拖欠房租请驱逐腾房的函》，北京市档案馆藏档号：J181－018－21909。

由于住馆人员的庞杂，山左会馆加强了对住馆人的管理，对住馆人的入住要求、入住程序以及违反规定的惩处措施作出了明确规定：

(一)规则重要者，如凡有违于警章之事，有害于公益之事，有妨于卫生之事，有损于名誉之事，同人皆当严禁交勉，勿蹈其失。外与凡无情无理无法之事，均宜一律规戒，共保安静；

(二)如有犯上各节者，经同人劝阻不听，即议公同诘责，使之悛改。若有吸烟局赌、盅、窃、诓骗等事，一经指实，立即同众驱逐，以免拖累，不必复事劝责；

(三)馆中正楹及偏北一院，为敬奉先师孔子位像之所，以严肃洁净为主，除享祀瞻谒外，无论何人，不准擅入坐卧，违者公治以大不敬之罪；

(四)馆中诸屋，现均列号登簿，同人入馆之次日，即须将姓名、籍贯、官衔、营业详细载入所住号之簿中，以备查考(此簿拟每月送管理人除，阅看一次)。簿中无名者，不得私行住馆。①

(2)文化教育方面

会馆最初作为本省来京考试的举子食宿之地，到清末科举制的废除，这种文化特征不复存在，而适应形势之需求，成为创办学校、开办报刊等文化教育事业的主要场所。

清末，清政府于光绪三十年(1904)颁布了以日本近代学制为蓝本的“癸卯学制”，首次确立了近代学制系统。次年，废科举，兴

---

① 《拟订山东会馆实行简章》，《山东杂志》第43期，宣统元年(1909)十月十五日。

学校。在“各省竞立学校，助行宪政”的大趋势下，光绪三十二年（1906）六月四日，山东籍京官王培佑、张英麟①、柯劭忞公议，将原为宋庆②、左宝贵③二人所设的山东试馆改为学堂，齐鲁学堂遂以成立。这样，原为封建科举提供服务的会馆，转向“以培植本省旅京之青年，养成其普通完全学识”④为宗旨的新式教育学校（详见第四章）。

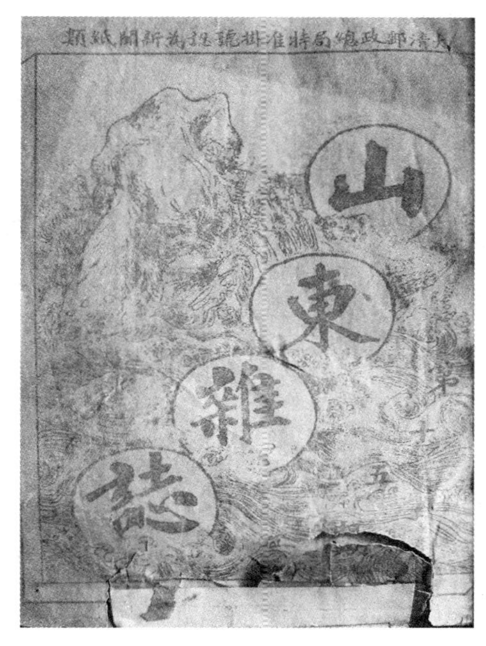

《山东杂志》封面

山左会馆具有浓厚

① 张英麟（1837～1925），字振卿，号菊坪，山东历城人。清同治四年（1865）乙丑科进士，选翰林院庶吉士，授编修。曾主持福建、云南乡试，任国子监祭酒。后任内阁学士、吏部侍郎，会试副总裁；镶黄旗汉军副都统副都统、都统。宣统时任都御史。

② 宋庆（1820～1902），字祝三，山东蓬莱人。清咸丰三年（1853）在亳州（今安徽亳县）镇压捻军，累升至总兵，所部称毅军。光绪八年（1882）驻防旅顺。中日甲午战争爆发后调赴九连城，任前方各军统领。1898年，统率武卫左军驻山海关。1900年，与八国联军在北仓作战败退，后病死。

③ 左宝贵（1837～1894），山东费县人。咸丰六年（1856），投效清军江南大营，进攻太平军。后长期驻奉天（今辽宁沈阳）。光绪十五年（1889），授广东高州镇总兵。1894年，甲午中日战争爆发，在与敌激战中中炮牺牲。

④ 《京师私立山东中学校章及管理规则》，北京市档案馆藏档号：J004－002－02094。

的文化气息。山左会馆门旁挂一副楹联,上联为“圣贤桑梓”,下联为“海岱文章”①,显示了来自孔孟之乡的山东人浓郁的文化底蕴和桑梓情怀。

山左会馆还印行自己的机关刊物《山东杂志》,由山左旅京学会于1907年倡办、编辑兼发行,编辑处设于山左会馆内。19世纪末20世纪初,帝国主义为获得更多的侵略权益,将掠夺中国的铁路和矿山利权作为资本输出的主要目标,严重损害了中国人民的主权利益,中国社会面临着严重的民族危机。地处京畿门户的山东成为帝国主义列强争夺的首要目标。第二次鸦片战争后,山东烟台被辟为商埠。甲午战争后,日本占领威海卫,不久被英国强租。德国强租胶州湾,把山东变成了德国的“势力范围”,霸占了山东路矿利权,山东面临着严重的民族危机。光绪三十三年(1907)底,由山东旅京学会倡办②《山东杂志》:“山东杂志何为而作也?乃为东人筹生活之计、自全之策,而广集事汇,兼为论说,偏陲之父老子弟,使易其积习,以免于危亡也。”“呜呼!山东之亡亟矣!”这些充满危机感的言语表现了旅京山东人对家乡的深切忧虑。“山东岌岌不能终日矣”,表现在“学务颓敝,吏治凋残,实业未兴,民风未开,交涉不明”,所以“筹所以安东之策,既而众议满前日学务颓敝,当思有以振之;吏治凋残,当思所以整之;实业未兴,吾能设法

① 顾平旦等主编:《北京名胜楹联》,中国民间文艺出版社1985年版,第149~150页。

② 该学会由山东京官、翰林院编修杨渭联合旅京同乡组织拟定章程并秉请学部立案。参见《组织山东旅京学会》,《顺天时报》光绪三十三年(1907)十月十八日。杨渭(生卒年不详),山东潍县(今山东潍坊)人,光绪二十九年(1903)癸卯科进士。同年闰五月,改翰林院庶吉士。以文才著,调派八旗高等第六学堂堂长,后充军机处章京。

以扩充之；民风未开，吾能立说以启迪之；交涉不明，当使晓时事，知公法，渐次以开通之。然欲收劝导之功，则不能不借论说之力，乃夫当世伟言要旨，以备参观。此杂志之所以由起欤”，意在通过杂志的创办，达到“凡吾东之人及莅吾东者，皆可借此激发其合群爱国之热诚，一习从前积弊，勉为完全之国民”之目的。①

促成《山东杂志》创办的直接动力是清末清政府预备立宪及地方自治的推行，宗旨为“鼓吹立宪，提倡自治，监督地方官府”②。该杂志由旅京山东同乡集股经营，分三次召集，共招两千股。第一次召集时，“声明先召集六百股及书簿认股，大众非常踊跃，认百股者三人，其余十股至五十股不等，约计已集约在千股以上云”③。《山东杂志》在济南、烟台、济宁、周村等地均设有特约代派处，进行销售，同时对沟通京鲁两地信息起到了重要作用。

《山东杂志》的出版周期，根据形势的需要进行了三次调整：在创办之初为半月刊，月出两册，正月和腊月照通例月出一册，全年共二十二期，闰月在外，全国发售。由于出版发行后受到“各界欢迎，销路日广”，“因经费支绌，同人等深以不能大加扩充以副，雅意为憾”，“惟我同人均负扶植宪政责任，不敢不勉”，于宣统二年（1910）始《山东杂志》改为旬刊，月出三期，正腊两月出两期。宣统二年（1910）旅京山东同乡公会成立后，《山东杂志》“成为公会言论机关。范围既广扩，材料自富，亟宜改良体例，勉副阅者之希望”，决定于宣统三年（1911）正月起，“仍旧月出二册，唯正腊月各

---

① 《〈山东杂志〉之缘起》，《山东杂志》第1期，光绪三十三年（1907）十二月。

② 《说组织议事总机关》，《山东杂志》第74期，宣统二年（1910）十月一日。

③ 《议办山东杂志》，《顺天时报》，光绪三十三年（1907）十月初八日。

出一册”,虽然册数减少,但是每册页数增至40多页。①

《山东杂志》的体例包括五种:图画、论著、演说(专取白话)、杂录(包括时评、学说、传记、专件、译述、词曲、小说等类)和纪事(分本省、内国、外国三部)。② 内容分为:论说,“以提醒人心,开通风气为宗旨”;朝政,“以为讲求时务之助”;学务,“民智之开,教育最急”,“调查各州县学堂事实情形,详细记载,其官吏士绅之恶习,略举一二,以厉其余”;民风,“吾乡风俗稍有不逮,古近数年来,流败更速矣。江河日下,伊于胡底,此非乡先生之责而谁则欤”;吏治,“胪列地方吏治情形,质之公论”;实业,“急为提倡”;交涉,“列而记之,亦欲吾东人之思患而预防也”;要闻,“例举近中中外大事之有关全局者,告我乡人,其因此而知所警悟欤”;轶事,“广为搜采,以彰先哲,并助后进焉”;杂录,“凡中外名人格言伟论著述,皆摘录之”。③ 宣统二年(1910),作为旅京山东同乡公会喉舌,“范围既扩,材料自富,亟宜改良体例,勉副阅者之希望”,《山东杂志》的体例进行了较大幅度调整,“于论著、演说、杂录之外添加时评、著译、法令、公牍、小说各门,纪事一门亦略变通,将内国、外国二部再为增多,总期精益求精,增进乡人法政知识”④。可以看出,《山东杂志》的选题范围涉及政治、经济、社会、教育、文学、民风等方方面

① 《本杂志特别告白》,《山东杂志》第81期,宣统二年(1910)十二月二十五日。

② 《〈山东杂志〉叙例》,《山东杂志》第1期,光绪三十三年(1907)十二月。

③ 《〈山东杂志〉叙例》,《山东杂志》第1期,光绪三十三年(1907)十二月。

④ 《本杂志特别告白》,《山东杂志》第81期,宣统二年(1910)十二月二十五日。

面。在形式上，则以时事评论为主，由社会舆论界中的有识之士对当时的重大问题提出精辟见解与应对之策，既体现了时局态势和发展，亦反映了广大山东民众的心声和呼唤。

该杂志的办刊有六大特色，贯穿于每一期中：（一）宗旨纯正：开通社会，辅助政治，养成乡人合群爱国之思想，绝不以营利为目的；（二）体裁重要：采取东西各国大杂志体裁，扼要分类，非有关山东者不录；（三）搜罗宏富：特置译员，凡德日各国文字，苟与山东有关系者，无不立即译出，以供社会研究；（四）消息灵通：本省及本国不待论，其有旅居德日英俄等国者，苟与山东有直接或间接关系者，无不特置通信员；（五）调查确实：本省及本国不待论，有特别事件发生时，特派专员，实地调查，不遗余力；（六）议论诚挚：无论文言白话，总期实事求是，开诚布公，以效忠告，共济时艰。

《山东杂志》所刊文章内容涉及范围广泛，虽然各期内容随着时局变化而有所侧重，但综而论之，其特点鲜明，针砭时弊，思维敏捷，言辞委婉又不失犀利，按语则发人深思。具体来说，该杂志宗旨鲜明，时时凸显爱国救亡的时代主题①；围绕着爱国救亡的宗旨，强调更新思想、合群思想②；在实际效果上，《山东杂志》发挥了舆论宣传与监督作用："一是监督官府，一是发扬民气"③；语言富有

---

① 《爱国说》，《山东杂志》第2期，光绪三十四年（1908）正月。

② 《新旧辨》，《山东杂志》第3期，光绪三十四年（1908）二月十五日；《论自私自利》，《山东杂志》第2期，光绪三十四年（1908）正月；《说合群》，《山东杂志》第50期，宣统二年（1910）二月初十日；《说合群（续）》，《山东杂志》第51期，宣统二年（1910）二月二十日，等。

③ 《说组织同乡议事总机关（续）》，《山东杂志》第75期，宣统二年（1910）十月二十日。

感染力，鼓舞读者精神。综观整个期刊，虽以山东命名，偏重山东，但又不仅限一地，而是关注全国各地，放眼世界，视野开阔。

《山东杂志》是20世纪初民族危机加重、国内各种矛盾日趋激化的产物，它的创办，在宣传立宪自治思想，反对津镇铁路借款、收回矿权的斗争以及掀起山东商办铁路矿务热潮等方面起到了重要作用，成为宣传革命思想的重要舆论阵地，在山东、北京乃至全国都产生了较大影响，为宣传革命、抵御侵略、振奋民族精神起了重要的舆论导向作用。

(3)政治方面

会馆原为"联络乡情，砥砺德业而设"，早期的会馆基本上不涉及地方政治。随着清末新政的实施，立宪自治思想的传播，会馆适应形势变化，自身作了整顿，与政治结缘日益密切。这也可以从宣统元年(1909)山左会馆制定的宗旨大纲中看出："会馆为结合群情，研求自治之地，兼有议院、法团，二者性质一切可为宪政之阶梯。警政之补助者，同人皆当实力奉行，交相勉惕。"为促进宪政的实施，同其他省会馆一样，山左会馆亦设立议会："一切筹备机关(如自治研究所、路矿事务所、商会学会之类)尤要以会馆为发生成立之地，是固本省办公益者，天然之集合场也。他省多就会馆设立议会，取则匪遥，幸勿再缓"，"议会以谋公共之便利为目的，以合群、爱国、忠君、尊孔(是山东特别之责任)为宗旨，始于言论，终于执行，积于幼稚，极于完备，凡我乡人(有议员选举资格者即可不必拘定京官)，均可各抒所见，协力同心。以收众擎易举之功，而免专己自是之诮。"①

---

① 《拟订山东会馆实行简章》，《山东杂志》第43期，宣统元年(1909)十月十五日。

由此可见,在清末立宪自治思潮的推动下,山左会馆俨然成为议会机构,议会的会长由会馆的值年者担任,“以同乡京官为议员(是否设副会长,俟再议),以其他之同乡为赞助员,值年人为全省代表,即当以全省之责任为责任。无论开议何事,均以值年人为会长,以同乡京官为议员(是否设副会长,俟再议),以其他之同乡为赞助员。若会长有故不到,即由以次会员之资望深著者,代决而执行之(无故不到者,照第五条所订办理)”。不仅如此,山左会馆还详细制定了议会的会期、议会召开办法:

> 会期分寻常特别二种,寻常按照定期或一月一会,或半月一会(有事议事,无事联络乡情,交换智识)。特别会则不拘日期,有可议之事,则号召全体同乡(京官预期订知,外此听其自临)公同议之。
>
> 开会之时,以到会十人以上(就会员言)多数之认可为决定。彼不到会之人,先自弃其责任,自不得退有后言,若全体不到会,而事在急行,亦可暂由会长一人裁决,惟会长无故屡不到会,或会员全体不到会,系由会长不孚众望而起,则会中亦得另举会长。
>
> 此议会成立以后,东省一切举办筹划函告答覆之事,均须归议会议定,然后施行。否则无论何项人之裁决,均为无效,并可与私行主决之人据理诘难。
>
> 每议一事,会长偶与此事宗旨不合,无妨暂时隐退,听会中另举会长(此会长第就此一事而言)。若会员不守会规,梗聚取闹,会中亦可秉公黜退,不容与议。惟议会系永远存立之所,无论何人,均无散会之权势。
>
> 会中不尽之事,俟开会时另为公订详章,兼可参酌所立乡

约中条文，会通办理。①

山左会馆具有议会功能，反映了清末新政的背景下旅京山东人谋求自治、实现宪政的强烈愿望。

清末民初是中国社会处于大变革的时期，反清革命者与会馆的联系加强。许多革命党人将驻京会馆作为在清政府统治者眼皮子底下活动的掩护地点。此时期会馆不仅是同乡聚会宴饮的地点，亦为从事革命活动的同乡提供活动场所。如山东同盟会重要领导人刘冠三于辛亥革命前夕住在山左会馆养病长达数月之久。②

不仅如此，会馆还成为旅京鲁籍人士聚会筹谋家乡事务的重要场所。19 世纪末 20 世纪初，在收回山东利权运动以及反对清政府镇压莱阳民变等事件中，旅京鲁籍人士多次汇聚于山左会馆，发表政见，传播信息，集思广益，商讨解决事情的办法，山左会馆成为联系全国各地山东同乡的枢纽。从这一点上说，会馆为鲁籍旅京人士提供了政治活动的空间，对事件的解决发挥了巨大作用（具体内容详见第六章第一节、第五章第一节）。

清末民初之际旅京鲁籍会馆功能出现的上述变化，可视为传统同乡组织对社会变迁的新适应。

第二节　同乡会——近代的旅京山东同乡组织

史学界对近代社团的一般界定是：有一致认同的宗旨，活动具

---

① 《拟订山东会馆实行简章》，《山东杂志》第 43 期，宣统元年（1909）十月十五日。

② 山东省政协文史资料委员会编：《山东文史集粹》（修订本）上集，中国文史出版社 1998 年版，第 58 页。

有社会性;有付诸文字的规则制度;层级明确,职权分明。[①] 较之以往传统的同乡组织性质会馆,同乡会在宗旨目标、组织结构、功能等方面更具开放性、民主性的现代特征。它采取民主化主张,公开会议议程,不断厘定章程以臻完善;成员亦不再局限于政界,扩及其他各界。这使得同乡会的组织更加民主化,更富现代意味。从会馆到同乡会的近代嬗变可见,在中国社会由传统向现代的变迁过程中,同乡组织与时代同步发展,其机构日臻健全,功能渐趋完善,在社会变迁中起了积极的推助作用,这不仅有益于维护旅京山东同乡的自身利益,也有益于旅居地以及桑梓之地社会经济的发展。

一、产生的背景和概况

民国以来,随着移民数量的增加以及社会形势的变化,传统的在京鲁籍会馆开始向新式的同乡组织——山东同乡会转变,会馆作为实体,附属于同乡会管理。

(一)产生的背景

清末科举制度的废除是对会馆产生的第一个影响,试馆的功能消失,同乡功能增强。民国初年,北京由封建帝都转变为民国首都。作为中央政府所在地,一时之间北京五方杂处,称盛一时。此时期来京的山东人数量迅速增加,至解放前后人数约达到四五十人。[②] 大量山东平民来京,需要有新式的同乡组织帮助解决现实生

① 朱英:《辛亥革命时期新式商人社团研究》,中国人民大学出版社 1991 年版,第 4 ~5 页。

② 《山东旅京同乡会旧理监事座谈会记录》,北京市档案馆藏档号:J019 -001 -00426。

活问题，如慈善救济、生计、教育等，传统的会馆已不适应形势需要。

民国政府的政策导向为同乡会的产生提供了法律依据。辛亥革命后，随着中华民国的建立，一系列的法律法规制定出来。在政府颁布的《临时约法》中，规定人民有集会、结社的权利，这为新的社会团体产生提供了法律依据。之后，国民政府又于 1931 年公布了《人民团体组织方案》及其修正案，积极开展社会团体的组建和登记工作。

科举制度的取消和民国政府的政策导向，为传统的同乡组织——会馆向山东同乡会的转变提供了社会氛围，而促使新的山东同乡会产生的直接原因则是抗日战争和解放战争的爆发。抗日战争爆发后，山东大部分地区先后沦陷。解放战争时期，山东成为主要战场之一，国民党于胶济铁路、鲁南、鲁西南一带分数路向解放区进攻，战火迅速烧遍全境。战争的爆发产生了大量难民。为躲避战乱、谋求生计，许多山东难民逃往局势相对稳定的北京，救济这些来京的山东难民就成为新的山东同乡会新产生的直接诱因。

(二)概况

旅京山东同乡会的产生有两种形式：一种是由会馆演化而来，另一种是新产生的同乡会。从时间上看，除山东旅平同乡会出现于清末民初外，其他的同乡会则多出现于抗日战争和解放战争时期，以满足战时救济之需。

1. 由会馆演化而来的同乡会

山左会馆率先向同乡会组织形式转变。清末民初，随着科举制度的废除，以往山东举子入京应试的情景化作历史陈迹，山左会馆的试馆功能也随即消失，但联谊同乡的作用并未失去，反而在近代人口的频繁流动中得到了加强，山左会馆遂改组为山东旅平同乡会。① 会馆的易名使得联谊同乡的功能特征更加凸显，管理体制也发生了变化，由少数鲁籍高级官僚负责改为由包括商人在内的同乡会集体负责。

为了满足更多的来京鲁籍人员的需要，山东旅平同乡会不断扩大会馆的规模。1936 年，山东旅平同乡会购置位于西斜街 19 号的房产 68 间，自此办公室迁入新址。抗战爆发后，北平、山东相继沦陷，救济家乡难民成为山东旅平同乡会的主要工作。1946 年 12 月，山东旅平同乡会改选职员②。至 1947 年登记时，山东旅平同乡会的会员达 230 人。经同乡捐资购买，1948 年山左会馆的房屋增至 104 间，同乡数为 116 人，这年山东旅平同乡会的会产已扩至 355 间半，除原有的山左会馆 104 间房产外，包括购买的内二西斜街 19 号的房产 68 间、内二小英子胡同的 9 间半以及山东中学两处 174 间。③ 除会址占用数十间外，其余房间均为同乡住用。山东旅平同乡会的经费主要来自旅平同乡之捐助，用于修葺房屋。虽然同乡会也规定征收租金，因未能及时调整，所以收入甚微。

民国年间，济南会馆馆址迁至烂缦胡同 39 号，由济南十六县的山东同乡成立董事会轮流管理，这一运作方式一直持续到抗战胜利。1947 年 7 月，济南十六邑馆改组为山东济南十六邑旅平同乡会，于前门外鲜鱼口华乐戏院召开会员大会，选举理

① 《山左会馆总登记表》，北京市档案馆藏档号：J002－002－00263。

② 《1947 年山东旅平同乡会简章》，北京市档案馆藏档号：J019－001－00426。

③ 《山东旅平同乡会所属会产名称数额表》，北京市档案馆藏档号：J002－002－00263。

监事会。① 至1948年,济南在京同乡人数达256人,会产由烂缦胡同36、37、38、39号扩展至烂缦胡同西小巷内的莲花寺湾8、10号。济南十六邑旅平同乡会经费来源于同乡捐募,作为办公用费、补修房舍、救济同乡之用。②

海阳义园的组织运作方式亦发生了明显变化。1946年12月16日,海阳义园改组为山东海阳县旅平同乡会,会员有129人,选举理监事,③该同乡会简章开宗明义,以"以联络山东海阳县旅平同乡感情,增进共同福利"为宗旨。④ 1949年北京解放后,该同乡会会员人数有219人。同乡会的经费来源为各会员之捐助。

2. 新产生的同乡会

抗日战争和解放战争时期,由会馆改组的同乡会不能满足越来越多来京家乡难民的救济,根据现实需求,新的同乡会陆续成立。

山东黄县旅平同乡会1946年7月28日在外二区小马神庙成立,57名黄县人参会,选举赵序宸为理事长。

山东荣成县旅平同乡会于1946年8月11日在西珠市口市商会会议室举行成立会,109名荣成人参加理事会改选,单书成得票最多,选为理事长。会址在兵马司后街9号。

---

① 《山东省历章邹淄长桓齐齐济禹临长陵德德平等十六县旅平同乡会》,北京市档案馆藏档号:J181-014-00486。

② 《济南十六邑旅平同乡会总登记表》,北京市档案馆藏档号:J002-002-00263。

③ 《山东海阳县旅平同乡会》,北京市档案馆藏档号:J181-014-00486。

④ 《山东海阳县旅平同乡会简章》,北京市档案馆藏档号:J019-001-00438。

山东昌邑县旅平同乡会于沦陷时期“为便利我同乡往来做买卖或返里省亲,期间曾填发过旅行证明”①,之后陷于停顿。抗战结束后,随着来京本县同乡的增多,“为联络情感,便于公益起见”,尤其是“本县同乡在沦陷期间受敌伪压迫,纷纷逃来北平,流离失所者为数过多,兹以便于调查救济”,由谦泰布店经理高守信、天有信布店经理阎震元等人发起、组织,于 1946 年 10 月 20 日在北京市商会议场举行山东昌邑县旅平同乡会成立大会,当天有 778 名在京昌邑县人参加会议,选举出同乡会理监事。

1947 年 4 月 19 日,山东福山县旅平同乡会于前外李铁拐斜街 87 号市商会举行成立大会,并选举理监事,理事长为权仲安。会址亦设在该地。

1947 年 10 月 18 日,山东省蓬莱县旅平同乡会在西城西斜街山东旅平同乡会举行成立会,到会会员 192 人。会议选举刘克森、迟桂舫、徐桐岗等 15 人为理事,张子超等 3 人为候补理事,朱盛华、王慰吾等 5 人为监事,韩季明为候补监事。②

上述同乡会中,山东旅平同乡会是省级同乡会,其他的同乡会是由山东省各府、县的山东同乡成立的。山东旅平同乡会又是总的同乡会,根据档案资料来看,旅京山东同乡的成员跨几个同乡会的情况很多。如邱尚质既为济南十六邑旅平同乡会的成员,也是山东旅平同乡会的成员;赵序宸既是山东黄县旅平同乡会的一员,也是山东旅平同乡会的一分子;权仲安既为山东福山旅平同乡会

① 《山东昌邑县旅平同乡会申请书》,北京市档案馆藏档号:J019 - 001 - 00438。

② 《山东昌邑、黄、荣城、福山等县旅平同乡会成立申请备案之文件(附发起人名册)》,北京市档案馆藏档号:J181 - 014 - 00486。

的理事长,同时也是登莱胶旅平同乡会的成员。成员的相互交叉,使得各同乡会之间联系更加紧密。

二、组织体制与功能作用

旅京山东同乡会是在20世纪初民族主义风起云涌、救亡图存呼声遍于寰中的历史环境下应运而生的。同乡会作为民间社团,须依据政府的规定制定自己的章程,并在官方监督之下进行选举等各项活动。与会馆相比,同乡会不仅在宗旨目标、组织原则、组织建置上表现出明显的现代社团特征,其组织功能涵盖范围也更为广泛。

(一)组织原则

鲁籍同乡会主要采取董事会制、同乡会管理、理事会的现代管理方式。在这些现代管理制度下,与会馆的馆长制公推的产生方式不同,山东同乡会的领导成员均由民主选举产生,理事长、理事的当选与会员大会选举中得票多少相一致。如1946年8月11日,山东荣成县旅平同乡会改选理事,由到会员109人当众投票选出11位理事,以单书成得票最多,选为理事长。[①] 1947年7月6日,济南十六邑旅平同乡会召开会员大会,到会会员161人,按得票数目的多少选举理监事,邱尚质等25人当选为理事,张馥卿、邱尚质、马佩纶、焦寰五、董世兰5人得票较多,当选为常务理事。这5位常务理事中,以张馥卿得票最多,推选为理事长。另选赵砚农等11人为监事,其中又以赵砚农、丁良奎、李连福3人得票最多,当选

① 《为报告照料山东荣成县旅平同乡会假西珠市口市商会开改选理事会情形由》,北京市档案馆藏档号:J181-014-00486。

为常务监事。① 山东旅平同乡会和山东海阳县旅平同乡会的领导成员产生方式亦是如此。

据各同乡会的职员名录来看，为政、绅、工、商、学以及其他社会各界人士，尤以商界为主，与会馆馆长限于政界的精英主义不同，同乡会成员成分更多元，平民色彩更强烈。如 1946 年山东旅平同乡会改选的理监事名单（见表 2－4）：

表 2－4　1946 年山东旅平同乡会常务理监事名册

职别	姓名	籍贯	出身	现任
常务理事	崔麟台	利津	前清附贡	现任北平市政府谘议
	郝任夫	济南	北京师范大学毕业	现任中央委员
	徐埴	临清	儒学	前任前清知府
	高伦堂	昌邑	商业（私塾）	大口银行副理
	杨绍业	招远	商业（私塾）	北平市商会整理委员
常务监事	王锡三	无棣	北洋武备学堂毕业	前任秩威将军，现未任职
	张联棻	淄川	陆军大学第一期毕业	前任策威将军，现未任职
	王道远	招远	北京师范大学毕业	现任山东中学教员

资料来源：《山东旅平同乡会请求备案、改选职员的呈文和社会局的批（附简章）》，北京市档案馆藏档号：J002－002－00180。

从表 2－4 可知，理监事中以政界、商界为主体，另外还有一名

① 《山东省历章邹淄长桓齐齐济禹临长陵德德平等十六县旅平同乡会》，北京市档案馆藏档号：J181－014－00486。

普通教员,同乡会负责人崔麟台仍为政界人士。从理监事学历来看,新式教育与旧式教育基本各占一半,反映了同乡会人员构成的多样化特点。1947 年的《山东济南十六邑旅平同乡会职员简历表》显示,36 名职员中,职业涉及政界、商界、军警界、学界、报界、教育界、交通部门等,①而且同样是官员,亦以新进为多,不同于会馆董事中多前清官僚。这就使得同乡会和会馆相比,显示出一种新气象。

同乡会会员的入会资格和程序上规定,凡本省、本县旅平同乡,不分性别,经同乡介绍都可为会员,也就是说,参加同乡会的条件只有一个,就是同乡,不受身份地位的限制。会员所享受之权利有选举权、被选举权、复决权、罢免权、提议权、受助权,应尽之义务有缴纳会费、担任会务。每位会员的权利与义务均等,会员之入会、出会及除名均须追提会员大会报告。对享有选举权和被选举权的会员进行了规定:会员不分性别,精神健全之成年(二十岁以上)者均有选举权,"年在二十四岁以上者、名望素孚热心公益者、未受刑事处分者、已长居北平者"享有被选举权。② 会员入会的条件宽松,使得会员的入会人数不断增加。以山东旅平同乡会为例,1935 年会员人数为 122 人,③1946 年为 230 人,④至 1949 年人数增

① 《山东省历章邹淄长桓齐齐济禹临长陵德德平等十六县旅平同乡会》,北京市档案馆藏档号:J181 -014 -00486。

② 《山东省昌邑县旅平同乡会章程》,北京市档案馆藏档号:J019 -001 -00438。

③ 《山东旅平同乡会会员登记表记》,北京市档案馆藏档号:ZQ017 -004 -00043。

④ 《山东旅平同乡会请求备案、改选职员的呈文和社会局的批(附简章)》,北京市档案馆藏档号:J002 -002 -00180。

至301人。①

（二）组织建制

同乡会作为在新的历史条件下产生的新型同乡组织，把为全体同乡服务作为自己的宗旨，增加了为同乡平民服务的内容，这在各同乡不断完善会的章程上，都有鲜明的反映。如山东旅平同乡会"以联络山东旅平同乡乡谊，以增进桑梓福利"②为宗旨。1946年改组的山东海阳县旅平同乡会，"以联络山东海阳县旅平同乡感情，增进共同福利"为宗旨③。1947年改组成立的山东济南十六邑旅平同乡会以"联合乡谊，共谋福利"为宗旨④。

为实现其宗旨，保证组织的运作，在管理体制上，旅京山东同乡会有采取同乡会管理制的，也有采取理事制的。实行同乡会管理制的多在抗战时期，采取理事制的多在抗战胜利后。旅京山东同乡会以实行同乡会管理制的为多。

同乡会管理制的具体做法为：先由在京同乡组成同乡会，再由同乡会选举成立理事会和监事会，理事会设理事25人，互选常务理事5人，并就常务理事中选举1人为理事长为主席。理事会下设四组（股）：文书组（股），掌理撰拟文稿、收发文件、保管文卷及印信各事项；会计组（股），掌理经费、出纳及预算、决算、编制各事项；庶

① 《山东旅平同乡会会员名单》，北京市档案馆藏档号：J019－001－00426。

② 《1947年山东旅平同乡会简章》，北京市档案馆藏档号：J019－001－00426。

③ 《山东海阳县旅平同乡会简章》，北京市档案馆藏档号：J019－001－00438。

④ 《山东省历章邹淄长桓齐齐济禹临长陵德德平等十六县旅平同乡会》，北京市档案馆藏档号：J181－014－00486。

务组(股),掌理庶务及筹备开会各事项;调查组(有的称交际股)掌理调查、统计及灾害、冤抑查报事项。每组(股)各设主任干事1人,干事若干人,均由理事会就会员中选举之。监事会设监事11人,互选常务监事3人,作为监督机构。同乡会职员任期一至三年不等,可以连选连任。① 实行同乡会管理还有旅平山东同乡会、济南十六邑旅平同乡会、山东海阳县旅平同乡会、山东昌邑县旅平同乡会、山东黄县旅平同乡会、山东荣成旅平同乡会、山东福山旅平同乡会、山东蓬莱旅平同乡会等。

理事会管理制,即由在京同乡选出理事5至11人,从中推出常务理事若干人,再由常务理事中推出一名理事长。理事任期一到四年不等,可以连选连任。② 登莱胶义园公所于1948年11月改为登莱胶旅平同乡会馆,管理制亦由董事会制改为实行理事会管理制:"本会馆一切馆务统由理事会办理之。理事会每月举行一次,由理事长召集之。同乡大会于每年选举之先,由同乡登记,截止之后由理事会定期召集之。"③

可以看出,无论实行哪种管理方式,同乡会均采取现代党团组织的选举法和任期法。现代管理制度下同乡会的共同特点在于彼此之间职责明确、分工细致,有利于提高同乡会的运作和管理效率。

同乡会制定有较为规范的会议制度和议事制度,有会员大

---

① 《北京特别市公署警察局关于颁行北京各省会馆整理要纲的通告》,北京市档案馆藏档号:J019-001-00233。

② 《修正北平市会馆管理规则》,北京市档案馆藏档号:J002-002-00027。

③ 《山东登莱胶旅平同乡会馆理事会简章(草案)》,北京市档案馆藏档号:J002-002-00263。

会、理事会、监事会、临时会四种。会员大会每年定期召集一次，临时公推一人为主席。在会员大会闭会期间以理事会代行其职权，并设监事会负责监察一切会务。理事会、监事会均每月开会一次，理事会开会时监事可以列席。临时会是遇有临时紧急事项时召开的会议，会员大会由理事会召集之，理事会、监事会分别由理事长及常务监事召集之。作为共同意志的体现，会员大会和理监事会的决议通过少数服从多数原则，法定人数过半数方得开会议事，以出席人员过半数的同意来决定重大事项。这就使同乡会的组织结构在一定程度上具有规范性、民主化的现代社会团体特征。

同乡会以会员大会为最高权力机关。董事长和理事长、监事长均由会员大会选举产生。章程的制定、修改，重要事项的决议，财务收支状况的审核等也取决于会员大会。董事会、理事会属于执行机关，具体执行会员大会的决议，监事会专司监督。这种组织架构既彼此独立又相互制衡，对同乡会的正常运转起着十分重要的作用。

经费方面，主要来源于会员每年交纳的会费，其数额由会员大会决定之，临时捐款无定额。由于同乡会的成员多为各大商号，民国时期又是旅京鲁商发展势头旺盛的阶段，实力雄厚，故经费来源较为稳定充足，从而保证了同乡会活动的内部运作。经费开支制度化，由理事会负责监督，会计组经管，每月收支均由理事会送交监事会审核，每年会员大会开会时提出报告。

通过对比可以看出，与会馆简略的组织相比，同乡会的机构显然是规范、民主而制度化的。

（三）组织功能

鲁籍会馆演变为同乡会后，保留了以往志同道合、联谊乡人的传统,仍为山东革命志士、文人学者从事革命活动提供栖身之处。如民国年间著名花卉画家周健生曾住在山左会馆;[①]著名革命家山东荣成人谷牧[②],于1934年到北平参加“左翼作家联盟”工作,任北平左翼作家联盟书记,是北平“左联”的主要负责人之一,期间也住在山左会馆,从事革命活动。[③] 在清末鲁籍会馆功能初步转型的基础上,旅京山东同乡会更加关注现实生活。民国时期,开展救济成为同乡会的主要任务。下文据现有资料,重点论述鲁籍同乡会的救济活动和政治活动。

1. 开展各项慈善救济活动

(1)救济在京鲁籍同乡

民国年间,山东省天灾战乱频仍,旅京同乡会对逃难至京的山东同乡展开救助。1935年,黄河在董庄溃决,殃及菏泽、巨野、鄄城等10余县,大批山东灾民逃难至北京。山东旅平同乡会遂成立鲁省水灾筹赈会,除将募集赈款随时汇送灾区救济外,考虑到入冬后“天气渐寒,灾民无衣无食,饥寒交迫”,向北京社会各界募集旧衣,将募得的北平大学医学院所捐衣服19件、帽16顶,[④]分发给同乡灾民。国共战争期间,战火延及山东境内,大批山东人民为避战火

---

① 田蕴瑾编:《最新北平指南》第九编第一章,自强书局1938年版。

② 谷牧(1914~2009),原名刘曼生,山东荣成人。1932年加入中国共产党,1934年任北平左联书记,1936年到东北军做党的工作,1940年回山东省工作。新中国成立后分别在上海市和国务院工作,1975年后任国务院副总理,1988年当选为全国政协副主席。

③ 王彬、徐秀珊主编:《北京地名典》,中国文联出版社2001年版,第301页。

④ 《北大医学院关于赠送钢盔、面具和救济灾民破制服问题与北平市各界救国团体募集救国联合会及山东旅平同乡会鲁省水灾筹赈会来往函》,北京市档案馆藏档号:J029-003-01002。

逃到北京，流离失所，生活无着。山东旅平同乡会于1946年成立临时难民救济会。为救济山东流亡难民，于11月在中山公园音乐堂连开三天筹赈游艺会，由“大力士彭飞及兄弟剧团”等表演筹措赈款。12月6日，继续筹赈，仿照湘灾救助采用的演剧办法，邀集国剧公会各艺员，连续六日在戏院演戏，“所得票价余资全数充作救济鲁籍难民之用途”①。不仅如此，山东旅平同乡会将辗转流亡到北京的山东武城县15岁失学青年孙金彬介绍到救济院。1947年6月，山东旅平同乡会为流京难民山东德县的封玉华开具流亡难民救亡书，将其介绍到妇女教养所救济。②

除对来京山东难民进行救济，旅京山东同乡会还为在京求学的鲁籍贫困学生向山东省政府申请救助。在国共内战期间，因战争导致京鲁两地交通堵塞，鲁籍中学生被困在北京，与家乡的联系中断，生活陷入困顿。为维持平津鲁籍贫困中学生的学业，1946年3月，山东旅平同乡会呈请北京市政府教育局，代为调查北京市公私立各中学鲁籍贫困学生无亲友资助者，“分校开列姓名、籍贯、现址”，以便将山东省政府汇到北京救济鲁籍各学校学生的国币500元及时分发给学生，救济他们的生活。这年得到调查并救助的鲁籍贫困学生有1116人。③ 1946年夏，山东省旅平中学同乡会调查

① 《山东旅平同乡会临时难民救济会》，北京市档案馆藏档号：J181－014－00486。

② 《河北、山东等同乡会介绍孟秀珍等难民入收容院的函及社会局批示》，北京市档案馆藏档号：J002－006－00371。

③ 《北平市教育局准山东旅平同乡会关于调查平津各校鲁籍贫困学生的训令及市立各校的呈报（附：北平市私立文华女子中学和市立高级工业职业学校鲁籍贫困学生名册）》，北京市档案馆藏档号：J004－002－01417。

在京鲁籍学生人数，向山东省政府教育厅申请救济，得到6165000元，[①]暂时缓解了在京山东中学生的生活压力。

1947年，山东旅平同乡会临时救济会致函北京大学，为救济北京市各大学鲁籍贫困学生，索要北大鲁籍学生名单，以便确定救济金标准。[②] 1948年初，山东旅平同乡会又请教育局展开第二次调查，调查并救助的鲁籍贫困学生约124名。[③] 由于内战战火延及山东境内，大批学生纷纷逃往外地。逃到北京的鲁籍学生因天气严寒，衣食无着，人地生疏，告贷无门，旅京山东同乡会准予这些学生在北京组织流平学生同学会，并向各界呼吁，"以解目前冻馁之苦，并免学业之荒芜"[④]。这年，因"山东惨遭兵燹累月经年，各乡民逃难来平者为数甚多，各校鲁籍贫困学生亦皆断绝接济，天寒岁暮，冻馁堪虞"，山东旅平同乡会还委托北京市各区居住同乡为北京山东难民及各校鲁籍贫困学生劝募。[⑤] 旅京山东同乡对在京求学的鲁籍学生进行救济，一定程度上解决了他们的后顾之忧，增强了同乡群体的情感和凝聚力。

(2)赈济家乡

晚清旅京山东人中已有不少人在朝廷内占据要职，但是并未

---

① 《为省教育厅呈请拨发北平市各中学鲁籍学生救济费与北平市财政局等的来往文件》，山东省档案馆藏档号：J101－09－0371－001。

② 王学珍、王效挺、黄文一等主编：《北京大学纪事(1898－1997)》上册，北京大学出版社1998年版，第412页。

③ 《北平市第二女子中学、佑贞女子中学等校鲁籍贫困学生名册》，北京市档案馆藏档号：J004－002－01924。

④ 《山东省流平同学会关于在平同学组织流平同学会恳请备案的呈和教育局的批》，北京市档案馆藏档号：J004－004－00419。

⑤ 《山东旅平同乡会为救济逃平难民出具启事委托居住同乡劝募》，北京市档案馆藏档号：J181－016－00621。

割舍与家乡的联系。如1911年,因山东“南境州县被灾甚剧,重以江皖饥民纷扰”,张英麟等鲁籍京官以“臣等籍隶山东,见闻所及”,上奏朝廷,详细陈述灾情,请求“颁发帑项,举办速赈,以拯灾黎而弭隐患”①。民国时期,随着组织程度的提高以及自身影响力的增强,旅京山东人中处于社会中上层,尤其是军政界、商界旅京人士拥有较多的财力和社会资源,在赈济家乡事务中发挥着主导作用,如旅京鲁商实力日益壮大;吴佩孚、潘复、周自齐、靳云鹏等是当时中国政坛上的风云人物,尽管他们之间政见不同,存在派系斗争,名声不佳,但是共同地域的归属性使得他们在对家乡保持高度一致的关注,每当家乡有重大灾情发生,同乡会都会及时赈灾救济。他们一面向政府号召,一面组织赈灾会,探讨赈济办法,开展募捐,甚至直接向家乡捐款捐物。同乡会对家乡事务的重视和救助,对地方社会的稳定起到了极其重要的作用。

山东旅京同乡会成员通过各种途径督促中央政府拨款救济鲁灾,呈请次数较多。1914年8月,旅京同乡会成员上书政事堂,要求“任用公正大员,速筹赈济之法”,政府遂任命鲁籍京官吕海寰督办山东赈抚事宜。② 1918年6月,济宁一带发生水灾,旅京同乡会成员得知后,即召集同乡,联名呈请政府速发国帑,并派得力人员前往赶放急赈,北洋政府当即复电拨款1万元放赈。③紧接着,旅京山东水灾筹赈会等捐洋1.9万元,救助家乡灾民,整

① 《都察院都御史张英麟等奏山东南境灾荒奇重请颁帑办赈折》,《山东杂志》第89期,宣统三年(1911)五月十五日。

② 《东亚风云中之京讯:赈抚之筹办》,《申报》1914年10月4日。

③ 《鲁同乡请赈水灾》,《晨钟》1918年7月20日。

修河堤。[①] 1920年山东大旱时,旅京同乡会向同乡周自齐等建议发行"山东有奖义赈券"。[②]

1920年9月,为救济鲁北旱灾,旅京鲁人发起成立了山东旱灾救济会,出席者达75人之多,公推山东旅平同乡会成员赵尔巽、潘复为正、副会长。潘复当场认捐5000元作为调查灾情的费用,并议定由山东各县派员分赴灾区发放钱谷、开办粥厂、购买种子散放灾民、办理平粜以及凿井灌田、疏浚河道等事宜。[③] 1921年7月,黄河于利津决口,又发起成立了"山东水灾急赈会",旅京山东灾区救济会由京运津转济衣类6195套及1720件。[④] 赈务尚未结束,1924年春,巨野、肥城、长清等县灾民又纷纷函电旅京等同乡会,"具报县境被灾,请予募款赈济春荒",[⑤]旅京山东同乡会遂组成山东灾区救济会,推举赵尔巽为会长。1928年,山东大旱,旅京山东同乡会于2月份组织鲁省灾赈协会,潘复为会长,柯劭忞、王占元为副会长。1933年,黄河决口,山东旅平同乡会等组织鲁省水灾筹赈会,王琦、冷家骥等七人为常务干事,办理鲁省水灾赈济事宜。他们一方面致电中央及政整会请求援助,一方面起草捐启,由包价臣、孙寿岑等负责筹办。[⑥]

---

① 泰安市地方史志办公室、泰安市电信局编:《泰安五千年大事记》,山东省地图出版社2001年版,第136页。

② 《旅京鲁人近向财、内两长建议发行山东有奖义赈券》,《青岛新报》1920年10月19日。

③ 《山东旱灾救济会成立》,《晨报》1920年9月18日。

④ 《政府公报》(二),1921年8月,第424页。

⑤ 《内务部民治司第四科收赵尔巽等呈为旅京山东同乡会组山东灾区救济会暨推举正副会长情形请鉴察备案警厅转饬保护由》,中国第二历史档案馆藏档号:1001-1445之2。

⑥ 《鲁筹赈会昨日开会》,《大公报》1933年9月13日。

1935年，黄河在董庄溃决，8月25日，旅京山东同乡组织了鲁省水灾筹赈会，到会人数100余人，其中有吴佩孚、李澄之以及宋哲元、秦德纯的代表张建侯等人，公推吴佩孚等14人负责筹备各项游艺会、书画展览会及约请名伶演唱义务戏等，此外又分发捐启，由旅平山东同乡名流自由募捐。[①] 山东旅京商界人士也积极行动起来。1935年8月2日，北京商会临时执委会决议改名称为北平市商会水灾捐款委员会，山东旅京同乡会成员高理亭、滕子超等人为执监委员，召集开会，议定“商会之人募一万元”[②]。1936年，山东旅平同乡会鲁乡水灾筹赈会还在中和戏院筹演义务戏，[③]以救济家乡。1939年，山东武城、临清两县卫、运两河决口，旅京山东同乡会向华北救灾委员会山东省救灾分会捐洋3000元。[④]

抗日战争爆发后，山东成为主战区，“灾情甚重”。旅京山东人士“寄居京师幸免虫沙，虽无烽火之惊心，每望乡关而洒泪”。为促进山东战后社会秩序的稳定，1937年12月16日，山东旅京同乡会在西斜街19号成立了山东治安促进会，以“促进山东治安，筹商桑梓福利，救济战后灾况为宗旨”[⑤]。组织为委员制，分设总务、设计、

---

① 《鲁水灾赈济会成立》，《北平晨报》1935年8月26日；《时事新报》1935年8月26日。

② 《北京市政府关于为山东、河南、湖北、江西等省水灾募捐的函及市商会关于为哈尔飞戏院等义演免捐等给社会局、财政局的呈、函以及该两局的批、复函等》，北京市档案馆藏档号：J071－001－00122。

③ 田达治、李卫：《戏缘闲话》，中国青年出版社2009年版，第204页。

④ 《山东省公署、山东省民政厅关于各县受灾情况、请赈款救济的咨呈及救灾计划书》，北京市档案馆藏档号：J025－001－00017。

⑤ 《山东旅平同乡会关于成立山东治安促进会的呈文（附简章职员名册）》，北京市档案馆藏档号：J002－002－00098。

宣传、交际、救济五股。山东治安促进会公推冷家骥、崔麟台①、邹泉荪、杨绍业、张鲁泉、周庆恩、王琦、宋介、方永昌、刘永谦、贾茀荪、马瀛岑等13人为常务委员,并推举冷家骥为主席,潘矩楹、熊炳琦、靳云鹏、劳之常、寇英杰、刘大同为顾问。山东治安促进会的成立,对稳定家乡战后社会秩序起到了积极作用。

2. 关注家乡政治

相较于会馆,近代山东同乡会与政治的关系更为紧密,更加关注地方政治。在涉及山东的重大政治事件中,如在民国初年收回青岛主权问题、威海卫问题,更换山东督军等事件中,旅京山东同乡会都积极参与,并发挥了重要作用。在这些政治事件中,山东同乡会具有现代性、民主性和更为广泛的群众基础,在社会动员上也更具优势,并且能以同乡观念带动其他群体的反应,使桑梓意识能够与爱国主义相结合。上述内容将在后文中有详细论述。

---

① 崔麟台(1880~1951),字耘青,一作云青,山东利津人。清末附贡生。日本弘文学院师范科毕业。历任山东都督府、京兆尹公署科长,绥远省清水河县、京兆大兴、通县、武清、固安等县知事,京兆政务厅厅长,北平市民选参议员、北平颐和园管理事务所所长、北平通俗图书馆(即中山图书馆)馆长、山东同学会会长、齐鲁学社社长。书法代表作有《录秦少游词轴》、《桃李诗轴》,诗词代表作有《黄叶馆诗存》(1934年铅印本)、《云庵琐语》(1936年铅印本)等。参见刘晓焕:《民主革命先驱宋绍唐》,吉林美术出版社2011年版,第413~414页。

第三章　近代北京的山东商人

北京是典型的消费型城市。早在明清两代,大批脱离生产的皇室贵族、官僚、兵士、杂役人员就集中于北京,成为京城庞大的消费群体,故仅仅依靠北京城市的本地生产,是难以保证充足供给的。在这种情况下,北京城市的日常生活消费就不得不仰仗于各地的供给,北京也就成为中国重要的商业市场。近代北京仍然保持着这种以消费为主的经济特征,这就为旅京山东人提供了发展自身经济实力的机遇,由此,北京成为山东商人活跃的城市。

山东商人在外地经商过程中,同乡之间互相帮助,互相扶植,团结一致,在明清时期就成为商界不可忽视的群体——山东帮,与徽商、晋商等被并称为明清十大商帮。① 据范金民先生考证,山东商人尤其是东齐或胶东一带的商人迟至明代末年就已经形成具有

① 据北京政府于1914年颁布的《商人通例》,凡从事买卖、赁贷、制造、加工、水电煤气、出版印刷、金融、信托、劳务承揽、旅店、堆栈、保险、运输、托运、牙行以及居间代理等业的人,均称商人(参见《中华民国政府公报》1914年3月3日,第653号)。本书采用的是"商人"的广义概念。其他列入十大商帮的商人群体还有:陕西商帮、宁波商帮、广东商帮、洞庭商帮、福建商帮、江右商帮、龙游商帮等。关于其他商帮的历史,可参阅张海鹏等主编《中国十大商帮》,黄山书社1993年版。

规模的商帮。① 今天,在前门大街的大栅栏上,瑞蚨祥的招牌依然色彩鲜明,无言地叙说着那看似平淡无奇,实际上却蕴含丰富的历史记忆。

山东商人是旅京山东人群体中比较有稳定性的一个部分。山东商人在北京的经营业务与他们的籍贯有明显的关联,展现出同业即同乡的特征。山东商人在北京的长期发展,彰显了旅京山东人在北京如何取得经济地位并将其转化为社会地位的历程。山东商人担任近代北京商会会长长达二十余年之久就说明了这一点。

山东商人将同乡关系与同业关系交织为一种社会网络,形成了同业即同乡的现象。值得注意的是,随着近代工商业经济的发展,同业之间的竞争使得同乡网络在经济利益面前被弱化。本章将以瑞蚨祥与谦祥益两大鲁籍商号之间的激烈竞争为个案来说明这一历史事实,同时也用盛锡福处理与同升和帽店的同业关系来说明一些鲁商避免恶性竞争的事实。

第一节　经营范围

在以农为本的封建时代,国家对经商鲜有政策上的支持和引导,社会主流文化也对经商行为缺乏道义上的合理评价和理解。但求富是个人的经济发展诉求。在儒家文化发祥地的山东,就有很多人经商,既有在固定地点长期从事商业的“坐贾”,也有从事长途贩运的“行商”。明清两代,近在咫尺的北京为山东商人提供了商机。许多山东商人进京从事贩运,其中有不少山东商人就在北京定居,拥有固定的经营场所,并逐渐扩大经营资本和规模。

---

① 范金民:《明代地域商帮的兴起》,《中国经济史研究》2006 年第 3 期。

来自胶东的鲁商是旅京鲁商群体中比重较大的一部分。如前所述，由于胶东地区地少人多，许多无法在家乡从事农业生产的人利用海陆交通之便利，外出经商，故而经商风气在胶东一带甚为盛行。康熙时期，清廷对海禁稍有宽弛，来自胶东地区的旅京山东人就充分利用沿海得风气之先的优势，在北京积极拓展商业。徐珂《清稗类钞》云：

山东即墨以南，民贫俗俭，仅以茅舍避风雨，未见有广厦大屋如南方者。其人诚实不欺，服官吏之役，虽劳不怨。惟恋乡心甚切，以耕渔畜牧为业，罕有出外经商者。其北则民风狡猾，海阳尤甚，然长于经商，故商于京、津、旅、大者颇多。①

山东商人入京大都经历了艰难的历程。他们惨淡经营，逐渐积累资本，扩大经营规模，以合格的产品和服务质量赢得客户的信任，从而在北京市场中站住了脚，形成了具有规模的商人群体。当然，也有不少山东商人因为种种原因歇业甚至血本无归。②

从事商业的旅京山东人充分发掘儒家文化资源，注重营造文化氛围，吸引客户的光临。近代中国工商业的竞争日趋激烈，虽然京城市场不断扩大，但各地商人都力图在市场中立于不败之地。在激烈的竞争中，山东商人形成了自己的吸引客户的一套手段，注重营造文化氛围就是其中之一。当时，北京官宦名流集中，自然不乏精通琴棋书画或喜好典故的高雅之士。旅京鲁商就注重店铺字号的文化底蕴，以提高自身的文化品位，使之与客户的社会身份和

---

① ［清末民初］徐珂编撰：《清稗类钞》第5册，中华书局1984年版，第2201页。

② 关于清朝山东移民在北京拼搏的情形，见郭松义《清代北京的山东移民》，《中国史研究》2010年第2期。

文化修养相称。清代文人朱彭寿曾根据当时北京商铺字号的惯用字作了一首《字号诗》：

顺裕兴隆瑞永昌，元亨万利复丰祥。

泰和茂盛同乾德，谦吉公仁协鼎光。

聚益中通全信义，久恒大美庆安康。

新春正合生成广，润发洪源厚福长。①

山东商人的字号大多从这些字眼里选取，如谦祥益、瑞蚨祥、盛锡福等这些至今耳熟能详的北京老字号等。这些字号体现了山东人追求和谐、美满、仁义之意，有着很高的文化品位和丰富的内涵。山东人的商业文化，一度对北京商界影响极大，引发他人纷纷效仿，如"长安十二春"即是最好的例证。②

一些山东商家还采用官宦名流为店铺题词的办法来增加店铺的文化氛围，而官宦名流也通过这种空间书写提升自身在京城的影响。如清末山东京官领袖王垿不仅博学多才③，且书法亦独具风貌，其"在京做官时，以书名震京华"④，故向其"求书者络绎于门，商人尤多。终年有所书招额逾千件，而楹联条幅等语倍之"⑤。以至于有人作诗云："有匾皆有垿，无腔不学潭。"⑥意指北京许多重要匾额书迹出于王垿之手。山东人经营的广和居利用名人书法作品烘托文化气氛就是一个典型案例。广和居是道光年间由山东人

---

① ［清］朱彭寿：《安乐康平室随笔》第6卷，中华书局1982年版，第273页。

② 张双林：《老北京的商市》，北京燕山出版社2007年版，第74~75页。

③ 《盛京时报》1910年7月31日。

④ 宋亭山主编：《莱阳古今名人传略》（第一辑），1993年，第26页。

⑤ 陈赣一：《睇向斋秘录》，中华书局2007年版，第61页。

⑥ 梁秉鲲等修，王丕煦等纂：《莱阳县志》卷七，1925年排印本。

开设的一家饭馆，为老北京“八大居”之一。① 清代的文人墨客、社会名流多在此逗留。据《燕都说故》云：“广和居在北半截胡同路东，历史最悠久，盖自道光中既有此馆，专为宣南士大夫设也。”②清末书法家何绍基居住在宣武门南时，曾多次到广和居饮酒应酬，是广和居的老客户。因为这种关系，何绍基多次在广和居赊账。咸丰年间，何绍基受人参劾，被革职离京，而此时何绍基在广和居所赊欠的金额已超过他的支付能力。何绍基一向注重诚信，就写下字据，这张字据充满了俊逸飘然的书法风格。店家也敬佩何绍基正直的人品和书法成就，豪爽地勾销了他的赊账。何绍基离京后，广和居以他的墨宝悬挂于厅堂，引得食客无不驻足欣赏，一时传为美谈。③

一、经营的传统行业

传统的行政中心城市经济的发展很大程度上受其行政中心功能的制约，城市经济主要是以为本城消费服务的传统工商业为主。④ 由于近代北京市民的消费习惯和取向仍然偏重于传统，故山东商人在北京也以经营传统行业为主，主要经营的行业有：

---

① 八大居包括前门外的福兴居、万兴居、同兴居、东兴居（此四家又称“四大兴”。参见［清］崇彝：《道咸以来朝野杂记》，北京古籍出版社 1982 年版，第 7 页）、大栅栏的万福居、菜市口北半截胡同的广和居、西四的同和居、西单的沙锅居。

② 胡玉远主编：《燕都说故》，北京燕山出版社 1996 年版，第 275 ~ 276 页。

③ 《广和居谈往》，见胡玉远主编《燕都说故》，北京燕山出版社 1996 年版，第 275 ~ 276 页。

④ 隗瀛涛主编：《中国近代不同城市类型综合研究》，四川大学出版社 1998 年版，第 616 页。

1. 餐饮业

近代以来，由于各地人汇聚北京，人际交往和生意应酬日渐频繁，使得北京的饮食业发展异常兴旺，近代北京有“集中国名菜佳肴之大成”的美誉，①而其中尤以山东人在北京经营的饭庄最为有名。据记载：“在辛亥革命前后近一百年间，北京的饭庄及一大部分饭馆多为旗人出资为东方，山东人（绝大部分是黄县人）出力为西方；旗人只当空名的东家，而掌柜的，掌灶的，以及打杂的徒工，都是山东人。”②这是因为《大清律》明文规定，旗人不能直接经商，有钱的上层旗人只好与汉民合作。而山东地少人多，自来生活艰辛，一般家中只留下一个儿子守家种地，其余则外出寻生路。山东沿海诸县有些人擅做海味菜，进京做厨师站住脚后，又不断招来家乡子弟来京协助经营打理。他们之中，有人渐有积蓄，则自己为东开店。③ 同治、光绪年之后，“是山东馆子入京后蓬勃发展时期，是山东馆子生命力极盛的时期。各地士大夫来京专吃山东馆，而且只能吃山东馆，因为其他地方味儿皆尚未进京。继各地官宦之后，北京旗人也渐嗜山东味儿。山东馆子一打入北京旗人这一特殊阶层，真可谓如虎添翼，天马行空之势已成，从而奠定其日后百年不衰的基础”④。著名的便宜坊烤鸭店就是在胶东人的精心经营下，

---

① 孙健主编：《北京经济史资料》（近代北京商业部分），北京燕山出版社 1990 年版，第 160 页。

② 北京市政协文史资料委员会选编：《商海沉浮》，北京出版社 2000 年版，第 2 页。

③ 华孟阳、张洪杰编著：《老北京人的生活》，山东画报出版社 2000 年版，第 86 ~ 78 页。

④ 爱新觉罗·瀛生、于润琦：《京城旧俗》，北京燕山出版社 1998 年版，第 79 ~ 80 页。

逐渐走上兴旺之路的。

北京便宜坊烤鸭店始创于明朝永乐十四年(1416)。道光元年(1821),山东荣成人孙子久入店为伙计,因其手艺精湛且为人诚恳踏实,得到掌柜信任。后孙子久盘下该店,从家乡雇佣一些学徒,改良烤鸭工艺,使之更符合食客胃口,由是便宜坊的经营蒸蒸日上,最后成为与全聚德齐名的烤鸭店。①

民国时期,北京的饭庄仍然多由山东籍业主经营。“山东风味的餐馆分两帮,一是以烹制各种海味出名的福山帮,一是以善用清汤、奶汤烹制菜肴闻名的济南帮。”②在北京经营饭庄的山东人尤以福山帮为多,表 3 - 1 可以帮助我们说明这一事实:

表 3 - 1　1938 年北京市饭庄同业公会职员表

序号	商会职务	姓名	年龄	籍贯	代表商号
1	主席	宁春圃	51	山东福山	福寿堂
2	常务委员	张祖荫	43	山东福山	惠丰堂
3	常务委员	牟中谋	62	山东福山	鸿兴楼
4	常务委员	乐学堂	48	山东福山	丰泽园
5	常务委员	安耀东	38	山东福山	东兴楼
6	执行委员	刘子猷	49	山东福山	中华饭店
7	执行委员	林子俊	46	山东福山	同和堂
8	执行委员	张受之	52	山东福山	富庆堂
9	执行委员	刘价人	72	山东福山	福全馆

① 参见尹庆民等编著:《皇城下的市井与士文化:商号 茶馆 会馆 书院 学堂》,光明日报出版社 2006 年版,第 50 ~ 51 页。

② 孙健主编:《北京经济史资料》(近代北京商业部分),第 161 页。

（续表）

序号	商会职务	姓名	年龄	籍贯	代表商号
10	执行委员	王恩普	47	山东福山	新丰楼
11	执行委员	李殿臣	58	山东福山	福兴楼
12	执行委员	胡戳斋	42	北京	聚贤堂
13	执行委员	张耀山	67	北京	天寿堂
14	执行委员	曲香圃	51	山东招远	天福堂
15	执行委员	李子明	62	山东荣成	全聚德

资料来源：北京市商会编《北京市商会会员表》，1938 年。

福山即今天的烟台。烟台市地处胶东半岛，伸入渤海与黄海之间，海岸线长达一千多公里，内陆气候适宜，土地肥沃，因而海味河鲜、山珍禽兽、粮油果蔬等饮食原料应有尽有，非常丰富。特别是海产品更为得天独厚，如驰名中外的渤海湾大对虾，筵中珍品的鲍鱼、干贝、海参，席上佳肴的加吉鱼、蛎子、乌鱼蛋、黄花鱼以及味美的海螺、大蛤、蛏子、海肠子等。由于原料独特，加上技术精湛，构成了烟台菜的风味特色。①

烟台烹饪技术源远流长，早在春秋战国，齐鲁治馔就有记载，历经汉、晋、隋，唐，已成为北菜的主要技艺，对华北、东北、京津的烹调技术影响很大。宋代所谓的“北食”，就是指鲁菜。元、明、清代，鲁菜纳入宫廷，成为御膳之首。鲁菜被誉为我国八大菜系之首。烟台菜真正成为一派风味，大约是在明末清初，以清末最盛。

① 中国人民政治协商会议烟台市委员会、文史资料研究委员会编：《烟台文史资料》第三辑（内部资料），1984 年，第 219 ~ 223 页。

福山帮精于制作海味,在北京有四五百年的历史。从明朝到清末,在北京的大饭馆,大多是福山帮。张友鸾先生为《中国烹饪》杂志撰写的"北京菜"一文中,开头就写道:"五六十年前,在北京有名的大饭庄,什么堂、楼、居、春之类,从掌柜到伙计,十之七八是山东人,厨房里的大师傅,更是一片胶东口音。"

饮食业的发达,使得食物已不再是一种单纯用于获取营养的资源,更成为一种交流的手段,成为一种社会地位、礼仪地位及某种社会事务的标志。在正式功能方面,相较于语言,食物能传达重要的社会关系。① 著名的"八大楼"之一正阳楼,生意极其兴旺,天天顾客盈门。其开办者为山东人孙学仕,社会联系多,交际广,不仅在商界赫赫有名,而且在军界、政界也有一定影响。当时一些军政要人,如袁世凯、黎元洪、段祺瑞等,都是正阳楼的常客。②

2. 粮食业

自元代北京成为全国首都之后,北京的粮食供应主要通过京杭运河的漕粮运输来保证。由于畿辅耕地资源相对匮乏,粮食供应多仰仗外地供给,以维持首都庞大的官僚机构、军队、市民的吃粮问题。漕粮主要给供京师官兵俸米和八旗军人及家属的生活用粮,剩余的粮食就流入市场。在某种意义上,北京的粮食供应由国家统一掌控,私人很难进入这一行业。

清代前期,在北京的山东商人利用与八旗旗民的密切经济关系,提高了自己在北京商业市场中的地位。自从顺治元年(1644)

---

① [美]尤金·N. 安德森著,马婴、刘东译:《中国食物》,江苏人民出版社 2003 年版,第 196 页。

② 尹庆民等编著:《皇城下的市井与士文化:商号 茶馆 会馆 书院 学堂》,光明日报出版社 2006 年版,第 42 ~ 43 页。

多尔衮率领八旗各部入关、定鼎中原以来，八旗男丁和他们的家眷也成为北京重要的移民群体。① 但是根据大清律令，八旗各丁均不从事农业生产，而且亦不得经商务工，只能计口领取固定数额的饷银来保证生活。由于山东商人控制了北京的粮食采购、加工和销售，一度使旗人的俸米的发放也不得不依靠山东商人。很多旗人因此积欠山东粮店商人债务，由此山东粮店商人往往推荐识字的山东同乡到旗民家中做教师或陪读，这在当时的北京城郊是相当普遍的事情，“碓房多山东登州人”。② 夏仁虎在《旧京琐记》中云：“（旗人）世族俸银米悉抵押于老米碓房，侵渔逼勒久，遂握有全部之财权。”同时，山东商人“因债权故，碓房掌柜之乡亲故旧稍识之无者，率荐入债家为教读，遂握有满族之教权”，甚至清代有人断言山东商人已经控制了北京旗人的“财权和教育权”③。虽有夸大事实之嫌，但这也说明八旗旗民的俸米供应仰仗于山东商人，使得山东商人在一定程度上控制了八旗旗民的日常经济。

晚清时期，由于黄河改道，黄河以北的运河河道严重淤塞，导

---

① 关于清代八旗旗民的历史，可参阅李洵《八旗通志》（东北师范大学出版社 1988 年版）、定宜庄《清代八旗驻防研究》（辽宁民族出版社 2003 年版）和刘晓萌《清代北京旗人社会》（中国社会科学出版社 2008 年版）等著作。

② ［清］李光庭著：《乡言解颐》，中华书局 1982 年版，第 107 页。

③ ［民国］夏仁虎撰：《旧京琐记》卷九《市肆》，载车吉心总主编《中华野史》清朝卷五，泰山出版社 2000 年版，第 5098 页。相关记述还有逆旅过客编辑：《都市丛谈》，文奎堂，1940 年，第 172 页；待馀生：《燕市积弊》，北京古籍出版社 1995 年版，第 31 页。赵润岭：《清季之碓房》，见北京市政协文史资料委员会编《北京文史资料》第 56 辑，北京出版社 1997 年版。有关北京碓房的论述见刘小萌：《碓房与北京旗人生计》，中国社科院历史研究所清史室编《清史论丛 2006 年号》，中国广播电视出版社 2006 年版。

致漕粮运输中断，清廷不得不改征折色，即向各地征收货币，用货币来购买粮食，以保障北京的粮食供应。随着商品经济的发展，开始有商贩将北京周围省份的粮食运进北京粮食市场。至光绪年间，随着漕运制度的废除，北京粮食供应市场基本成熟①，粮食业成为北京重要商业之一。在这种情况下，大批民间商人从事北京粮食供应业。北京的粮食供应能够带来持续的高额利润，自然不是一个可以任意独占的“蛋糕”。许多来自外省的商人纷纷入京贩运粮食，并展开激烈的竞争。近代北京的粮食业主要由旅京鲁商和晋商控制。从清代中期黄县人刘方包在北京开设“西天成”粮店起，山东人陆续在京开设油盐粮店，到20世纪30年代，有的粮店已在京城颇有声望，②其中就有黄县丁氏家族所开的粮行。③

民国初年，北京的粮行分粮栈、陆陈行、米庄、米面行四大行。④米面业于1913年成立，由乾隆年间成立的马王会改组而成，1929年，陆陈、米庄由此分出，另组陆陈业同业公会和米庄业同业公会⑤。陆陈行经营的是玉米、小米、糜子米、黄米、高粱、青豆、黄豆、小豆、绿

---

① 袁熹：《近代北京的粮食供应》，《中国经济史研究》2005年第4期。

② 山曼、单霞编著：《山东海洋民俗》，济南出版社2007年版，第168页。

③ 蒋惠民：《黄城丁氏家族》，山东大学出版社2004年版，第44页。

④ 旧时北京粮食业中以大米为重者曰大米庄，以杂粮为重者曰陆陈行，以自磨面粉为重者曰米面行。米庄业专采办各地大米面粉，照原包批发，兼有门市，并附售杂粮粗面，如骡马市大街之米局皆是；陆陈业专采办六谷杂粮，零整批发，亦兼有米面，如市内外关厢大镇之大小杂粮店皆是；米面业经营各种米面，并自磨伏地面，兼售杂粮及油盐，如市内之大小米面油盐店皆是。参见吴廷燮等纂：《北京市志稿·度支志 货殖志》第3册，北京燕山出版社1998年版，第588页。

⑤ 李华编：《明清以来北京工商会馆碑刻选编》，文物出版社1980年版，第8页。

豆、蚕豆、芝麻、小麦、荞麦等杂粮[①]。米庄经营的是江南运来的大米。米面行经营的既有大米、面粉、杂粮,又有油、盐、杂货等。粮栈行提供客房供贩粮商人居住,备有粮仓代客人储存粮食,并代客人买卖粮食。山东商人主要从事粮食的销售,如米庄、米面业、陆陈业,参见表 3-2。

表 3-2　1938 年北京市米庄同业公会职员表

序号	商会职务	姓名	年龄	籍贯	代表商号
1	主席(代)	陶敬五	59	山东福山	公义局
2	常务委员	陶敬五	59	山东福山	公义局
3	常务委员	孙景堂	60	山东福山	聚财米庄
4	常务委员	邹铭轩	49	山东福山	新盛泰
5	常务委员	潘润田	70	山东福山	东兴糖房
6	执行委员	邹桂生	62	山东福山	福和兴
7	执行委员	吴惠轩	65	山东福山	天成糖房
8	执行委员	刘子章	50	山东蓬莱	天利永
9	执行委员	孙纯一	51	山东海阳	公兴裕
10	执行委员	李宪章	66	山东福山	隆记米庄
12	执行委员	唐益受	64	山东福山	顺成米庄
13	执行委员	程辅臣	36	河北香河	九丰米庄
14	执行委员	邹雪峰	64	山东福山	新泰公
15	执行委员	朱星垣	70	山东福山	丰盛米庄

资料来源:北京市商会编《北京市商会会员表》,1938 年。

---

① 因有米、大麦、小麦、大豆、小豆和芝麻共六种隔年粮食作物,常见于北方城镇中,而六的大写是"陆",故有"陆陈业"之称。后泛指各类粮食,不仅限于上面提到的六种粮食。参见待馀生:《燕市积弊》,北京古籍出版社 1995 年版,第 30 页。

1942 年,陆陈业、米庄业和米面业奉令合并为北京市米面粮业同业公会,主要由山东商人掌控。山西人则主要从事粮食的运输和仓储,从而形成运输和仓储的经营体系。① 1942 年,晋商操控的运输货栈业、粮麦杂货业和杂粮堆栈业亦改组成为北京市粮栈业同业公会。晋商也从事粮食的销售,如在米面业上与鲁商形成竞争局面,参见表 3 – 3:

表 3 – 3　1938 年北京市米面业同业公会职员表

序号	商会职务	姓名	年龄	籍贯	代表商号
1	主席	赵序宸	40	山东黄县	西福盛
2	常务委员	徐子翼	65	山东海阳	公合店
3	常务委员	孙贵卿	54	山西太谷	天德永
4	执行委员	王希文	43	山东黄县	西合聚
5	执行委员	赵展云	35	山东黄县	福盛号
6	执行委员	邹春亭	34	山东黄县	德胜店
7	执行委员	马秀甫	52	山西祁县	义成店
8	执行委员	程庚尧	58	山西祁县	义聚
9	执行委员	曹焯	54	山西太原	洪义信
10	执行委员	阎子祯	57	山东海阳	公和顺
11	执行委员	刘天德	58	山西祁县	德庆程
12	执行委员	武子荣	54	山西祁县	元发永
13	执行委员	马子安	57	山西阳曲	广三和
14	执行委员	靳敦明	47	山西介休	源昌聚

资料来源:北京市商会编《北京市商会会员表》,1938 年。

① 关于旅京晋商对北京粮食的运输和仓储的控制,参见《粮食杂货业、米面粮、粮栈委员会名册、章程》(北京市档案馆藏档号:087 – 031 – 00011),表明当时北京的粮食仓库和运输车辆、人力的供应主要由晋商所操控。

大顺米面油盐店是山东人在北京的粮食供应业中较为著名的店铺，由迟姓山东籍商人创办，其开业时间约在咸丰年间，地点设在崇文门外平乐园（今珠市口东大街）。最初店铺规模很小，只有一间门面，从业人员也只有三四个伙计和学徒，店中售卖的商品品种也比较单一，专营粮食，当时称为大顺粮店。

大顺粮店初期因为缺少流动资金，加之当时北京的粮食仓储多由晋商所操控，所以自身仓储能力不足，遇到急需就不得不到山西籍粮商处去调剂，所以常受山西籍粮商的排挤。为降低成本，大顺粮店减少仓储环节的支出，从粮食收购到加工生产都由本店来负责，故加工的成品粮质优价廉，在价格上与其他同行相比很有竞争力。在与山西粮商的竞争中，大顺粮店凭此站稳了脚跟并逐渐发展起来。至清末民初时，大顺粮店规模已经扩大成四间门面、一个大院子、几十间房屋、员工四五十人的大店铺了。①

面对旅京晋商的竞争，大顺粮店还注重维持与同乡粮商的互助关系。当其他鲁籍粮商资金、商品发生周转困难时，大顺粮店主动将本店的资金和存粮借给他们，以解急需。由于大顺粮店乐于资助同乡粮商，不仅在同乡中赢得了较好的口碑，非鲁籍粮商对此也甚为敬服。

3. 食用油业

芝麻油和芝麻酱是人们日常饮食所不可缺少的调味佐料。一些山东粮商即提供芝麻油和芝麻酱的加工和销售业务，如大顺粮店后来扩大营业种类，改为大顺米面油盐店，对外经营芝麻油和芝麻酱。大顺粮店中有专门炒磨芝麻的人员，手艺精湛，炒磨出来的

---

① 张建明、齐大之：《话说京商》，中华工商联合出版社 2006 年版，第 93 ~ 95 页。

芝麻油不仅量大而且香味甚佳。①

随着芝麻油和芝麻酱市场需求的扩大,出现了一些专门经营芝麻油和芝麻酱的商人,这些商人也多以山东籍为主,下表3-4即为证明:

表3-4 1938年北京市芝麻油业同业公会职员表

序号	商会职务	姓名	年龄	籍贯	代表商号
1	主席	李寿山	63	山东招远	大昌号
2	常务委员	马瑞斋	60	河北通县	涌利兴
3	常务委员	韩博斋	36	山西太谷	福长永
4	执行委员	孙仁轩	59	山东广饶	天聚兴
5	执行委员	徐香五	57	山东招远	泰麟号
6	执行委员	王范五	42	山东广饶	恒聚号
7	执行委员	崔本生	57	河北邢台	兴盛号
8	执行委员	王卿	36	山东广饶	恒聚永
9	执行委员	李子彬	51	河北邢台	万聚成
10	执行委员	张祥五	60	山东广饶	天承玉
11	执行委员	王秉章	42	山东广饶	义丰裕
12	执行委员	刘竹泉	46	山东广饶	裕丰成
13	执行委员	孟雪卿	76	山东惠民	同合公
14	执行委员	王苇航	51	河北邢台	同利兴
15	执行委员	何子君	69	河北昌平	鹿鸣园

资料来源:北京市商会编《北京市商会会员表》,1938年。

---

① 制作芝麻油的关键工艺是炒芝麻,如果炉火过旺,则芝麻容易炒老,不仅出油少且色、味都差。如果未炒熟芝麻,虽然出油较多,但香味缺失。因而,只有掌握好火候,炒出来的芝麻经过研磨出油,才能保证香味。

上面所说的芝麻油是植物性食用油，而动物性食用油也是人们的日常需求物品，尤其是熬炼的猪油——白油更为大宗。白油的熬炼和销售市场也为山东籍商人所长期操控，此情形亦可见之于表 3 -5：

表 3 -5　1938 年北京市白油业同业公会职员表

序号	商会职务	姓名	年龄	籍贯	代表商号
1	主席	滕益斋	62	山东掖县	益生局
2	常务委员	王景才	52	山东掖县	义生局
3	常务委员	盛启辉	50	山东掖县	义顺局
4	常务委员	战开基	36	山东掖县	三义永
5	常务委员	李延耀	38	山东掖县	聚丰永
6	执行委员	刘彬栋	40	山东掖县	裕盛祥
7	执行委员	李永章	43	山东掖县	双盛永
8	执行委员	王序和	54	山东掖县	恒源局
9	执行委员	张余庆	38	山东掖县	仁和局
10	执行委员	吴文典	49	山东掖县	恒顺局
11	执行委员	张修贤	44	山东掖县	兴隆局
12	执行委员	文汉	52	山东掖县	德盛公
13	执行委员	宋升云	44	山东掖县	同聚局
14	执行委员	任鸿钧	68	山东掖县	同顺局
15	执行委员	马煜	45	河北保定	永源局

资料来源：北京市商会编《北京市商会会员表》，1938 年。

4. 猪肉业

由于熬炼猪油与肉类屠宰加工相关，由此猪肉的供应业——

汤锅业的从业者实际上也多以山东籍商人为主。近代北京的猪肉"全靠山东人开的肉铺供应",而且大多是生肉、熟肉兼售。"至营猪业者,俗称为屠户汤锅,以山东掖县、招远、莱阳等处之人为多,大部分皆聚于东四豆腐巷内,其他散处于西四一带及四郊者亦不少。宰后归各肉局、肉铺销售,其附属之肠肚脂油等归各小肠局、白油局及专卖肺肝下水等小本营生者销售。"①山东人经营肉铺影响之深,以至于"有清二百数十年间,山东人在北京经营肉铺已成了根深蒂固之势。老北京脑子里似乎将'老山东儿'和肉铺融为一体,形成一个概念"②。兹见表3-6:

表3-6 1938年北京市猪类汤锅业同业公会职员表

序号	商会职务	姓名	年龄	籍贯	代表商号
1	主席	蔡锡侯	58	山东	恒发号
2	常务委员	原寿林	59	山东	茂盛寿记
3	常务委员	王京远	44	山东	义顺王记
4	常务委员	纪伯训	43	山东	隆泰
5	常务委员	战忠洲	53	山东	新泰
6	执行委员	吴绩臣	44	山东	茂盛吴记
7	执行委员	张汝龄	43	山东	三盛张记
8	执行委员	刘云山	44	山东	聚盛刘记
9	执行委员	王进福	46	山东	同利王记
10	执行委员	杨焕	61	山东	内金城杨记

① 孙健主编:《北京经济史资料》(近代北京商业部分),第77页。

② 爱新觉罗·瀛生著:《老北京与满族》,学苑出版社2005年版,第182页。

（续表）

序号	商会职务	姓名	年龄	籍贯	代表商号
11	执行委员	杨景和	68	山东	万顺
12	执行委员	薛荫甫	51	北京	永源记
13	执行委员	李魁五	41	山东	三顺李记
14	执行委员	王宏量	43	山东	元利局
15	执行委员	孙作周	33	北京	西裕隆

资料来源：北京市商会编《北京市商会会员表》，1938 年。

5. 水果业

苹果、梨、西瓜、山楂等水果和被称作干果的红枣、板栗与核桃等，也是北京日常消费的重要食品，如制作冰糖葫芦就需要大量的山楂。山东出产多种水果和干果，如烟台盛产苹果、莱阳出产水晶梨、高密大量种植西瓜、乐陵的金丝枣深受欢迎，许多经营干鲜果的山东商人从家乡贩运来水果和干果，投入到北京市场去销售，①这一行业也多由山东商人经营。下表 3－7 为我们提供了 1938 年山东商人在北京经营干鲜果的状况：

表 3－7　1938 年北京市干鲜果同业公会职员表

序号	商会职务	姓名	年龄	籍贯	代表商号
1	主席	赵龚武	56	山东招远	万丰店
2	常务委员	崔源福	50	北京	广聚店
3	常务委员	郑焕庭	52	北京	永利店

① 北京的鲜果分为南鲜和北鲜两大类。山东运往北京的水果属于南鲜一类。见吴廷燮等纂：《北京市志稿·度支志 货殖志》第 3 册，北京燕山出版社 1998 年版，第 602 页。

（续表）

序号	商会职务	姓名	年龄	籍贯	代表商号
4	执行委员	丁翰臣	56	山东	三义兴
5	执行委员	柳华庭	61	山东	同顺店
6	执行委员	马雨田	44	北京	通兴店
7	执行委员	王俊山	54	北京	复华顺
8	执行委员	杨绍业	54	山东	万成店
9	执行委员	王镛	52	北京	公盛店
10	执行委员	由万成	44	山东	恒兴店
11	执行委员	刘允中	60	山东	增盛店
12	执行委员	张福堂	40	山东	合兴店
13	执行委员	贾子贞	61	北京	天成店
14	执行委员	王寿龄	69	山东	天兴店
15	执行委员	杨绍钧	58	山东	德成店

资料来源：北京市商会编《北京市商会会员表》，1938年。

此外，由山东商人主要经营的行业还有估衣业、羊肉业、井水业、粪业等，这些行业多与人们的日常生活息息相关。

二、拓展的新兴行业

除上述传统经营项目，亦有少数旅京鲁商从事新兴的经营项目，如下面即将叙述的双合盛啤酒厂。

随着中国沿海口岸的开放，越来越多的外国人进入北京。很多外国驻华使节和商人的饮食都需要特别的供应，同时西式餐饮也得到一些追慕西风的北京人的效仿。一些精明的山东商人很快从中捕捉到商机。张廷阁创建的北京双合盛五星啤酒厂就是在那

样的形势下诞生的，这是中国人开办的第一家啤酒厂。①

双合盛啤酒厂第一代经营者张廷阁的移民历程有着不同于其他旅京鲁商的特色，他是由旅俄鲁商转为旅京鲁商的。光绪元年(1875)，张廷阁生于山东省掖县，幼年家境十分贫寒。中日甲午战争爆发后，日军登陆山东半岛，骚扰乡里，为避战乱，张廷阁不得不乘船离开家乡，前往已被俄国夺占的海参崴谋生，后入当地鲁商郝升堂经营的杂货铺“双合盛”打工。因郝升堂也是来自山东掖县，加之张廷阁本人比较勤劳能干，很快得到器重。光绪二十四年(1898)，张廷阁将本人所积蓄的收入作为股本加入“双合盛”，并很快当上了双合盛的副经理。②

身处海参崴，张廷阁在与外商的接触交往中增长了见识，丰富了阅历，形成了手段灵活、善于把握机会的经商作风。光绪三十年(1904)，日俄战争爆发，俄国远东地区物资供应困难，张廷阁充分抓住这一时机，承揽俄军日用品供应，囤积居奇，获取巨额利润，使得双合盛的实力得以迅速增长。张廷阁不仅在海参崴扩大经营规模，还在莫斯科、大阪、横滨、香港、新加坡等地设有驻地，直接与当地厂商建立进货关系，并将生意扩展至欧美国家，同英、德等国的一些厂家建立了长期的生意关系。随着生意越做越大，张廷阁成为当地商界首富。由于富有正义感、民族感、热心于公益事业，张廷阁于1914年被推举为海参崴中华总商会会长。

辛亥革命后，国内出现了大办实业的高潮，加之俄国局势动荡

---

① 见吴廷燮等纂：《北京市志稿 · 度支志 货殖志》第3册，北京燕山出版社1998年版，第590页。

② 参见张建明、齐大之：《话说京商》，中华工商联合出版社2006年版，第246～249页。

不安，张廷阁遂回国集资创办了北京双合盛啤酒厂。股金分为19股，张廷阁和郝升堂二人占了15股。初期啤酒厂的规模很小，酿酒工人多来自山东。双合盛于1921年和1930年间进行了两次扩建，并添置先进的设备，使得生产规模得到快速发展，职工扩达500人，啤酒年产量增加到10万大箱(约合3000多吨)。

双合盛啤酒厂十分重视选料，对原材料精挑细选：发酵所用的大麦选自浙江、河北徐水一带的金粒大麦，原料酒花选自捷克，酵母则来自丹麦，使用的水是号称“天下第一泉”的玉泉山水系的水；还采用了先进的管理方式，一直任用捷克技师尧西夫格负责技术管理。因而双合盛啤酒厂出产的五星啤酒赢得了在京中外用户的好评，打开了国内国际市场。① 1937年，五星碑酒还在巴拿马国际博览会上获奖。双合盛啤酒厂的开办，表明传统的山东商人开始具有时代性。

虽然有双合盛这样资本雄厚的企业，但是我们也不能不承认，旅京鲁商大都资本经营规模较小。据20世纪30年代末40年代初北京市同业公会的统计，山东商人从事猪类汤锅业的铺户资本金额基本在100元至200元之间，白油业在30元至300元之间，②估衣业多在40元至400元之间，③牛羊肉业资本额在50至300元之间，④米

① 参见张建明、齐大之：《话说京商》，中华工商联合出版社2006年版，第246~249页。

② 《猪店猪类汤锅业委员名册、章程改造文件》，北京市档案馆藏档号：087-034-00001。

③ 《旧货委托业估衣委员、会员名册异动及改选文件》，北京市档案馆藏档号：087-029-00004。

④ 《牛羊肉业委员、会员名册、公会改名呈文批示》，北京市档案馆藏档号：087-035-00001。

面业资本额多在 100 元至 500 元之间,①水井和粪业的资金更少。

当然,鲁商也有个别行业需要大量而持续的资本投入,如绸缎业和啤酒酿造业。"八大祥"之首的瑞蚨祥名满京城,经营者孟洛川凭此使家族事业达到了鼎盛时期。当时曾流传一首民谣:"山西康百万,山东袁子兰,二位财神爷,抵不上一个孟洛川。"瑞蚨祥曾遭受过庚子之变的战火,然店主孟洛川于次年即再次投入巨资加以恢复。② 但类似瑞蚨祥与双合盛啤酒厂这样资本雄厚的商家,在旅京鲁商群体中只是少数。

旅京鲁商资本主要有三种来源,第一种是将家乡积累的资本投入到北京市场。如章丘孟氏家族投资北京绸缎市场,形成瑞蚨祥和谦祥益等绸缎店。可以说,在山东积累的资本随着山东商人的移民而流入北京工商业,这是一种资本流动与人员流动同步的现象。第二种是在北京市场实现资本积累和扩大。这种情况在旅京鲁商中居多。第三种则是将海外资本投入到北京市场,如张廷阁从俄国经商回来,在北京投资创办双合盛啤酒厂。同时还应该看出,旅京鲁商与外国资本联系比较少。这种状况与在上海的宁波商人有较大的差别。③ 大多数旅京鲁商很少向票号和银行贷款,一些规模大的商家如瑞蚨祥、谦祥益等与山东同乡经营的银号有业务往来。④ 当然,

---

① 《粮食杂货业、米面粮、粮栈委员会员名册、章程》,北京市档案馆藏档号:087-031-00011。

② 参见中国科学院经济研究所资本主义经济改造研究室、中央工商行政管理局资本主义经济改造研究室:《北京瑞蚨祥》,生活·读书·新知三联书店 1959 年版,第 9 页。

③ 李瑊:《上海的宁波人》,上海人民出版社 2000 年版。

④ 余钊:《北京旧事》,学苑出版社 2000 年版,第 338 页。清末北京的票号主要由山西商人经营,近代银行与外国资本有较多的关系。民国时期,北方的金融中心位于天津。

这是与北京工商业与外国资本关系较少、近代金融业尚欠发达的整体城市经济环境有关联的。

第二节　经营方式

从前文的论述中可以看出，鲁商的经营方式主要有两个特点：

一是依托地缘，结成松散的商帮群体经营，呈现出同业与同乡叠合的现象。不仅在饭庄业、粮食业和猪类汤锅业等领域有同行即同乡的现象，在其他一些行业也是这样，往往众多山东同乡在北京从事一种行业，如洗染业①、绸缎业等。见表 3－8、3－9：

表 3－8　1938 年北京市染业同业公会职员表

序号	商会职务	姓名	年龄	籍贯	代表商号
1	主席	迟润生	57	山东福山	大顺号
2	常务委员	郗友三	41	山西平定	同义成
3	常务委员	张镜如	53	山西平定	晋和森
4	执行委员	王治五	36	山东福山	振义号
5	执行委员	魏广田	41	山东章丘	益兴庄
6	执行委员	赵子良	52	山东昌邑	同聚隆
7	执行委员	李金生	51	山西平定	德源长

① 洗染业（即手工染绸的作坊）是北京最早由外地人经营的为达官显贵服务的行业之一。最早可溯及顺治年间开业的天聚染坊和自该号陆续分出的以后规模较大的“大顺”、“大有”、“大成”、“大庆”等山东人经营的绸缸。参见李家瑞编：《北平风俗类征》（上），上海文艺出版社 1937 年影印，第 174 页。

（续表）

序号	商会职务	姓名	年龄	籍贯	代表商号
8	执行委员	许广才	47	河北饶阳	福顺永
9	执行委员	赵万生	38	山西平定	东晋和
10	执行委员	韩雨亭	71	河北束鹿	恒聚号
11	执行委员	商锦文	57	河北枣强	福聚公

表3-9 1938年北京市绸缎洋货业同业公会职员表

序号	商会职务	姓名	年龄	籍贯	代表商号
1	主席	李尧庭	61	山东招远	正源号
2	常务委员	孟广笛	53	山东章丘	瑞蚨祥
3	常务委员	孟琴轩	64	山东章丘	益和祥
4	常务委员	孟静山	43	山东章丘	谦祥益
5	常务委员	马佩纶	41	山东章丘	瑞林祥
6	执行委员	郭玉明	50	河北深县	协成仁
7	执行委员	宋子均	58	河北大兴	阜源号
8	执行委员	刘仲霖	45	山东章丘	福和祥
9	执行委员	李峨山	56	山东章丘	瑞蚨祥鸿记
10	执行委员	刘劳臣	50	河北饶阳	协义永
11	执行委员	李乐山	56	山东章丘	振昌号
12	执行委员	徐履瀛	51	山东	裕丰信
13	执行委员	王子谦	44	山西汾阳	同成信
14	执行委员	扈静庵	49	河北枣强	恒义昌

以上资料来源：北京市商会编《北京市商会会员表》，1938年。

这种同行即同乡的现象并不是偶然的，而是历史形成的。迁移者与迁入地已有移民的联系构成的网络成为一种资本，起着降低迁移成本、增加收入和减少风险的作用。① 在中国传统社会，同乡比其他关系能更多地给予安全感和诚信感。尤其是在他乡异域，同乡关系网络往往是建立互助关系的平台。当一个人在外乡需要求助时，他会很自然地向同乡寻求援助。即使在和平时期，生活在外乡的人为了避免使自己处于孤立的处境，也会主动联络自己的同乡，构建对己有力的关系网络。这种行为在山东人从事工商业的活动中是相当普遍的现象。很多在北京经商的山东人为了应对其他省籍的旅京商人的竞争，与同乡商人保持互助的关系。如清代，在北京粮食供应业中，对山东籍粮商挑战最为有力的是山西籍粮商。很多山西籍粮商在粮食收购、加工和销售方面经常与山东籍粮商发生激烈竞争。而当时山西票号在北京的金融业中有较大的势力，一些山东籍粮商发生资金周转困难时，欲求短期周转资金而不可得。正处于上升状态的大顺粮店，就经常向同乡粮商提供资金，以帮助他们渡过难关，这在前面已经有所叙述。基于同乡关系的互助，为同业即同乡创造了可能。

二是经营项目多样化。北京消费城市的特点使其对商品种类和数量有着巨大的需求，而山东省又是自然资源、人力资源丰富的省份。旅京鲁商依托本省丰富的资源，从事异地贩运兼营的商业活动，赚取差价，待有一定积累后，再根据北京的商业行情转为坐地经营。同时，主要经营北京市民日常生活必需品，以达到分散风险、增加收入之目的。如由经营餐饮业扩大到与之相关的粮食、芝麻油、白油、猪类汤锅业等。还有很多山东商人初到北京时，由于人生地不熟，缺

① 佟新:《人口社会学》(第四版)，北京大学出版社 2010 年版，第 106 页。

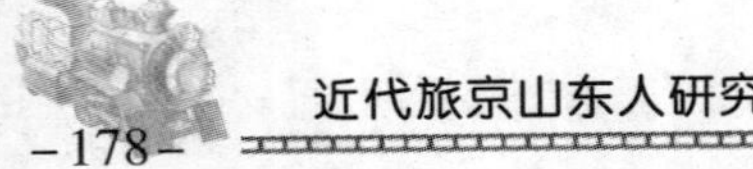

乏资金，只能干为北京当地人鄙视、挣钱又少、又脏又累的体力活，如淘粪、水井、碓米等行业。再经过多年的辛苦劳作，山东商人方用积累起的资本开店为东，方在北京市场站稳脚跟。

俗语云："同行是冤家。"即使在同乡之间也会存在激烈的商业竞争。早在清乾隆年间，就有旅京鲁商之间的惨烈竞争：

> 京师红果（即山查红也）。行仅在天桥者一家，以呈部立案故，他人不得开设。乾隆时，有两行，皆山东人，争售贬价，各不相下。继有出而调停者，谓："徒争无益，我今设饼撑于此，以火炙热，能坐其上而不呼痛，即任其独开，不得争论。"议定，此设于天桥之主人即解衣坐之，火炙股肉。须臾，两股焦烂，即倒地死，而此行遂得独设，呈部立案，无异议。饼撑，烙饼之大铁盘也。①

在近代商业中，同业之间的竞争更加趋于激烈。这种竞争关系势必对同业中的同乡关系提出挑战。对于旅京鲁商而言，他们依靠牢固的同乡关系利益均沾，从而在北京市场站住了脚跟。然而随着从业人员的扩大，客户资源的有限性也就极为突出了。如何应对同业之间的竞争，对讲求诚信互助的山东商人提出了严峻的挑战。是冲破同乡网络的限制，全面排挤同业竞争对手，还是继续保持和睦共存的局面？山东商人在北京的两大代表——瑞蚨祥和盛锡福为我们提供了两个极为生动的研究个案。

一、不认同乡的竞争——瑞蚨祥与谦祥益

旅京鲁商的竞争中，瑞蚨祥和谦祥益的竞争尤为激烈。二者

---

① ［清末民初］徐珂编撰：《清稗类钞》第5册，中华书局1984年版，第2301页。

不仅是同乡，而且是同一家族，经营相同的行业。从二者的个案可以看出，同业之间的竞争同乡网络在经济利益面前弱化。

瑞蚨祥是山东章丘孟氏家族在北京独资经营的一家大型棉布绸缎商号。早在明代，孟氏家族就靠经营山东土布起家，当时商铺字号是“万蚨祥”。清代，孟氏家族的产业更加扩大。同治九年(1870)前后孟家弟兄四人分家，其中孟鸿升自己在济南城里开设了一家布店，后来改称为“瑞蚨祥”。

光绪年间，孟洛川从孟鸿升手中接过瑞蚨祥后，不满足在济南的经营，将眼光放到了北京，试图在京城的绸布市场占有一席之地。雄心勃勃的孟洛川派了族侄孟觐侯带领一名伙计来到北京，在前门外鲜鱼口内抄手胡同租房设庄，批发大捻布。由于经营得法，京城经营有了较好的开端。光绪十九年(1893)，孟洛川将瑞蚨祥总店从济南搬迁至北京，并投资白银八万两在大栅栏买了店面。迁京后，瑞蚨祥以经营山东出产的土布为主，兼营洋布呢绒以及钟表眼镜等近代工业产品。① 光绪二十六年(1900)，义和团围攻东交民巷使馆区，引发火灾，大火延烧至正阳门城楼，与正阳门紧邻的大栅栏一条街成为一片灰烬。瑞蚨祥也未能幸免，已经装修过的店铺和库存商品被毁之一炬，现金也被乱兵抢劫一空。尽管经历了如此惨重的损失，孟洛川仍然不放弃在北京发展经营的计划。光绪二十七年(1901)，北京局势稍得安定，瑞蚨祥经过整修后恢复营业，除主营绸缎布匹外，又兼营价高利大的进口商品，如呢绒、钟表、化妆品等，而且洋货的比例大大增加，形成一个综合性商店，每日销货额高达数千两现银。当时北京城流传“头顶马聚源，身穿瑞

① 由于这些近代工业产品多从外洋直接购进，或从广东的广州和香港转销而来，故当时统称为洋广货。

蚨祥,脚踩内联升”的俗语,就是对瑞蚨祥名满京城的生动写照。

在经营理念上,瑞蚨祥讲究诚信经营,其店训是“至诚至上,货真价实,言不二价,童叟无欺”。瑞蚨祥的呢绒绸缎货真价实,在苏州等地定点加工,每匹绸缎的机头处都织有“瑞蚨祥”的字样,由顾客确认商品质量。顾客进店后,售货员让座、上茶,拿来布品供顾客耐心选择。①

在经营方式上,瑞蚨祥采取跨行业、跨地区的多元化经营。瑞蚨祥不满足经营范围仅限于北京一地,将自己的买卖向外拓展,在天津、烟台、上海、沈阳、包头等地都开设了分号,连锁店多达三十处,形成了连锁经营机制,经营内容亦趋多元化。在20世纪30年代,瑞蚨祥由最初单一经营绸布店发展成为集布匹、绸缎、绣品、皮货、织染、茶叶、首饰乃至钱庄、当铺等众多经营项目的商业王国,实现了跨行业跨地区的多元化经营。这种经营方式当时称为联号,开现代企业连锁经营的先河。

在继承和发扬了中国古代商业诚信经营优良传统的基础上,瑞蚨祥又有着现代商业思想的积极因素和连锁经营的原始理念,传统与现代在它身上得到完美结合。瑞蚨祥形成的这种超前的现代经营意识,成为现代零售商巨头沃尔玛的创始原型。美国零售业巨头沃尔玛公司的创始人山姆·沃尔顿生前曾说过:四十年前我创办沃尔玛的灵感来自中国的一家老商号。一百年前,这家老商号用一种能带来金钱的昆虫为商号起名,我想,它可能是世界上最早的连锁店,它干得很好。这个老商号就是瑞蚨祥绸布店。沃尔顿就是从瑞蚨祥学到了这种经营方式,并把它移植到企业经营

---

① 郭会斌:《浴火重生:透视中华老字号的经营之道》,企业管理出版社2005年版,第325~326页。

管理中,逐步发展成为美国最大的私人雇主和世界上最大的连锁零售企业。①

瑞蚨祥之所以能在短期内迅速扩大经营规模,占有北京绸缎市场的份额,除了先进的经营方式之外,与其坚守大栅栏的店面有一定的关系。经营地点的选址是商业企业尤其是零售企业成功的一个重要条件。前门(当时称为正阳门)地区在清代是北京最繁华的商业地段,大栅栏这条商业街更是以寸土寸金而闻名,尤其是在咸丰、同治、光绪年间,大栅栏街里有近百家商店,其中多为知名字号。清末民初,在大栅栏一条街上的八十多家店铺中,属于孟家的就有五家,而且规模都很大,几乎半条街都被瑞蚨祥及所属企业所占据,正如《旧京琐记》所载:

> 绸缎肆率为山东人所设,所称祥字号多属孟氏。初唯前门之泰昌为北京人,盖兼办内廷贡品者。各大绸肆必兼售洋货,其接待顾客至有礼衷,挑选翻搜,不厌不倦,烟茗供应,趋走极勤。有陪谈者,遇仕官则言时政,遇妇女则炫新奇,可谓尽交易之能事,较诸南方铺肆訑訑之声音、颜色,相去千里矣。②

瑞蚨祥非常重视保持自己在北京绸缎市场的竞争优势。民国初年,瑞蚨祥在大栅栏一带曾经不惜工本地抢占营业场地,就是为了阻止北京另一家大型绸布店——谦祥益进入这个黄金商圈。

---

① 张晓蕊:《瑞蚨祥:启迪沃尔玛的连锁店》,《北京商报》2007 年 7 月 10 日;《"至诚至上"——百年瑞蚨祥:启迪沃尔玛的连锁店》,《经理日报》2007 年 8 月 26 日;周晓主编:《学无涯丛书》,内蒙古人民出版社 2007 年版,第 167 页。

② [民国]夏仁虎撰:《旧京琐记》卷九《市肆》,载车吉心总主编《中华野史》清朝卷五,泰山出版社 2000 年版,第 5098 页。

当时，谦祥益绸布店与瑞蚨祥同列于北京绸布业中的“八大祥”，皆为孟氏家族所经营。① 可以看出，这两家绸布店的最高经营者无论是在同乡关系还是在亲缘关系上，都是十分密切的。谦祥益的实力也非常雄厚，虽然在北京地区的业务量落后于瑞蚨祥，但在天津、青岛、济南等地的分店业务则很强，在一些地区的营业额甚至还超过瑞蚨祥。显然，谦祥益是瑞蚨祥最大的竞争对手。

谦祥益绸布店在大栅栏街一直没有开辟店面，但它一直希望在这里有自己的一个经营窗口。感到威胁的瑞蚨祥非常清楚，如果谦祥益在大栅栏开辟了店面，势必导致自己的客户资源严重流失。于是这两家同为山东人经营的绸布店展开了不择手段的激烈竞争。

瑞蚨祥曾采取高价进货、低价销售的手段，来吸引谦祥益的客户。但是不惜血本售货的价格战，毕竟无法持久，而且谦祥益本身也是资本雄厚，难以撼动。若谦祥益不为之所动，瑞蚨祥的低价策略必然会失败。瑞蚨祥决定坚决阻止谦祥益进入大栅栏商业圈。只要大栅栏街上有达到一定规模的铺面房出售，瑞蚨祥不论其价格高低如何，就一定设法购置下来，绝不让谦祥益有任何可乘之机。

谦祥益一度曾打算购置大栅栏西段的某块地基，以用作建筑店房。瑞蚨祥闻讯后，立即以高价买下这块地皮，并在这块地皮上

---

① 京城的绸缎业，以祥字号为最著（参见吴廷燮等纂：《北京市志稿·度支志 货殖志》第3册，北京燕山出版社1998年版，第608页）。八大祥分别是：瑞蚨祥、谦益祥、瑞生祥、瑞增祥、瑞林祥、益和祥、广盛祥、祥益号。祥字号绸缎庄多为山东孟氏家族开设，在北京声誉极好，有“京师精华尽在八大祥”之美称（参见齐大芝、任安泰：《北京商业纪事》，北京出版社2000年版，第72页）。

开办了自己的西号；当谦祥益准备在大栅栏中段投资时，瑞蚨祥又先行一步在那里办起一家皮货店。此后，又以开办"茶店"等方式层层堵截。

面对瑞蚨祥的极力阻拦，谦祥益也不顾乡情和亲谊，坚决反击。于是两家的竞争达到高潮。当时，大栅栏街有一座戏楼名为庆乐戏院。庆乐戏院准备出让，尽管戏楼与绸布经营毫无关联，但谦祥益闻知出让消息后，即秘密与戏院的业主谈判。由于谦祥益保密措施极为严密，直到双方谈妥，即将交割时才予以公布。瑞蚨祥闻讯后，曾试图说服原戏院的业主撤销出让合同，但未能达到目的。瑞蚨祥失手后，出高价把庆乐戏院门前的地皮买了下来，公开放出风声，称在庆乐戏院原址上开设销售其他商品的店铺的人，都可以免费使用这条通路，但只要有人在此经营绸布店，瑞蚨祥就将在此盖房，并将其出路堵死。瑞蚨祥这一充满威胁语气的风声果然收到了成效，谦祥益唯恐事态扩大，对己日后的经营不利，经过反复权衡，最终放弃了在大栅栏开辟店面的设想。①

瑞蚨祥和谦祥益的竞争是一种恶性竞争，过程较激烈，手段也较残酷，完全不顾亲情和同乡之谊。瑞蚨祥采取如此极端的手段来排挤与自己关系极为密切的同行，是自己追求商业利益最大化的意图使然。瑞蚨祥保住了自己在北京绸缎市场的地位，却无法化解北京绸缎需求市场萎缩所带来的危机。1928 年，北伐战争结束，张作霖的北洋政府倒台，中国的政治中心转移到了南京，北京的官宦群体大量减少，而这些群体是北京绸缎供应的最大客户来源。这对于瑞蚨祥来说，不啻是一个沉重打击。此后，瑞蚨祥的经

① 参见张建明、齐大之：《话说京商》，中华工商联合出版社 2006 年版，第 151 ~ 289 页。

营效益一落千丈，一直未能恢复到北洋政府时期的水平。

二、互助共存——盛锡福与同升和

与瑞蚨祥不择手段地在竞争上胜过同行的做法成鲜明对比，同样是由山东商人经营的盛锡福帽店就非常注重处理与同业经营者（尽管有的并非同乡）的关系，避免不利竞争。

盛锡福最初是几个山东人在天津估衣街上合伙开办的一家专卖山东草帽的店铺。1925年，身为股东的刘锡三独自承接经营，并将商店易名为盛锡福帽庄。在天津经营时期，盛锡福就注重在产品质量上下功夫，出产的帽子式样新颖、品种齐全、质量考究，受到了天津消费市场的欢迎。随着天津经营市场规模的扩大，刘锡三又将眼光放到了北京的衣帽市场。20世纪30年代中期，盛锡福的资本积累已经足以开辟新的经营市场。刘锡三认为入京时机已经成熟，于是进入北京市场。1936年之后三年内，盛锡福在北京一连开设了四家分店，地点分别设在西单、前门、王府井和沙滩。不难看出，这些店面都是在北京的黄金商业地段上。

盛锡福帽店进京之前，大多数北京帽店经营仍然制作和出售瓜皮帽之类的传统帽子。盛锡福出产的帽子比较时尚，给北京帽业市场带来了新的气象，产品受到了北京市民的青睐，顾客踊跃购买，销路比较好的品种有草帽、皮帽、棉帽、将军帽等。

盛锡福入京时间比较晚，对于盛锡福而言，面对着众多实力雄厚的同行的竞争与挑战，要想在北京生存并取得好的经营业绩，就一定要保持高质量、低成本运营的优势。盛锡福采取的低成本战略主要包含两个关键环节：

第一个环节是统一采购原料，集中加工制作。盛锡福的生产经营管理非常细致，各个分店均采取的是统一进货和管理的经营方式。盛锡福在天津设有加工厂，成批量生产帽子，直接为北京的各大分店提供产品。从1936年北京的盛锡福第一家店面开业到1946年以前十年间，盛锡福在北京的各大分店都是从天津的盛锡福帽子工厂进货，再加上各地的盛锡福分店和外销的产品，总店在原料的采购上进货量是相当大的，这样就可以得到面料、填充料和皮革等原料供应商更多价格优惠。由此，盛锡福取得了其他一些同行难以拥有的优势。

第二个环节是放料加工，注重质量。为了进一步降低商品的成本，北京盛锡福店从1946年开始改由当地小作坊加工生产帽子。出于价格和质量的考虑，盛锡福始终没有把采购原料的权利放出去，而是采取了放料加工的方式，即小作坊领回原材料按图样严格按照规定的技术指标去加工。这种放料加工的生产方式，节省了人员开支和场地开支，大大降低了管理成本。①

盛锡福不仅注重提高产品质量，改进经营管理，还注重处理与同行的竞争关系，为自己营造良好的市场环境。当时的北京帽子市场，与盛锡福并驾齐驱的帽店是同升和。同升和始建于光绪二十八年(1902)，其经营历史比盛锡福要悠久，而且同样设有加工厂，并在王府井大街开有店面。

同升和与盛锡福在经营方面重叠，又在一条街上设有店面，自然形成相当激烈的竞争局面，两家的店员甚至都不能随意来往。在一段时间内，两家竞相宣传造势，在电台、报刊上大做广告，互不相让。但是，他们不管采用何种方式开展竞争，都以不损害他人的利益为前提，各自的经营者都能遵守职业道德，明事理，知分寸，彼

---

① 《新京报》社编：《北京地理 · 传世字号 · 民生》，中国旅游出版社2007年版，第206～211页。

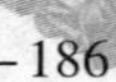

此之间没有出现任何互相攻击、拆台的事情。双方在做广告时，主要着眼于提高自己的社会知名度，因此广告只宣传本企业的商品和服务，从不诋毁和贬低另外一方。

两家都着眼于提供产品质量服务水平，维持合理价格，加强内部管理，力图以此来争取顾客。为了在竞争中占据上风，双方也都注意发展自己独特的、最有优势的产品去占领市场。例如同升和在帽子选料方面十分考究，在海龙、海獭帽等高档商品上猛下功夫，而盛锡福则在式样方面上努力，其店内经营的帽子有二百多个品种，以产品的规格齐全取胜。两家商品经营的商品各有侧重，按时兴的说法是错位经营。基于这个原因，同升和与盛锡福多年间相安无事而且都兴盛不衰。①

盛锡福保持与同行的良性竞争关系，不以非正当手段排挤同行，又注重改进制作经营水平，开发新品种，使自己至今仍然活跃在北京的鞋帽市场。新中国成立后，盛锡福曾多次给党和国家领导人、外国元首等政要定制过帽子。可以说，盛锡福继承了近代鲁商以诚为本的优良传统，保持了自己的经营生命。

第三节　社会影响力

晚清到民国，旅京鲁商无论在数量还是在经济地位、社会影响力上，都等呈现出上升趋势，在近代北京经济发展中有着不可忽视的作用。相关史料表明，旅京鲁商在北京城市诸多行业中均占据主要地位，这可以从表 3－10 可见一斑：

---

① 张建明、齐大之：《话说京商》，中华工商联合出版社 2006 年版，第 166～264 页。

表3－10　1938年北京市部分同业公会的鲁籍成分

同业公会名称	会员数	鲁籍会员数	所占比重	职员数	鲁籍职员数	所占比重
饭庄业同业公会	189	108	57%	15	13	86%
米面业同业公会	510	354	69%	15	7	47%
米庄同业公会	72	66	92%	13	12	92%
芝麻油业同业公会	35	27	77%	15	9	60%
白油业同业公会	38	37	97%	15	14	93%
干鲜果同业公会	90	33	37%	15	9	60%
细毛皮货业同业公会	123	59	48%	15	8	53%
染业同业公会	23	9	39%	11	4	36%
绸缎洋货业同业公会	37	13	35%	15	9	60%
井业同业公会	246	226	92%	15	14	93%
羊肉业同业公会	199	88	44%	15	9	60%
估衣业同业公会	113	72	64%	15	15	100%
陆陈业同业公会	73	52	71%	13	12	92%
猪类汤锅业同业公会	200	197	99%	15	13	86%
砖瓦灰业同业公会	141	92	65%	15	9	60%

资料来源：本表格根据北京市商会编《北京市商会会员表》（1938）统计而成。

同业公会职员数通常为15人，也有13人、11人的，设有主席、常务委员和执行委员。一般来说，同业公会职员的设置具有一定地域的代表性，各省籍职员在设置比例上通常与各省会员数相一致，故在某种程度上同业公会职员数量的多寡往往反映了其在行业中的经济实力或影响力。表3－10显示，鲁商在饭庄、米面、米庄、芝麻油、白油业等行业中占优势地位，不少同业公会的主席之

职由鲁商担任，如1938年染业同业公会主席为迟润生，山东福山人；绸缎洋货业同业公会主席李尧庭，山东招远人（见表3-8、3-9）。这表明旅京鲁商在北京商界的地位举足轻重。

旅京鲁商在北京商界的雄厚地位亦可通过北京商会领导层的籍贯分布略以窥见。① 光绪二十九年（1903），刚刚从“庚子国变”噩梦走出来的清政府开始实行新政，以挽救统治危机。光绪三十三年（1904），清政府设立商部，并颁布《商会简明章程》。一些民族工商业较为集中的沿海沿江城市如上海、天津和汉口率先成立商会。光绪三十二年（1906），清政府批准成立京师商务总会，会址设在正阳门外西柳树井大街陈氏古藤花馆（今宣武区纪晓岚故居），会首称“总理”、“协理”，此为北京商会的发端。光绪三十四年（1908），即京师商务总会成立两年之后，在北京的各行业商号纷纷加入商会。为适应商会影响力不断扩大的需要，北京各行业商会筹集白银1.4万两，在西珠市口路南购地建商会新址。之后北京商会几次更名，如京师总商会、北平特别市总商会、北平市商会、北平市商会等（为行文方便本书统称之为北京商会），“名虽屡更而实不异，在全国商会历史中可谓最久大者也”②。期间，北京商会的领导机构改选过15次，商会会长（总理、理事长）人员更迭达十余次。从1923年起，山东籍商人开始担任商会会长，至1945年，由山东商人任会长之职长达二十余年。从1916年到1928年北洋政府覆灭为止，北京总商会的会长和副会长名单如表3-11：

---

① 刘娟对清末和民国时期的北京商会的形成、规模以及曲折发展历史进行了概述（参见刘娟：《近代北京的商会》，《北京社会科学》1997年第3期），但对于旅京鲁商在北京商会的地位尚有待进一步的学术关注。

② 《北平市商会会员录序》（1934年），北京市档案馆藏档案档号：J071-001-00729。

表3－11　1916～1928年北京商会的会长与副会长

时间	会长	副会长
1916年	李青田 陈陛（北京籍，从事古玩业，经营德昌号）	周作民（江苏籍，金城银行）、金世藻（直隶籍，经营祥义绸缎庄）
1917年	陈遇春（北京籍，经营德昌饭店）	赵砚农（辽宁籍，经营汇源银号）
1918年	安厚斋（河北籍，经营宝华金店）	金世藻
1920年	王文典（浙江籍，经营南洋兄弟烟草公司）	陈佩蘅（北京籍，经营祥益绸布店）
1923年	孙学仕（山东籍，经营正明斋糕点铺、正阳楼、天和玉饭庄）	高金钊（浙江籍，经营太和酒店）
1924年	孙学仕	高金钊
1925年	孙学仕	冷家骥（山东籍，从事煤窑业、米业）
1926年	高金钊	张崇午（绥远籍）
1927年	王文典	陈恩权
1928年	孙学仕	冷家骥

资料来源：参见鳌凯《京师总商会研究（1906－1928）》，首都师范大学硕士论文，2011年；

阎少青《北京旧商会历史及时事纪闻》（中国民主建国会北京市委员会编《北京工商史话》第一辑，中国商业出版社1987年版）。

表3－11显示，1923年，鲁商孙学仕开始担任北京商会会长，在北京市商界初露头角。孙学仕（1883～1947），山东掖县人。16岁时来到北京前门外“正明斋”糕点铺（原名饽饽铺。旧时北京饽

京师商事公断处处长孙君学仕

饽又称糕点）跟随其兄孙学仁学习经商。几年后，其兄病故，孙学仕继承了正明斋糕点铺的经营管理。由于他勤奋好学，大胆创新，制作了数百种的应时糕点，深受北京市民的欢迎。当时正明斋出产的著名糕点品种有玫瑰饼和迎春糕（即萨其马等）。“瑞芳、正明、聚庆诸斋，此三处，北平有名者”①。很多军政大员都喜欢吃正明斋饽饽，袁世凯、曹锟、吴佩孚、张作霖等大官僚、大军阀都与正明斋有往来。袁世凯还有过欠账。②

孙学仕于1913年发起成立京师饭庄商会③，1919年成为北京商会的会董。1919年巴黎和会上，中国代表团拒绝日本继承德国在山东的主权的无理要求，京城各界召开会议声援中国代表团，孙学仕参加了会议，并当选为山东外交后援会调查主任，呼吁收回山东主权。④ 至1923年，孙学仕在京城工商界中已是威望很高的人

① ［清］崇彝：《道咸以来朝野杂记》，北京古籍出版社1982年版，第30页。

② 北京市政协文史资料委员会选编：《北京文史资料精选（崇文卷）》，北京出版社2006年版，第211页。

③ 《京师饭庄商会成立始末》，见李华编《明清以来北京工商会馆碑刻选编》，第176~177页。

④ 《京师总商会5月14日特别大会纪事（续）》，《北京商业日报》1919年5月22日，5月23日。

士，被选为京师总商会会长。上任伊始，他就与副会长高保钊向财政部呈“请各商照市价售授铜元票”，以救济当时“倾陷在即”的市面①。在其任职期间，孙学仕维护商界利益，受到北京工商界的广泛拥护。

1916 年至 1928 年这 13 年中，鲁商在北京市商会领导机构中担任会长仅有 4 年，时间尚不为久；从 1929 年至 1945 年这 17 年中，北京商会会长之职则一直由鲁商冷家骥和邹泉荪担任。见表 3 - 12：

表 3 - 12　1929 ~ 1945 年北京商会的会长与常务委员

时间	会长	常务委员
1929 ~ 1931 年	冷家骥	杨临斋（天津籍，经营临记洋行）
		白品三（北京籍，泰昌绸店）
		李汉森（山东籍，经营致美楼饭庄）
		赵序臣（山东籍，经营西福盛、东福盛等十余家粮店，米面业同业公会会长）
1932 ~ 1934 年	冷家骥	杨绍业（山东籍，经营义丰皮货店）
		高伦堂（山东籍，经营天有信布店）
		封心传（河北籍，经营永增军衣庄）
		滕彤云（山东籍，经营裕长厚估衣庄、裕长厚银号）
1935 ~ 1937 年	邹泉荪（山东籍，经营公益兴米庄）	赵袭武（山东籍，经营天盛果行）
		滕彤云
		崔耀庭（北京籍，德兴斋古玩铺）
		赵燕臣（北京籍，大北照相馆）

① 中国人民银行总行参事室编：《中华民国货币史资料》第 1 辑，上海人民出版社 1986 年版，第 611 页。

（续表）

时间	会长	常务委员
1938～1945 年	邹泉荪	杨绍业（山东籍，此时期任干鲜果业同业公会会长）
		高伦堂
		杜元（北京籍，典当业）
		封心传
		杨郎川（北京籍，中国银行经理）

资料来源：据阎少青《北京旧商会历史及时事纪闻》（中国民主建国会北京市委员会编《北京工商史话》第一辑，中国商业出版社 1987 年 5 月版）整理。

冷家骥（1889～1958），字展麒（其），山东招远人，南洋法政学堂毕业。宣统二年（1910），任四川管理稻城委员花翎候选同知，次年任稻城县知县。民国年间，历任京师私立山东中学校长，北平市商会副会长、会长，北平市参议会副议长，冀察政务委员会委员，北平市地方维持委员会委员，华北政务委员会委员，中国农工银行北平分行经理，北平市电车公司董事长等职。

冷家骥除从事煤窑业、米业外，还与大绸缎庄“恒丽”的经理潘佩华共同出资开办“西来顺”清真饭庄，为“西来顺”创始人之一。西来顺重金聘请京畿名厨、原清宫御膳房御厨褚祥为首席掌灶厨师，其所烹调的羊肉菜肴与“东来顺”不相上下。旧京竹枝词中有“东来顺与西来顺，羊肉专家谁与竞？”的句子，反映当时西来顺之盛况。① 1925 年，冷家骥任北京商会副会长，1928 年至 1935 年间，担任北京商会会长，他带领北平市商会在“大军米粮之供求、商民

① 侯式亨主编：《北京老字号》，中国对外经济贸易出版社 1998 年版，第 11 页。

协会之平息、祟关重税之裁撤、产销新税之停征、违反印花条例之审理、煤肋附捐之中止”等事件中为维护商会利益及商业秩序，一方面加强商人内部协调和管理，一方面与政府展开积极协商，促进了北平商业发展。同时商会还通过各种形式，应政府筹赈组织和民间慈善团体要求，在商界筹款赈灾赈饥。① 在他的领导之下，北京商会扩大了社会影响力。

沦陷时期，北京总商会被日伪势力所控制，邹泉荪出任会长。邹泉荪（1902～1975），别名家积，山东福山人。经营公义局大米庄、福和兴米庄、福生局米庄。1931 年 6 月起任北京市商会常务委员、商事公断处处长、北平银行公会会长。1935 年，出任伪北京总商会会长，直至 1945 年。邹泉荪长期担任已经伪化了的北京商会会长，可以看作是日本侵略势力利用个别丧失民族气节的山东商人实现对北京商会的操控。尽管如此，1937 年 7 月 7 日卢沟桥事变后，北平商会在邹泉荪领导下，担当起了稳定商号、维持市面、合作当局的社会职责，进行平抑粮价、煤价，展开粮食救济与金融维持的工作，并成立了北平市商会临时救济会，积极开展社会救济活动。②

从表 3－11、3－12 可见，从 1916 年至 1945 年中，除个别年份外，会长长期由山东籍人士担任，时间达二十余年之久。不仅如此，北京商会的副会长以及常务委员也由多名鲁商担任。冷家骥任商会会长期间，常务委员前后共 8 人次，有 5 人次为山东籍；邹泉荪任会长期间，常务委员前后有 9 名，其中 4 人为山东籍。

---

① 张静：《卢沟桥事变后北平市商会的社会活动》，《抗日战争研究》2009 年第 2 期。

② 张静：《卢沟桥事变后北平市商会的社会活动》，《抗日战争研究》2009 年第 2 期。

山东籍商人在北京商会的数量和地位反映了其在北京商界的影响力。这种影响力的形成是山东籍商人广泛分布于北京各工商业的结果。从北京商会中旅京鲁商会员数量亦可窥知其在北京商界的地位。据1915年出版的《京师商会字号一览表》记载,当时入会商号约有900家,其中饭庄和绸缎业会员较多,饭庄为64家,绸缎为83家。① "绸缎洋货一行,为北京首屈一指之大营业,不但市面上仰仗该行敷衍,即商会内该行亦占一大部分。是以孟觐侯、高理亭等,皆为总商会之特别董事,即陈恩权、姚秀岩等,亦均任过会长,北京商业无论如何萧条,该行亦未见有关门停业者。"②北京全部绸布业商号共三百余家,山东昌邑在京经营的全部绸布商号一百余家,约占三分之一;店员约有两千人,背包行商约有五千户,连随从人员在内,总数不下万人。③

1938年,北京市商会会员数共7066名,按会员所属省籍来划分,河北籍会员最多,位列第一;山东籍会员居第二,会员数为1918名,主要分布于衣(285名)、食(1208名)、住(398名),其他行业的会员数为27名;山西籍会员数第三。兹见于表3-13:

表3-13 1938年北京商会会员籍贯

会员籍贯	衣	食	住	其他	总数
河北	907	1304	1517	587	4315
山东	285	1208	398	27	1918

① 京师商务总会编:《京师商会众号一览表》,石印本,1915年。

② 孙健主编:《北京经济史资料》(近代北京商业部分),第137页。

③ 背包行商,即游动商贩。他们不需多少资金,走街串巷,单独行动,经营灵活。虽无法与商号成交额做比较,但其人数众多,销售量也是相当可观。

（续表）

会员籍贯	衣	食	住	其他	总数
山西	49	404	181	14	648
浙江	7	19	8	14	48
江苏	4	12	5	10	31
安徽	0	25	2	4	31
察哈尔	1	9	21	0	31
广东	2	5	6	2	15
福建	1	4	0	2	7
河南	0	4	0	2	6
湖南	0	0	4	1	5
江西	2	0	2	0	4
四川	0	2	0	1	3
奉天	0	0	1	0	1
热河	0	1	0	0	1
绥远	0	1	0	0	1
甘肃	0	0	0	1	1
合计	1256	2998	2146	664	7066

注：表格源于（日）泽崎坚造《北京市商会の同乡性》，《经济论丛》，京都法学会 1941 年，第 52 卷，第 5 号。

从行业分布看，有明显的地域性，即某一行业的经营人员以某省来京人员居多。总体上看，类似估衣①、米面、白油、猪类汤锅、饭

① 估衣业是当时北京比较盛行的行业。许多当铺将到期未能赎回的服装卖给商人，再到市场上按折旧程度出售给顾客，是为估衣。估衣行业获利较丰厚："估衣铺内心机巧，旧面翻新利倍收。"见杨米人等：《清代北京竹枝词（十三种）》，北京古籍出版社 1982 年版，第 64 页。

庄和井业以山东籍商人为主，而帐业和颜料业山西省较多。具体到县，籍贯比较远的暂且不说，亦能看出极强的同乡性。例如与“衣”相关的染业、估衣业、细皮毛业、布业集中于山东省东北部的福山、掖县、昌邑等。绸缎洋货业则在济南东北部的章丘。米庄业、饭庄业、陆陈业、米面业、白油业、芝麻油业等在山东省东北部的福山、黄县、掖县、广饶等。如表3-14、3-15。

表3-14　1938年北京商人经营业务与籍贯分布

经营业务	具体业务	省属	县属
衣	估衣	山东	掖县
食	米庄	山东	福山
	米面	山东	黄县
	白油	山东	掖县
	芝麻油	山东	广饶
	干鲜果	河北	北京
	干果杂货	山西	文水
	羊肉	河北	北京
	鱼类	河北	大兴
	纸烟	河北	北京
	糕点	河北	大兴
住	木	河北	深县
	五金	河北	枣强
	煤铺	河北	宛平
	煤栈	河北	宛平
	砖瓦灰	山东	掖县

（续表）

经营业务	具体业务	省属	县属
住	珠宝	河北	北京
	颜料	山西	平遥
	浴池	河北	定兴
其他	骡马	河北	宛平
	当铺	河北	北京
	照相	河北	宛平

注:表格源自于(日)泽崎坚造:《北京市商会の同乡性》,《经济论丛》,京都法学会 1941 年第 52 卷第 5 号。

表 3－15　1938 年北京市细毛皮货业同业公会职员表

序号	商会职务	姓名	年龄	籍贯	代表商号
1	主席	王乾生	42	山东掖县	乾义成
2	常务委员	王经阁	47	山东招远	天和成
3	常务委员	张增荣	34	河北枣强	弘兴号
4	常务委员	张海亭	53	河北枣强	天聚恒
5	常务委员	刘子年	36	山西平定	广合公
6	执行委员	陈芹堂	60	山东掖县	永庆和
7	执行委员	刘希山	64	山东掖县	元兴泰
8	执行委员	滕树魁	50	山东掖县	德生祥
9	执行委员	李济川	65	山东招远	广盛茂
10	执行委员	李作五	43	山东招远	德集成
11	执行委员	满伟卿	45	河北深县	瑞恒号
12	执行委员	魏翔浦	68	河北束鹿	天裕号

（续表）

序号	商会职务	姓名	年龄	籍贯	代表商号
13	执行委员	原星三	53	山东掖县	天发成
14	执行委员	刘宁甫	43	河北武邑	忠信成
15	执行委员	崔刚甫	49	河北冀县	乾泰正

资料来源：北京市商会编《北京市商会会员表》，1938年。

从表3-13、3-14来看，无论从在京经商人数还是行业分布范围来看，河北省在各省中遥遥领先，但为何在近代北京商界中没有形成旅京鲁商那样大的影响力？一方面，山东商人对北京商会的优势地位，是其作为群体在北京市场影响力的反映。另一方面，对北京商会领导层的长期把持又反映了旅京鲁商在获得一定经济地位后，又将其转化为社会地位的事实。对北京商会领导权的长期把持，使得旅京鲁商得以拥有较多的社会事务和政治事务的发言权，不少旅京鲁商还进入政界，如孙学仕、冷家骥、邹泉荪等，这又进一步扩大了其影响力。而从表3-11、3-12来看，河北籍商人在近代北京商会领导层的分布远不及山东商人，北京商会会员数倍于山东的山西籍商人则无一人，说明河北籍和山西籍商人没有如山东籍商人那样，将经济地位进一步转化为社会地位，从而扩大自己的影响。那么，旅京鲁商何以会在获取一定经济地位后又将其转为社会地位呢？这与山东人秉承的“学而优则仕”的价值取向有关。这一点将在下一节中详论。

北京商会自成立以来，其领导层被旅京鲁商控制达二十余年之久，这是旅京鲁商作为群体在北京市场占有优势地位的反映，而北京商会的人事构成又可以看做是鲁商优势的全面外化——即表征于对北京商会的控制。而在近代北京商会中的优势地位，一定程度上也巩固了山东商人在北京市场的优势地位。无疑,对北京商会领导权的长期把持使得旅京鲁商得以拥有较多的社会事务和政治事务的发言权,又进一步扩大了其影响力。可以说,一部北京的近代商会史就是旅京鲁商的发展史。

第四节　双峰并峙:与旅京晋商之比较

近代北京是一座消费城市,"天下商人汇聚京华"①。众多外省籍商人中,鲁商与晋商尤为突出,在近代北京商界形成了双峰并峙的格局。对此,史料多有记载:"旧都的工商两界,数百年来,几乎全是山东和山西人的势力,劳工以山东为多,买卖则山西较盛。山西的大字号汇兑庄(按:票号),偏在前门以东打磨厂,山东的大字号绸缎店,偏在前门以西大栅栏,亦趣事也。"②"北京工商业实力,昔为山左右人操之,盖汇兑银号、皮货、干果诸铺皆山西人,而绸缎、粮食、饭庄皆山东人。其人数尤众者为老米碓房、水井、掏厕之流,均为鲁籍。盖北京土族多所凭藉,又懒,多不肯执贱业,鲁人勤苦耐劳,取而代之,久遂益树势力矣。"③本节在已有研究基础上,④拟就鲁商与晋商在近代北京的商业活动进行考察,以比较二

---

① 齐大之:《论近代北京商业的特点》,《北京社会科学》2006 年第 3 期。

② 李家瑞编:《北平风俗类征》(上),上海文艺出版社 1937 年影印本,第 185 页。

③ [民国]夏仁虎撰:《旧京琐记》卷九《市肆》,见车吉心总主编《中华野史》清朝卷五,泰山出版社 2000 年版,第 5098 页。

④ 学术界针对鲁商与晋商在北京商业活动方面的研究,有郭松义著《清代北京的山西商人——根据 136 宗个人样本所作的分析》(《中国经济史研究》2008 年第 1 期)和《清代北京的山东移民》(《中国史研究》2010 年第 2 期)两文,但局限于清代。

者在近代北京经济发展中的地位和作用及各自在京发展的轨迹。

一、经营范围

旅京鲁商与晋商的崛起背景和发展条件有诸多相似之处。两省都是地狭人稠之地,农业生产供给不足,从明代起即有大量人口外出谋生。而北京自元代以来,长期作为国都,工商业发达。两省离京较近,交通方便,故民众近水楼台,捷足先登,较早地入京从商。据山西平遥会馆碑载,其先辈自明中叶已"立业都门"了。① 而山东人从明清时期起,亦开始在北京开饭馆。② 两省商人皆基于浓厚的地域观念、宗族观念形成商帮群体,并受近代北京市民传统的消费习惯影响,以经营传统行业为主,③但是二者又有各自的行业优势和经营特色。

(一) 相同处

晋商与鲁商都控制着近代北京的经济命脉,经营范围广泛,既有共同主导的行业,又互有优势。晋商活跃于近代北京的金融界,并与商业资本结合,"不仅垄断着票号、钱庄、当铺、颜料、染坊、粮食、干果、杂货等一些重要行业,而且无孔不入地渗透到北京国民经济的各个部门"④。鲁商则侧重于经营与北京市民日常生活密切相关的行业,"经营饭庄、饭馆、洋货铺、绸缎铺、碓房、猪肉店、布铺、粮食店、帐局子等者,多系山东人。此外,打水、投递报纸官报

---

① 李华编:《明清以来北京工商会馆碑刻选编》,第1页。

② 烟台市福山区政协文史资料研究委员会编:《烹饪之乡采录》,1985年版,第6页。

③ 李淑兰:《近代北京商人阶层构成的特点》,《历史教学》1994年第5期。

④ 李华编:《明清以来北京工商会馆碑刻选编》,第18页。

大概为山东人”①。

1. 金融业

近代北京工商业蓬勃发展，对资金的需求较大。鲁商与晋商都从事近代北京的金融活动，然而在经营帐局、钱庄、当铺、票号等行业方面，晋商尤为突出。早在乾隆年间，山西“汾、平两郡……富人携资入都，开设帐局”②，经营放贷款和收息的金融业务，在北京的金融市场中占据重要地位。京城“银钱所以不穷，尤藉帐局为接济”③，主要为当时的京城官员或候选官员提供高额利息的贷款，同时也为普通工商业者提供贷款。近代以来仍然如此。据统计，咸丰三年（1853），京城共有 268 家帐局，晋商开设 210 家，占 74.6%。山东与江浙、安徽、陕西商人共开设 11 家。山西人开设的帐局子规模很大，从业人员达万人。④ 同年，受太平军乱之影响，晋商闭歇京师的帐局携资回籍，从而引发京城市面恐慌。据当时一份奏折上说：“都中设立帐局者，山西商人最夥。子母相权，旋收旋放，各行铺户皆藉此为贸易之资……是停放之西商益巧于收藏，则仰给之铺户愈窘于生理，凡穷寒下户典当艰而困乏兴嗟，店铺别行流通难而牵连失业，人情骚动，无以谋生”⑤。至民国年间，山西人开设的帐庄业仍然活跃。据统计，1938 年，加入商会的帐局业同业公会

① （日）服部宇之吉等编，张宗平、吕永和译：《清末北京志资料》，第 343 页。

② 李燧：《晋游日记》卷三，山西人民出版社 1989 年版，第 69 页。

③ 《祁寯藻等咸丰三年七月初九日奏折》，转引自张正明等编《明清晋商资料选编》，山西人民出版社 1989 年版。

④ 王茂荫：《王侍郎奏议》卷三《请筹通商以安民业折》咸丰三年（1853）三月二十五日，黄山书社 1991 年版。

⑤ 清民政部档案《翰林院侍读学士宝钧奏折》，转引自山西地方志编纂委员会办公室编《山西金融志》（上），中华书局 1991 年版，第 23 ~ 24 页。

会员13人，职员共7人，全部为山西籍，集中于太古、平遥、介休、交城、文水诸县。①

钱庄初以兑换银钱为主，后扩展为办理存、放款业务，以当地一般商人为服务对象。据道光二十年(1840)三月二十三日祥璋的奏折中称："京城内外，钱铺不下千余家，且山东、山西商人居多。"②咸丰年间，因太平军乱，祥泰的奏折中称，"京师银两，复被山东、山西铺商携回原省"。此时"山西商人祥字号钱铺，京师现开四十余座，俱用票存，彼此通融。至于山东铺商，由印局总借钱文，转借与旗民人等，其利甚重，所赚利息陆续携回"。由于"粤匪四窜，人心惊恐，所有在京富商，俱提本还乡，大半关闭"③，致使京师旗民生活受到严重影响。

晋商还开设印局，专营民间小额借贷。咸丰三年(1853)，内阁大学士祈嶲藻在奏折中说："窃闻京城内外，现有山西等省民人开设铺面，名曰印局。所有大小铺户及军民等，俱向其借用钱文……京师地方，五方杂处，商贾云集，各铺户籍余利，买卖可以流通，军民偶有匮乏，日用以资接济，是全赖印局的周转，实为不可少之事。"一旦印局歇业，则"旗民无处通融，生计攸关，竭蹶者居多"④。可见，印局对当时京城的融资发挥了较大作用。

典当分为当铺和质店两种。当铺是从事消费抵押信用的金融机构。民国以前，晋商多以经营当铺为主，民国以后始设置质店。

---

① 《帐庄业同业公会会员表》、《帐庄业同业公会职员表》，见北京市商会编《北京市商会会员表》，1938年。

② 参见刘建生等：《晋商研究》，山西人民出版社2005年版，第125页。

③ 《鸿胪寺卿祥泰为库款支绌兵民困谨拟变通章程奏折》，见黄鉴晖编《山西票号史料》(增订本)，山西经济出版社2002年版，第46页。

④ 《祈嶲藻咸丰三年七月初九日奏折》，转引自刘建生等《晋商研究》，山西人民出版社2005年版，第122页。

咸丰三年(1853),北京共开设159座当铺,其中晋商经营的就达109座,占68.55%;鲁商开设5座,占3.14%。晋商中以介休人最多,其次为灵石、平遥、孝义、太谷、文水、汾阳、阳曲、榆次等地人。介休人"出外贸易者,在京则营当商、帐庄、碱店,在津则营典质转帐"①。

清末至民初是山西票号发展的繁荣时期。道光初年,山西平遥的"西裕成"颜料庄北京分庄改为"日升昌"票号,经营银钱异地汇兑业务,北京第一家票号诞生。稍后,平遥、祁县、太谷三县商人相继效法,或划出原来由商号兼营的汇兑业务,或重新集资设立票号,形成平遥、祁县、太古三帮,与全国各地商埠形成商业汇兑网络,"票号,以汇款及放债为业者,其始多山西人为之,分号遍各省。当未设银行时,全恃此以为汇兑"②。

总之,在近代北京的金融业中,晋商以其历史悠久、铺号众多、资本雄厚而占据绝对优势地位。晋商的金融活动遍及官方和民间,与北京市民经济生活密切相关。而旅京鲁商经营的钱庄、帐局等业务,则主要限于本省籍商人之间,如与孟氏绸缎行"八大祥"等有存放款往来,并不对外开放。

2. 粮食业及其相关行业

鲁商与晋商也共同经营粮食业,并带动了各自相关行业的发展。粮食业既关系到平民百姓的生存,又关系到社会的稳定,在国计民生中的地位不可忽视。"北京民食,向恃南漕,昔有碓房,皆山

---

① [民国]张庚麟修,董重纂:《介休县志》卷七《商业纪略》,1930年铅印本。

② [清末民初]徐珂编撰:《清稗类钞》第5册《农商类·山西票号》,中华书局1984年版。

东人,专司碓米,代汉官旗员领碓俸米,兼营放款,其势力最伟"①。明清时期,鲁商就通过经营老米碓房控制了北京的粮食市场。② 近代以来,随着漕运的衰落,北京的粮食市场逐渐形成,并成为北京的重要行业之一。③

在北京粮食市场中,鲁商与晋商分工不同,鲁商主要从事粮食的采购、加工,以批发为主兼零售,控制米面行、陆陈行、米庄行,并形成各行同业公会。因绝大多数的北京市民食用杂粮,故陆陈行在粮食业中尤为重要。据20世纪20年代北京同业公会的统计,米庄行会员70家,陆陈行会员100家,米面行会员284家,④主要由鲁商把持。鲁商经营粮业,带动了餐饮业、油业、肉业的发展。

晋商则主要负责粮食的运输和仓储。晋商经营粮业,带动了以粮食为原料的油、酒、醋、酱等业的发展。如山西临汾、襄陵人经营豆油、麻胡油、花生油等,控制了北京的油市,并将油市设在临襄会馆。⑤ 不少晋商在经营粮店时捎带卖烟、酒、醋、酱、盐;也有专营烟、酒、醋、酱、盐的油盐铺,附带卖相关的酱小菜和新鲜蔬菜,搞多品种经营。1938年,油酒醋酱业同业公会职员15人,山西籍共11人,临汾人张锦臣为同业公会主席;酒业同业公会职员共9人,山西籍为6人。⑥

---

① 吴廷燮等纂:《北京市志稿·度支志·货殖志》(第3册),北京燕山出版社1998年版,第474页。

② 李华编:《明清以来北京工商会馆碑刻选编》,第203页。

③ 袁熹:《近代北京的粮食供应》,《中国经济史研究》2005年第4期。

④ 《北京之粮业》,《中外经济周刊》,1926年,第172号。

⑤ 李华编:《明清以来北京工商会馆碑刻选编》,第26页。

⑥ 《北京市油酒醋酱业同业公会职员表》、《北京市酒业同业公会职员表》,见北京市商会编《北京市商会会员表》,1938年。

在晋商与鲁商共同经营的粮食业中，鲁商在北京粮食市场中占有绝对优势地位。据统计，近代北京80%的粮食市场掌握在山东人手中，以至于山东人邹泉荪、王振廷成为京城赫赫有名的“粮老虎”。邹泉荪是粮业公会会长，任北京商会会长长达十年之久，经营公义局大米庄、福和兴米庄、福生局米庄。王振廷既是米面业公会理事长，又是广安门内外的永盛德、永盛福、永盛厚三家粮店和长顺面粉厂的总经理，不仅自家有粮栈、粮库、粮店，还有面粉加工厂，盛极一时①。

3. 水果业

鲁商与晋商也共同参与水果业，经销其家乡特产。鲁商侧重于经营新鲜水果，而晋商则专营干果和蜜饯类食品，不卖鲜水果，其所垄断的干果子铺经营范围极为广泛，因“山西大枣最适于制成‘金丝蜜枣’，由此发展，干果和蜜饯类日益多元化，干果子铺就以旗人为主顾而在北京立住了脚”②。日伪时期，晋商还将干果蜜饯类食品由北京运至天津销售③。据1938年的统计，干果杂货业同业公会职员共15人，全部为晋籍④。

（二）各有专攻

除共同经营的行业外，晋商与鲁商还有各自的优势行业。在

① 张双林：《老北京的商市》，北京燕山出版社2007年版，第40~41页。

② 爱新觉罗·瀛生、于润琦：《京城旧俗》，北京燕山出版社1998年版，第145~146页。

③ 《北平市商会关于干果杂货业公会请发赴津获照给市地方维持会的呈及布庄、古玩业等公会请发给向印度运销土绸、杭绸英文证明书和赴山西购货通行证的函》，北京市档案馆藏档号：J071-001-00279。

④ 《北京市干果杂货业同业公会职员表》，见北京市商会编《北京市商会会员表》，1938年。

近代的北京商业活动中，山东与山西商人经营各有专攻。如山西平遥人主营颜料、桐油，临汾、襄陵人主营胡麻油、豆油，临汾人经营酱醋，翼城人经营布店，盂县人专营氆氇。山东人经营的餐馆赫赫有名，卖粮食的以山东黄县人居多，开肉铺、经营水果的几乎全是掖县人，昌邑人经营洋布店，章丘县人经营绸缎。这些行业紧密关联，业主在经济往来中互相关照、提携，形成势力。各店铺的伙计、学徒亦多为同乡。

颜料业是晋商最早入京经营的一大行业，从业者多为平遥人，“颜料行桐油一项，售卖者惟吾乡人甚夥”①，在同行中一直处于独断地位，早期票号即由其转化而来。民国时期，颜料业依旧为晋商垄断。据北京市商会 1938 年的统计，颜料业同业公会会员 73 人，职员 15 人全部为山西人，其中平遥13 人，灵石 1 人，太古 1 人。②

水井业、粪业等服务性行业则为山东人所经营。北京市民的日常用水大都是井水。在清代，许多胡同都凿有水井。胡同里的井都是官井，由于地质等原因，这些官井的水大多较为苦涩，可直接饮用的清水（俗称甜水）较少。官井多由清军兵营中的火夫管理，但老百姓可以随便汲水或雇人挑水。“担水夫在明朝时多为山西人，清兵入京定鼎，随驾八旗满蒙汉二十四旗分驻内外城，随营伙夫皆山东流民，后担水夫役辄为其把持”③。后来也有很多火夫向官府承租了原来管理的水井，成为井主，再雇山东同乡为水夫，

---

① 《公建桐油行碑记》，见李华编《明清以来北京工商会馆碑刻资料选编》，第 2 页。

② 《北京市颜料业同业公会会员表》、《北京市颜料业同业公会职员表》，见北京市商会编《北京市商会会员表》，1938 年。

③ 徐国枢：《燕都续咏 · 担水夫沿革》，见雷梦水等编《中华竹枝词》（一），北京古籍出版社 1997 年版。

包揽一条胡同或一方胡同人家用水、送水,卖钱牟利。井主则在井旁搭建窝棚,作为水夫的住处,俗称"井窝子"。民国年间,虽然成立了自来水公司,但无法恩泽大多数市民,人力供水仍然是北京市民取水的主要方式。由于井业为山东人长期垄断,以致"常有山东人索要水钱,形状强横"①,成为"井霸"。

近代北京,粪便也是一种特殊的商品。早在清代康熙年间,由于"承平既久,户口浸滋,粪夫瞰利,始划疆守",一部分人将粪工组织起来,成立粪场,分片组织淘粪,"粪道之名,由是而起"②。从事粪业的多为鲁西、鲁南等经济比较落后地区的人。③ 清亡后,北京的淘粪业由二十多名粪场主掌控。由于这些粪场主对粪工待遇刻薄,且动辄打骂,故被时人称为"粪霸"。时传祥就是北京鲁籍淘粪工人中的一个。时传祥是山东省齐河县人,1915 年出生在一个贫苦农民家庭。14 岁时,时传祥逃荒流落到北京城郊宣武门一家私人粪场,受生活所迫当了淘粪工。在当时的北京,淘粪工人不仅受到社会的歧视,还要受行业内部一些恶势力的压榨和盘剥。时传祥在这些粪霸手下一干就是二十年,受尽了压迫与欺凌。直到北京解放后,才恢复了作为普通劳动者的人格尊严。④

---

① 参见松筠:《百二老人语录》,转引自郭松义《清代的山东移民》,《中国史研究》2010 年第 2 期。

② 吴廷燮等:《北京市志稿·民政志》第 2 册,北京燕山出版社 1998 年版,第 235 页。

③ 参见《卫生局函送粪夫名册以便抽调受训致警察局的公函》,档号:J005-001-01404;《粪业委员、会员名册调查表、章程》,北京市档案馆藏档号:087-057-00001 等。

④ 时纯利、张兴康:《时传祥传略》,见齐河县政协文史委员会编《齐河文史资料》(第三辑),1981 年版。

二、经营规模

由于基础不同,晋商经营的规模较大,资金雄厚,影响力大。[①] 明代开中制的实行,使得山西商人积累了雄厚的商业资本,至乾隆年间,“山西富户,百十万家资者,不一而足”[②],故能从事经营票号、钱庄等这种需资金雄厚的行业。近代北京的票号几乎被晋商垄断,至清末北京的山西票号有三十余家,其中以日升昌规模最大,历史最悠久。山西商人经营的金融机构为政府融资,成为清朝的财政支柱,[③]主要经营与政府有关的公款汇兑,也经营官僚贵族的私款。此外,还通过替人代捐官衔爵位和垫款等来谋取利益,“京师大贾多晋人”[④]。山西商人在京势力之大,连惠亲王绵愉都说:“伏思天下之广,不乏富庶之人;而富庶之省,莫过广东、山西为最。风闻近数月以来,在京贸易之山西商民报官歇业回籍者,已携资数千万出京,则山西省之富庶可见矣。”[⑤]由于商业资本与金融资本的结合,山西商人成为当时国内尤其是北京商业、金融界一支举足轻重的力量,盈利空前。[⑥]

相比之下,众多的旅京鲁商经营规模相对较小。当然,旅京鲁

---

① 郭松义的《清代北京的山西商人——根据136宗个人样本所作的分析》(《中国经济史研究》,2008年第1期)主要研究了清代北京的中小晋商。

② 《清高宗实录》卷一二五七,乾隆五十一年(1786)六月庚寅。

③ 孔祥毅:《山西商人与中国金融革命》,见张正明等主编《中国晋商研究》,人民出版社2006年版。

④ 戴莲芬撰:《鄙砭轩质言》卷一《亢掌柜》,光绪五年(1879)铅印本。

⑤ 《和硕惠亲王等奏折》,咸丰三年(1853)四月十一日,见张正明、薛慧林主编《明清晋商资料选编》,山西人民出版社1989年版。

⑥ 刘建生等:《山西近代经济史(1853-1949)》,山西经济出版社1995年版,第275~280页。

商也有个别行业经营资本雄厚，如木业：

表3－16　1946年北平市木业同业公会鲁籍会员名册

商号	姓名	营业种类	店员人数	资本额	入会日期
福寿桅厂	孙廉泉	桅厂	15	200万元	1931.5
万益祥	崔雨轩	木业	59	1000万元	1933.4
新昌	吕志居	木业		2000万元	1940.10
长春	张润田	木材	14	500万元	1942.4

资料来源：《北平市木业同业公会会员名册》，北京市档案馆藏档号：087－026－00005。

但是旅京鲁商从事的绝大多数行业经营资本和规模都比较小。如前文所述，由于餐饮业、汤锅业、猪肉业、估衣业、水井业、粪业、羊肉业、白油业等经营项目投资较少，鲁商比较容易进入这些经营项目。虽然资本不如晋商雄厚，但是鲁商凭借不怕吃苦、敢于打拼的创业精神，在北京站住了脚。清末，有日本人根据其在北京的调查，亦得出山东人“有商略，富于忍耐心，故与山西商人并驾齐驱，在北京商业发挥威势”之结论。① 随着鲁商经营行业的汇聚、资本的集聚，不少鲁商在京城工商界中的威望逐渐提高。鲁商参与政治的意识又使其通过进入北京商会领导层而进入政界，再将经济地位转化为社会地位和政治地位，这又有利于巩固旅京鲁商在北京市场的优势地位。

---

① （日）服部宇之吉等编，张宗平、吕永和译：《清末北京志资料》，北京燕山出版社1994年版，第343页。

三、兴盛时期

晋商与鲁商在京势力时空交错——晚清时期晋商实力强盛,民国时期鲁商势头上升。

晚清是山西票号的鼎盛时期,晋商商业资本与金融资本相融合:雄厚的商业资本积累为其金融组织提供资金基础,而发达的金融组织又为其商业经营提供稳定的资金保障,晋商由此占据北京商界的优势地位。进入民国之后,随着新式银行业的兴起,晋商经营的钱庄、帐局、票号等传统金融机构在金融业中的地位下降。“山西人商机敏锐,有商略,团结心强,但不免有吝啬保守之弊”①,如晋商的传统金融组织没有及时转型,原有的运作方式已不能完全适应当时社会经济发展的需要,最终退出历史舞台。② 山西票号是晋商的代表,它的消亡标志着晋商的衰落。

而鲁商却能与时俱进。例如,鲁商经营的餐饮业没有墨守成规,故步自封。晚清以来,随着沿海口岸的开放,越来越多的外国人进入北京,他们的饮食习惯和方式得到追慕西风的北京人仿效。

---

① (日)服部宇之吉等编,张宗平、吕永和译:《清末北京志资料》,北京燕山出版社1994年版,第343页。

② 有关晋商兴衰的原因、票号兴亡的过程、晋商的经营理念和价值观念等问题,学界已有相当丰富的研究成果。参见殷俊玲:《近二十年晋商研究述评》,《山西师大学报(社会科学版)》2003年第2期。如张正明:《晋商兴衰史》(山西古籍出版社1995年版);刘建生、刘鹏生:《晋商研究》(山西人民出版社2005年版)等。张爱民《山西票号兴衰过程中的组织与管理因素研究》(郑州大学硕士论文,2003年),从内部组织与管理两个方面探究山西票号失败的原因;蔡文娟《山西票号兴衰的制度变迁分析》(山东大学硕士论文,2008年),运用制度变迁理论分析山西票号兴衰的原因,认为票号衰落的根本原因在于没有及时调整其信任半径和信誉均衡方式,错失发展的机会,而不在于官商结合和清政府的垮台,并对票号实行的无限责任制给予了重新认识。

精明的鲁商很快从中捕捉到商机，像东兴楼饭庄借鉴西方的“分餐制”招待外国客人，赢得好评。掖县人张廷阁在北京适时创建了第一家由中国人开办的双合盛啤酒厂。鲁商主营的绸缎业亦不断拓展业务范围，兼营洋布呢绒以及钟表眼镜等洋货，使得“绸缎洋货一行，为北京首屈一指之大营业，不但市面上仰仗该行敷衍，即商会内该行亦占一大部分。是以孟觐侯、高理亭等，皆为总商会之特别董事……北京商业无论如何萧条，该行亦未见有关门停业者”①。

民国时期鲁商的发展势头，可以从其在北京商会的地位看得出来。中国近代的商会，在政府与商人之间扮演着中介角色，成为当地工商界的主要代言者。② 民国时期，鲁商中势力强大者如孙学仕、冷家骥、邹泉荪等先后担任北京商会长达二十余年，经营天有信布店的山东昌邑人高理亭亦是北京商会的一位重要领袖。山东巨野人傅华亭于20世纪40年代起担任北平市机制面粉业同业工会理事长、北平市粮食市场整理委员会主任委员和北平市唯一面粉公司总经理等职。1948年9月，傅华亭等5人组成北平市商会整理委员会，傅华亭被举为商会会长，主持会务。③

旅京晋商与鲁商之所以有迥然不同的走势，与二者的价值取向密切相关——鲁商是“学而优则仕”，晋商则是“学而优则商”。

① 孙健主编：《北京经济史资料》（近代北京商业部分），第137页。

② 《济南开埠后近代商会组织的建立及对城市经济发展的影响》，济南档案信息网，2004－08－11。

③ 傅华亭（1898～1954），山东巨野人，原名正舜。曾在冯玉祥部任军需处处长、兵站总监，后任河南省财政厅厅长、陕西省企业公司总经理、天津市财政局、北平市财政局局长、北平唯一面粉厂总经理等职。新中国成立后，历任华北行政委员会委员，北京市人民政府委员，民建北京市分会第三、四届副主任委员和第五届主任委员，北京市工商联第一、二届主任委员，全国工商联第一届副主任委员。

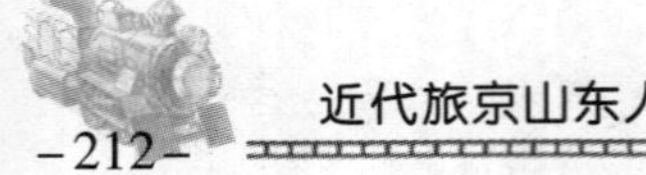

鲁商“贾而好儒、重仕轻商”的趣尚，主要表现为花费重资供养自家子弟读书，以及自身积极争取宦途方面。如乾隆年间就成为山东首富的黄城丁氏家族，一路将当铺、粮店等开到北京。在经商致富后，不忘功名进取。有清一代，丁氏家族有4人中进士、17人中举人，家族为官者达323人。① 其光裕堂第十五世孙丁佛言更是在近代中国政治舞台上声名显赫的人物。② 一些经济实力强大的旅京鲁商还当选为北京市参议会议员，跻身于政界，将经济地位转化为政治地位，如冷家骥20世纪20年代曾兼任北平市参议会副议长等职。据1949年3月的《参议会简历表题名录》所载，北平市参议会山东籍参议员共10名，其中5名为商会、行业公会的负责人(见表3－17)。

表3－17　北平市参议会鲁籍参议员简历表(1949.3.18)

参议员姓名	表字或别号	年龄	籍贯	学历	简历
丁履进	靖安	47	日照	国立法政大学毕业，天津南开大学肄业	石门警察厅秘书，热河鲁北县设治局局长，中央通讯社总社编辑，首都地方法院检察官，内政部视察，中央社西安分社主任，陕西省党部文连会委员，中央社北平分社主任，北平通讯社公会理事长

---

① 朱亚非等:《明清山东仕宦家族与家族文化》，山东人民出版社2009年版，第4页。

② 烟台市政协文史资料委员会编:《烟台文史资料——丁佛言》(第6辑)，1986年版，第70页。

（续表）

参议员姓名	表字或别号	年龄	籍贯	学历	简历
王鸿恩	锡三	62	无棣	武备学堂毕业	国民革命军第二集团军师长、军长
李东岳		37	德平	北平师范大学文学院毕业	兰州市政府秘书科长，甘肃省立师范学校校长，中国国民党北平市党部宣传组副组长，市立中学校校长
王振廷		42	黄县	山东大学毕业	山东蓬莱县政府科长、秘书、县长，山东平度县法院院长，历城县政府秘书，北平市粮食市场筹备委员会主任委员，北平市米麦粮业公会理事长，北平市十一区区民代表
陈耀汉	子杰	59	阳谷	山东东连中学肄业，山东军官中学毕业	国民第五军总司令部参谋处长，国民革命先遣军、参谋长，独立第三师、第二十六师、五十八师师长，山西省政府委员，国民政府军事参某院参议，国民大会代表
杨绍业①	继先	63	招远	私塾文生	估衣商会正董，干鲜果业公会主席，前京师总商会董事、全国商会联合会评议员、北平市商会常务委员、商事公断处评议员，北平市商会常务理事，细毛皮货业公会理事长

① 杨绍业和滕彤云等是估衣行商会的重要发起人。参《燕都大市估衣行商会建筑公所记》，见李华编《明清以来北京工商会馆碑刻选编》，第178页。

（续表）

参议员姓名	表字或别号	年龄	籍贯	学历	简历
赵袭武	锡五	64	招远	经学十一年	北平市商会执行委员、所得税审查委员、商事公断处评议员
刘仲霖		54	章丘	私塾十年	北平商会整理委员兼常务委员，绸缎业公会理事长，私立商育中学常务理事
滕彤云	子超	61	掖县	私塾九年	北平市商会董事、监察委员、执行委员、常务委员、商事公断处评议员，北平市估衣公会主席，钱业同业公会监事，第八区区民代表公主席
窦培恩	子洪	40	陵县	国立北平大学法商学院毕业，中央训练团党政第一期毕业	中央宣传部科长及专门委员赈济委员会委员，北平市临时参议会参议员，中国文化服务社总社副社长，北平新报社社长

资料来源：《参议会简历表题名录》，北京市档案馆藏档号：J146－001－00010。

与鲁商不同的是，晋商的价值取向是“学而优则贾”。与科举仕宦相较，晋商追求扩大财富的欲望更为强烈，缺乏政治上的进取心。晋商虽也希望利用政治上的权力来维护和扩大自己的经济利益，但对科举和仕途的依赖和重视程度远逊于鲁商。如祁县富户渠氏家族的大家长渠源桢，因不满其子渠本翘热衷于科举仕宦，竟不惜父子反目，将渠本翘逐出家门。[①] 晋商始终恪守自己的商人身份，不愿意改变自己，不愿卷入政治。近代中国社会变革剧烈，各种政治阶层都在重新整合、排序，面对时代的大潮，晋商仍固守老套，一味明哲保身，不积极投身变革，没有培养出代表自己利益的政治势力集团。[②]

鲁商与晋商的不同的价值取向，是由两地不同的文化传统造成的。作为儒学思想的发祥地，中国传统的重士轻商、学优则仕的思想在山东人身上体现得尤为突出，读书从政被认为是唯一正途。有学者统计，明清两代山东进士共计 4033 名，位列浙江、江苏、江西、河北之后，在全国排名第五位[③]。山东籍状元则有 9 名。[④]

与传统重农轻商、重儒轻商观念不同的是，明清以来"山右积习，重利之念，甚于重名。子弟俊秀者，多入贸易一途，其次宁为胥吏。至中材以下，方使之读书应试，以故士风卑靡"[⑤]。直至清末仍旧如此，山西"邑人之视读书甚轻，视为商甚重"[⑥]。反映在科举

---

① 周伟主编:《汇通天下之晋商气派》，光明日报出版社 2004 年版，第 83 页。

② 白文刚等撰:《寻找晋商》，光明日报出版社 2003 年版，第 97 页。

③ 沈登苗:《明清全国进士与人才的时空分布及其相互关系》，《中国文化研究》1999 年冬之卷总第 26 期。

④ 韩茂莉、胡兆量:《中国古代状元分布的文化背景》，《地理学报》1998 年第 6 期。

⑤ 雍正二年(1724)五月九日《山西学政刘于义奏筞考试代州等地密访诸事折》，见中国第一历史档案馆编《雍正朝汉文朱批奏折汇编》第 3 册，江苏古籍出版社 1989 年版，第 25 页。

⑥ 刘大鹏:《退想斋日记》，山西人民出版社 1990 年版，第 29 页。

上,明清两代虽然山西籍进士总计 2614 名,在全国排名第八,①但是竟无一名状元。可见,清代山西人在不断聚增商业财产的同时,科举方面却呈现出下滑之态势。

在近代北京商业活动中,鲁商与晋商双峰并峙,以其经营范围之广,规模之大,势力之强,在近代北京商业中占有重要位置。两者有诸多相同之处,控制着北京的国民经济命脉,也有共同主导的行业,又因其历史传统和基础不同,有着各自的行业优势和经营特色。鲁商与晋商入京的进路不同,互有优势,在不同阶段发挥的作用不一样。晋商商业资本和金融资本结合,在开拓北京市场方面,晋商在晚清时期的发展达到鼎盛;鲁商则侧重于经营与市民日常生活密切相关的行业,在民国时期势力更盛。二者交相辉映,对近代北京城市经济产生了重要影响,又因其不同的文化传统和价值取向,直接决定了二者在京的发展走势。

---

① 沈登苗:《明清全国进士与人才的时空分布及其相互关系》,《中国文化研究》1999 年冬之卷总第 26 期。

第四章　近代旅京山东人的教育活动

随着旅京鲁籍移民子弟的增多，教育诉求逐渐增强。在北京中学教育能力不足的情况下，旅京山东同乡创办了移民子弟学校，不仅满足了本省籍子弟的教育需求，也为近代北京中学教育事业做出了贡献。与此同时，旅京山东人士也关注家乡的教育事业，创办了私立青岛大学，推动了家乡高等教育事业的发展。

第一节　创办北京私立山东中学

近代以来，随着北京外来人口的增多，移民子弟的教育诉求逐渐增强。北京市各中学渐不能满足各省移民子弟的教育需求①。在政府筹办教育能力不足的情况下，私立中学成为弥补

北京山东中学校徽

① 关于近代山东移民子弟就读北京中学的概况，参见《北平市财政局关于代发平津鲁籍学生救济费事项的呈与天津教育局、山东教育厅的来往函电和救济学生名单等》，北京市档案馆藏档号：J009－003－00069。

教育的重要力量。① 私立中学主要由各省旅京同乡组织、教会及个人筹资兴办。其中,各省旅京同乡组织是一支重要的办学力量。“查立宪上最大关系,第一是教育。官立学堂不足,于是有民立学堂,民立学堂不足,于是有旅京学堂。要望教育普及,原非这样不可。”②清末民初年间,旅京各省学堂如雨后春笋般出现。据统计,北京各同乡组织开办的中学有19所,③一度在民国初年北京中学教育中占据重要地位。私立山东中学(并入今北京161中,位于西城区前门西大街43号)是各省旅京同乡组织办学延存至今的3所中学之一,④它

---

① 据统计,1926年,北京市共有57所中学,其中公办为7所,学生数1655人,私立为50所,学生数7078人[中华教育改进社调查科编:《京师教育概况》(1924-1925),中华教育改进社调综事务所,1926年]。1929年和1930年,北京市立中学均为9所,学生数分别为2263和2135人,私立中学分别为41所和48所,学生数分别为8496人和10445人(林颂河:《统计数字下的北平》,见陶孟和编辑《社会科学杂志》,南京:社会调查所,1931年第2期第3卷)。1933年,北京市46所中学中,公立为10所,学生数2046人,私立为36所,学生数12643人(北平市政府秘书处第一科统计股编:《北平市政府行政统计》,北平市政府秘书处第一科编纂股发行,1935年)。1947年,北京市73所中学中,公立29所,学生数10509人,私立53所,学生数29100(北平市政府统计处编:《北平市政统计》,北平市政府统计处发行,1948年)。

② 《记旅京各省学堂(续)》,《顺天时报》宣统元年九月初八日。

③ 《记旅京各省学堂》,《顺天时报》宣统元年九月初八日;《旅京各中学堂校长、管理员、总理监督名册》,北京市档案馆藏档号:J004-002-00012。

④ 另外两所是畿辅中学(1928年改为燕冀中学)、河南中学(1928年改为嵩云中学)。

注:据李铁虎统计,到解放前夕,同乡组织所办中学仅存3所,即私立山东中学、畿辅中学和嵩云中学(见李铁虎编著:《民国北京大中学校沿革》,北京燕山出版社2007年版)。但据北京市档案馆藏档案载,延存至今的还有燕冀中学(其前身为畿辅中学)。参见《市私立燕冀中学有关组织规章学则、行政组织系统学校平面图、教职员调查表及学校概况材料》,北京市档案馆藏档号:153-001-00807。

的兴办，在一定程度上解决了近代北京移民子弟的教育需求，并至今仍为北京中学教育事业的发展作出重要贡献。

一、办学历程

岱巍巍，海洋洋，齐与鲁兮维故乡。念彼先哲，维邦之光，后生不可忘！（公勇诚朴），努力以自强以自强，青天白日国旗扬，人生如战士，斯世如疆场。看我青年奋迅实先启行，锋锐不可当，不可当！

——山东中学校歌

北京私立山东中学始建于光绪三十二年（1906），早年为齐鲁

民国时期的山东中学校门

学堂,其"历史之悠久,为北京各校之冠"①,1912 年改名为北京私立山东中学。山东中学的办学历程与近代北京教育事业的发展相一致,经历了初创阶段、混乱时期、稳步发展阶段、艰难时期和继续发展几个阶段。

(一) 发轫时期(1906~1911)

清末,清政府被迫推行新政,于光绪三十年(1904)颁布"癸卯学制",首次确立起纵向初级、中级和高级三段的近代学制系统,②紧接着废科举,兴学校。各省旅京同乡组织为本省在京子弟升入京师大学堂计,纷纷建立中学堂。③ 在此形势下,光绪三十二年(1906)六月四日,鲁籍京官王培佑、张英麟、柯劭忞公议,将宋庆、左宝贵创设的山东试馆改为齐鲁学堂。④ 齐鲁学堂位于顺治城外西城根化石桥东北路北,"开办时竭力经营,工程很大,北面直接到碾儿胡同"⑤。这样,原为旧式教育服务的试馆开始转化为新式教育学堂。

当时所设的旅京学堂普通的办法,"大约都是中学堂内含有小学堂等级,两级兼办。其中年龄大的,文理通顺的,都入中学班,年

---

① 《北平山东中学》,北京市档案馆藏档号:ZQ017-003-00087。

② 参见陈元晖主编,璩鑫圭、唐良炎编:《中国近代教育史资料汇编——学制演变》,上海教育出版社 2007 年版。

③ 由于种种原因,民国初年各省旅京中学校多已停办。据统计,至抗战爆发前北京同乡组织开办学校仅有 5 所:豫章、畿辅、河南、安徽、山东中学。抗战时期豫章中学停办,解放前后仅有山东、嵩云、燕冀中学 3 所旅京中学幸存。见《京师私立中学校一览表及学校系统外各种学校一览表》,北京市档案馆藏档号:J004-002-00397;《市私立燕冀中学有关组织规章学则、行政组织系统学校平面图、教职员调查表及学校概况材料》,北京市档案馆藏档号:153-001-00807。

④ 《北平山东中学》,北京市档案馆藏档号:ZQ017-003-00087。

⑤ 《记旅京各省学堂》,《顺天时报》宣统元年(1909)九月七日。

龄幼稚的,文理未顺的都入小学班。亦有作为预科班的办法”①。齐鲁学堂亦不例外。齐鲁学堂所设中等班学生 73 人;高等小学班学生 12 人,初等小学班学生 13 人。尽管旅京各省学堂学生招收的办法“最先尽本省收录,如有余额,亦许外省旅京子弟附入肄业”,一般来说旅京学堂中“各省人都有”②,但是齐鲁学堂的学生却“全堂都是山东人,教员亦山东籍占多数”。齐鲁学堂所授内容以新学为主,开设的课程有国文、经学、历史、地理、音乐、算学、物理、图画、英文、体操等。宣统元年(1909),齐鲁学堂的监督为王垿,总理为张英麟,副监督张恕琳,监学刘金第,教务长李云笙。③

宣统三年(1911),随着辛亥革命的爆发,齐鲁学堂被迫暂时解散,但仍由山东“京官之领袖”的王垿掌校。

(二) 混乱时期(1912 ~ 1928)

1912 年,中华民国临时政府宣布实行“壬子癸丑学制”,进一步奠定了近代中国学校的基本学制。教育部颁布的《普通教员暂行办法》规定:“从前各项学堂均改称学校。监督、堂长,应一律改称校长。”④齐鲁学堂改名为京师私立山东中学,周树标担任首任校长,⑤齐鲁学堂进一步转变为新式学校教育。至 1916 年,山东中学学生为 61 人,教职员 14 人。⑥ 1917 年,马龙标以旅京山东同乡会首席董事的资格,聘请丁惟鲁为校长,山东中学校长由同乡会首席

① 《记旅京各省学堂(续)》,《顺天时报》宣统元年(1909)九月初八日。

② 《记旅京各省学堂(续)》,《顺天时报》宣统元年(1909)九月初八日。

③ 《再记齐鲁学堂》,《顺天时报》宣统元年(1909)九月十七日。

④ 《临时政府公报》第四号,一九一二年二月一日。

⑤ 《北平山东中学》,北京市档案馆藏档号:ZQ017 - 003 - 00087。

⑥ 《京师公私立各中学教育统计简明表》,北京市档案馆藏档号:J004 - 002 - 00058。

董事聘任自此始。1919 年 11 月,刘昂任校长不到三个月即辞职后,王谢家继聘为校长。王谢家任职期间,整顿校务颇有起色,曾募集基金 5000 元。① 1923 年 12 月 16 日,王谢家开除学生 4 人,导致学生罢课,学生宣言逐走校长。17 日,发生校内凶徒打人等事件。19 日,旅京山东学生会开会,讨论山东中学校长问题。② 时旅京鲁人组织的山东中学维持会与董事会争执对抗,校内教职员联席会维持学校秩序。1924 年,王谢家被迫辞职,管象颐以首席董事资格代理校长。③

1925 年,围绕校长问题发生纷争,学校教学工作一度受挫,并影响到 8 月份学校招收新生工作。原来,王谢家任校长期间,为巩固个人地位,以私人关系组成了七八人的校董会。1925 年 1 月,管象颐因病辞职④,校董事会公推李澄为校长⑤。1925 年春,校董会改选,董事人数增至 17 人,由赵志澄掌控。李澄任校长不及一个

① 田尚秀:《北京市私立中学沿革史》,《北京档案史料》2009 年第 4 期。

② 耿申、邓清兰、沈言、喻秀芳编:《北京近代教育记事》,北京教育出版社 1991 年版,第 163 页。

③ 《北京山东中学、务本女子职业学校关改选校长的呈文及中华教育改进社函送候选董事名单》,北京市档案馆藏档号:J004-002-00351。

④ 管象颐(1867~1926),字养山,号梅痴,山东莒县人,管廷献子。前清光绪庚寅恩科进士,翰林院庶吉士,改户部主事,历员外郎、众议院议员。袁世凯当政,曾招管氏任财政次长,拒任。擅长书法。

⑤ 李澄(1901~1966),字澄之,山东临沂人。1923 年毕业于北京师范大学英文系。1924 年加入中国国民党,1944 年加入中国共产党。曾在北京师范大学、中国大学任教,后任国民党山东省党部常委,山东第四联合中学校长。1939 年后任鲁南国民抗敌协会主任,山东省战时工作推行委员会副主任委员,山东省抗战建国学院副院长,解放区山东大学校长,中国解放区救济委员会山东分会秘书长。新中国成立后,历任山东省各界人民代表会议协商委员会副主席,山东省第二、三届政协副主席,山东省副省长兼省体委主任,民革中央常委和山东省委第二、三届主任委员,是第一至三届全国人大代表。

月，赵志澄就伙同他人复借董事会名义把持学校资金，屡次扰乱学校，且于7月12日率领多人入校，要求代理校长。由本省旅京学界同志组织、成立于6月的山东中学校务促进会成员于国源等一面向法庭呈诉，一面汇报京师学务局。而赵志澄仍以校长名义在外招生，诈骗投考青年，破坏学校行政。8月4日，校董会令李澄辞职，另聘赵志澄为校长，发生赵志澄和李澄二人皆以山东中学校长名义争领财政部发放庚款之事。

学校的这种混乱局面很快结束。在京师地方审判庭的判令下，8月30日，李澄被迫辞去校长职务①。9月，冷家骥被旅京山东同乡联合会会长兼山东中学首席董事吕海寰正式聘为该校校长，负责办理对内对外一切校务。② 在其主持下，学校工作秩序很快恢复正常。不久冷家骥因职务较繁辞职，委托王朝佑代理校长。③ 1925年，学校教员人数为22名，学生56名，全年支出经费9600元。④

由上可见，在北京政府时期的17年中，山东中学更易校长前后达10次，人事变动频繁，任期长者不过5年，短者仅3个月，且因

---

① 《山东中学校务促进会关于在局立案的呈（附山东中学校务促进会执行委员会全体名录和促进会简章、宣言）》，北京市档案馆藏档号：J004－002－00367。

② 《京师私立山东中学、第一中学等校董会关于更换校长、聘请教员的呈文及京讲学务局的指令（附履历表职教员一览表）》，北京市档案馆藏档号：J004－002－00372。

③ 《京师私立山东中学、励群学院、务本女子职业学校关于更换校长给京师学务局呈及京师学务局指令（附京师公立职业学校教职员一览表）》，北京市档案馆藏档号：J004－002－00399。

④ 中华教育改进社调查科编：《京师教育概况》（1924－1925），中华教育改进社总事务所发行，1926年。

校长产生方式不同,非常混乱。之所以如此,原因在于山东中学既为同乡公产,以其拥有丰厚资金而成为山东人的争夺对象,导致械斗之事发生。① 故此时期是山东中学发展历程中颇为混乱的一个阶段。

(三) 稳步发展阶段(1928～1937)

1928 年 6 月,郝任夫就任山东中学校长后,"振刷精神,整顿校务,延聘鲁籍名流教育专家,组织山东中学校管理委员会,共谋学校之发展,旋以居于部令改为校董会,于是校务蒸蒸日上"②。郝校长多方筹措经费,扩建校舍,学校稳步发展。1930 年 3 月,山东中学于国民政府教育部备案,成为私立山东初级中学。1931 年,山东中学已有初中 3 个班,共 127 名学生。同年,学校又添办高中 1 个班,22 名学生。次年 3 月,山东中学高中备案,从而恢复山东中学校名。③ 1933 年,山东中学高中扩为双轨制。至 1936 年,山东中学全校已达 8 个班,拥有 300 多名学生。

(四) 困境中前进(1937～1945)

抗战爆发后,北京沦陷,不少学校停办或关闭,北平教育事业遭到摧残和肆意破坏,中等教育事业倒退。④ 山东中学亦处境困顿,学生人数大减。对此,档案资料有详细记载:

民国二十六年七月事变后,郝校长因病辞职,诸董事亦多

---

① 田尚秀:《北京市私立山东中学沿革史》,《北京档案史料》2009 年第 4 期。

② 《北平山东中学》,北京市档案馆藏档号:ZQ017－003－00087。

③ 李铁虎编:《民国北京大中学校沿革》,北京燕山出版社 2007 年版,第 147 页。

④ 陈兆肆:《日伪统治时期北平的中小学教育》,《北京社会科学》2009 第 2 期。

离京。旅京同乡之关心山东中学者，咸以本校为鲁籍学生唯一求学教育机关，一旦停办，不第莘莘学子求学无地，且恐诸先贤数十年惨淡经营之校产由此而损失，遂改组校董会，公举邹泉荪先生为董事长，刘景福先生为校长。时校舍塌毁，景象荒凉，无米之炊实所难为，各处筹措于万分困难之中照常进行。山东省补助费自事变后停发，全校学生仅二十六人，因时局关系，又多数不能缴费，校内职教员枵腹从公。刘校长勉为其难，坚忍撑持，虽经济拮据万分，犹与校为者先生研究进行方针。①

为摆脱困境，校长刘景福从1938年7月起多次亲赴济南与伪山东省政府教育厅交涉。1939年，省补助费重新恢复为6600元，1940年增至9600元，加上山东中学学校董事长邹泉荪积极提倡捐募，使得“校务进行日有起色。……经全校师生精诚团结，努力工作，由此得以渡过难关。此时期学校根基日固，设备日臻完善”。学校重新恢复至8个班，高中实行单轨制，初中双轨制，“学生名额几达四百人”。②

1943年，刘景福离职，由董事长邹泉荪兼任校长，因其任伪北京市商会会长，无法兼顾，聘校务教员王卓亭代理校长，直至抗日战争结束。

（五）继续发展阶段（1945～1952）

抗战胜利后，郝任夫返回北京继任学校校长，但因其事务繁忙，仍由王卓亭继续代理校长。由于抗战造成的“交通不便、生活程度逐高涨、征收学生之费用又亟轻微”，又没领到日伪时期山东

① 《北平山东中学》，北京市档案馆藏档号：ZQ017－003－00087。

② 《北平山东中学》，北京市档案馆藏档号：ZQ017－003－00087。

省教育厅每月伪联800元的经常补助等诸多因素,导致学校办学经费相当紧张。在巨额的欠债压力下,校长郝任夫、王卓亭先后多次向山东省教育厅争取增加经常补助经费及临时补助,在当时财政困难的情况下,省政府教育厅同意学校补助费在1946年度教育预算内酌予增加,而对于"所请临时补助费一节","以款项支绌,未便照准"。① 此阶段学校经费多依靠学生所缴学费。据1948年6月的统计,山东中学有9个班,488名学生,教职员37人。② 之后山东中学又新建教室6座,增至11个班,规模不断扩大。③

新中国成立后,北京市政府对私立中学进行调整和改造。1952年,山东中学改为北京市第30中学④。2000年,第30中学并入北京市第161中学,为其初中部。⑤

二、办学特点

在近代北京诸多同乡组织所办学校中,山东中学是延存至今的4所中学之一。山东中学的成功办学与其完善的组织机构、规范严格的管理制度、卓越的办学质量和较强的公益性是分不开的。

(一)完备的组织机构

山东中学的组织机构设置经历了一个不断完善的过程。学校

---

① 《为北京市私立山东中学呈请增加补助费等情给该校的指令等》,山东省档案馆藏档号:J101-09-0296-005。

② 《北平市各中学教员学生人数报名表》,北京市档案馆藏档号:J004-002-01824。

③ 《私立学校沿革史》,北京市档案馆藏档号:153-001-00869。

④ 《本局接办私校计划、报告、总结及对私校的管理办法和规定董事会组织规程》,北京市档案馆藏档号: 153-001-00902。

⑤ 李铁虎编:《民国北京大中学校沿革》,北京燕山出版社2007年版,第148页。

在创立之初,机构设置较为简单,如齐鲁学堂仅设监督(校长)、总理、副监督、教务长、监学等职。1917 年,依据民国政府规定,山东中学实行董事管理制,组织建制逐渐完备。学校设置首席董事一员,以山左会馆之首席董事充任之,其职权为:进退校长、筹划经费、保管及处分本校财产等。设董事一员,以山左会馆之董事充任之,其职权有:稽查本校用人行政及财产账目;对于首席董事有事离京时得因委托代行其职权。设校长一人,由首席董事聘用之,负责处理学校一切用人行政事务。校长由首席董事聘用,负责处理本校一切用人行政事务。校长之下设事务员,均由校长聘用,主要有:教务长、教务学监各一员,办理一切教务事项;斋务学监一员,主要负责斋务、各种文书图表等事项;庶务兼会计一员,负责校内外一切庶务、斋务事项;书记一员,负责保管文书、图表、书籍等事项;教员若干,负责教学工作。会议制度仅设教育会议一种,每星期六日举行一次,讨论教授、管理等事项。①

南京国民政府成立前后,加强了对私立中学的管理与整顿,制定了各种法规,相继于 1926 年、1928 年、1929 年颁布了《私立学校规程》、《私立学校董事会条例》、《私立学校条例》等一系列法规条例,之后又于 1933 年、1943 年和 1947 年不断加以修订和完善。②这一系列规程条例确定了各级各类私立学校的开办程序,规定了开办、立案应具备的基本的具体条件:如严格执行国家教育法令;教师的聘用应合乎规定,专任教师占全体教师的三分之二;学校资

① 《京师私立山东中学校章及管理规则》,北京市档案馆藏档号:J004-002-02094。

② 《修正私立学校规程》,见中华民国教育部编《第一次中国教育年鉴》乙编《中央教育法规》,开明书店 1934 年版,第 65~69 页。

产或资金之租息同其他确实收入(学费以外),足以维持其常年费;明确确定各级学校开办费、经常费的具体数额;有足以维持的校舍、场地、设备等。

据此,山东中学作出相应的调整,使其组织机构进一步完备,分工更加细致、明确。1928年,山东中学成立董事会,实行董事会制的管理体制。校董会作为山东中学最高权力机关,由热心教育事业及教育经验丰富人士组成,其职责是选聘校长,监督学校资金的使用,商讨制定学校的发展规划、培养宗旨等。学校设校长一人,由董事会选聘并呈请北京市教育局批准,统辖全校行政;校长下设教导处置主任、副主任各一人,教导员若干,掌理全校教导事宜,下分注册教学、体育、图书、仪器、管理及学生生活辅导各股;设总务处置主任一人,事务员若干人,掌理全校总务事宜,下设文书、事务、会计各股;各级设级任一人,处理各级重大事项及学生事务;设专任、兼任教员若干人,担任各级各科教学工作,各科选组长一人。设有专任、兼任教员各若干人。以上这些人员均由校长聘任。①

与各个组织机构相对应,山东中学设置了更加完备的会议制度和议事制度:

> 校务委员会:由校长、教导正、副主任、总务主任、政治教员及教职员代表四人、学生代表二人组织之,讨论决定学校各种重大事项,每半月举行会议一次,以校长为主席,必要时得由校长召开临时会议。
>
> 教导会议:由校长、教导处及全体教员组织之,讨论决定

① 《北京市私立山东中学组织规程》,北京市档案馆藏档号:153-001-00808。

各种有关教导事项,每二月举行会议一次,以教导主任为主席,必要时得由教导主任召开临时会议。

总务会议:由校长及总务处组织之,讨论决定各种有关总务事项,每二月举行会议一次,以总务主任为主席,必要时得由总务主任召开临时会议。

各科会议:由教导主任、各科全体教员组织之,讨论决定各种有关各科教学事项,会期不定,以各科组长为主席。

学生生活辅导委员会:由校长、教导主任及各级级任组织之,讨论决定办理各种有关学生生活辅导事项,会期不定,以本会主任委员为主席。

特种委员会:遇必要时按其性质临时分别设置。①

(二)多渠道的经费来源与严格的监管制度

是否拥有充足的经费是组织机构正常运作的重要前提。齐鲁学堂时期,经费一直相当充裕,主要由本省绅商筹款赞助②,此外还有自营性收入。以光绪三十四年(1908)齐鲁学堂的所列存入款项清单为例:

光绪三四年正月一日起,至十二月底止,出入款项清单:

旧存:自开办至三三年底,存银二六八六一两零六。

新收:东府捐(三四年春夏二季)三一九二两,桂府捐(三三年冬季款)六七两一六,又(三四年春夏两季款)一二八两八,泗城府知府于荫堂捐四十两零一五,结局三一零三两零八,利息二一七八两,洋井卖水二十四两。以上七项,共收银

① 《北京市私立山东中学组织规程》,北京市档案馆藏档号:153-001-00808。

② 《再记齐鲁学堂》,《顺天时报》宣统元年(1909)九月十七日。

八七三(三)两一九[1],连旧存共收银三五五九四两一九六。[2]

由上文可见,齐鲁学堂在本年度新收款中,来自地方政府和绅商的捐款为3428.11两,约占新收款8733.19两的40%。当年齐鲁学堂共支出7248.236两,支出项目包括薪金、修理费、书本讲义费、教学仪器、学生操衣、交际费、教育会费等27项。除去各项支出,当年余款28345.96两。这些余款按不同利息率分别存入旅京山东商号中,以获取更多的收益:

> 实存:瑞林祥元记存银一万三千两,按月六厘五又存银二千两;按月七厘瑞生祥存银二千两,按月六厘五又存银一三三两七二;天利涌存二千两,按月八厘功顺兴存银八千两,按月七厘五又存八一一两;本学堂存银四零一两二四。以上八项,共存银二八三四五两九六。[3]

齐鲁学堂从开办至光绪三十三年(1907)旧款存银26861.06两,至光绪三十四年(1908)余款28345.96两,可见每年都有结余且数额较大,结余款存入旅京本省商号中,一方面增值,同时也有助于商号的发展。齐鲁学堂通过这种运作方式形成良性循环,使得其办学经费相当充裕,其"常年经费约万余金",这与同时期河北保定山左会馆的保阳山东公学形成鲜明对比。[4] 成立于光绪三十

---

① 注:原文为八七三两一九,系误。

② 《北京公立齐鲁学堂经费之决算》,《山东杂志》第28期,宣统元年(1909)闰二月十九日。

③ 《北京公立齐鲁学堂经费之决算》,《山东杂志》第28期,宣统元年(1909)闰二月十九日。

④ 保阳山东公立小学于光绪三十年(1904)七月间开办,教习6人,分为高等初等三班,经费由地租、房租、学费补助,每年730余两。参见《保定府学界调查记(续)》,《顺天时报》宣统元年(1909)十月十三日;《旅外兴学之有效》,《山东杂志》第8期,光绪三十四年(1909)四月三十日。

年的山东公学常年经费约需仅千余金，至光绪三十四年(1908)却因为经费短绌而“待将告废”。①

民国年间，山东中学的经费来源日趋多元化，主要有山东地方政府的资助、旅京鲁商商号本银利息、会馆房租、学生缴纳的学费等，其中以在京鲁商商号利息所占比重最大：

一、每年由山东行政官厅协助费银五千元；

二、每年收入北京西珠市口之房租；

三、每年收入所存商号本银一万三千两之息银；

四、客籍学生每人每年收学费十元，寄宿校内者加收五元；

五、随时募集。②

与近代上海移民子弟学校的经费只是来自于民间相比③，山东中学的经费来源有官方和民间两种途径。在平稳年代，旅京鲁商的商业利润和山东地方政府的补助费所占比例较大，学费占的比重较小。但商业和地方政府的支持易受战争因素的影响，战争时期学生的学费在经费总额中所占比重增加，发挥了一定作用。见表4－1：

① 《奉劝同乡们整顿保阳山东公学》，《山东杂志》第13期，光绪三十四年(1908)七月十五日。

② 《京师私立山东中学校章及管理规则》，北京市档案馆藏档号：J004－002－02094。

③ 于珍：《近代上海同乡组织与移民教育研究》，中国社会科学文献出版社2009年版，第64页。

表4-1 1945年度北京私立山东中学经费收支状况表

1945 年度第一学期收入		1945 年度第一学期支出		备注
项目	金额(单位:元)	项目	金额(单位:元)	注:本学期因未接受伪教育局代管费。本学期办学经费欠1097802元。
山东省补助费	960	职工薪	351600	
高初中学杂费	15100	教薪	459600	
高初中维持费	18600	办公费	15678.5	
宿费	3360	消耗费	82043.6	
基金息	144	购置费	57409.2	
		修缮及其他	169634.7	
合计	38164	合计	1135966	
1945 年度第二学期收入		**1945 年度第二学期支出**		**备注**
项目	金额(单位:元)	项目	金额(单位:元)	注:因校舍失修倒塌渗漏之处甚多,急待修理。本学期办学经费欠7056480元。1945年度共欠8154282元。
教育局补助费	800000	职工薪	2178000	
董事会筹款	800000	教薪	2407200	
高中学杂费	576000	办公费	96000	
初中学杂费	628000	消耗费	240000	
住宿费	240000	购置费	180000	
基金息	720	修缮及其他	5000000	
合计	3044720	合计	10101200	

资料来源:《北平私立山东中学校民国三十四年度经费收支概况表》,山东省档案馆藏档号:J101-09-0296-005。

日伪时期,山东省政府曾一度中断资助,再加上战乱导致在京鲁商商业利润下滑、交通不便等因素,学校办学经费一度紧张,此时期学费就成为办学的主要经费来源。

除具有多渠道的经费来源外，对经费的管理亦非常重要。为保证经费正常使用，学校逐渐建立起严格的使用和监管制度。从光绪三十四年（1908）齐鲁学堂所列每笔款项收支项目明细显示，尽管此时尚未形成具体的制度，但是可以看出学校在经费使用上非常明确清晰。① 齐鲁学堂还具有理财意识，善于经营，将每年度经费使用所余款项以不同利息存入在京本省籍商号中，以获取更多收益。至民国初期，山东中学经费建立了一套严格、透明的经费使用和监管制度：

本校经费用款每年不得逾银六千元。除前条所列的款外，如不敷用，由首席董事商同同乡担任筹集之。若有盈余，永远存为学款，不得挪作别用。但遇有特别事故，必须超过额定数目时，得由首席董事招集同乡公会议决定之。

此外还形成了一整套用款程序，并以制定成规章制度：

本校用款，按月先期由校中造具预算书，经校长陈请首席董事核准支用，月终再造具决算书，连同支款单据报告首席董事核查；每届暑假由校中造具决算书，经校长陈请首席董事核准，以左列方法之一报告同乡周知：一、登报，二、榜示。②

要言之，多渠道的经费来源以及严格规范的经费使用、监管制度，是山东中学办学取得成功的重要保证。

（三）健全的规章制度

教育法规和规章制度是教育行政管理学校的手段和方法。山

---

① 《北京公立齐鲁学堂经费之决算》，《山东杂志》第 28 期，宣统元年（1909）闰二月十九日。

② 《京师私立山东中学校章及管理规则》，北京市档案馆藏档号：J004－002－02094。

东中学虽为民办,但一直严格按照各时期国家的教育方针和教育政策办学。如据1912年教育部颁布《中学校令》:"中学校以完足普通教育,造成健全国民为宗旨"①,在法规和规章制度范围内,山东中学制定了适合本校特点的宗旨:"以培植本省旅京之青年,养成其普通完全学识为宗旨。"②这与国家对中等教育的规定完全契合。课程亦按照规定,设有修身、国文、外国语、历史、地理、数学、体操等课。日伪时期,山东中学"遵照教育部所颁中学法'继续小学之基础训练,以发展青年身心,培养健全国民并为研究高深学术及从事各种职业之预备'为教育方针",课程的设置也以当时国家的规定设置,初中课程:修身、卫生、国文、日语、英语、数学、植物、动物、矿物、历史、地理、生物、音乐、劳作、图画、体育;高中课程:修身、国文、日语、英语、数学、矿物、历史、地理、生物、音乐、劳作、图画、体育。③

除在教育方针和政策严格执行各时期教育部的规定外,山东中学还制定并实行严格、周密、详尽的管理制度,规范办学,对教师日常教学工作、讲义、教科书使用、请假事项等均有严格规定,如"授课时间于振铃应即出席,至迟不得逾十分钟","对于所授教科应预计学生毕业年限区分节目","关于教科事务有所陈请非经校长之认可,不能发生效力"等。

对学生则注重训练其"良美气质,养成纯正之品行,其实施上

---

① 中国第二历史档案馆编:《中华民国史档案资料汇编》(第三辑),江苏古籍出版社1991年版,第282页。

② 《京师私立山东中学校章及管理规则》,北京市档案馆藏档号:J004－002－02094。

③ 《北京特别市私立中学民国卅年度调查表》,北京市档案馆藏档号:J004－002－00897。

之宽严因年级高下利导之”。学校在章程中就学生上课、操练、自修、就寝、就餐、操行、卫生、请假、功过、试验以及图书借阅、接待室等制定了详尽的规则。如请假一项规定:学生非有特别紧要事故不得请假。假满来校时必须销假。请假每学期一小时扣总分数一分;学生请假学期非有特别事故,经校长许可者每学期不得逾 2 小时,迟者以无故旷课论;学生如遇大故必须请假回籍者应需时日若干,由校长核定,最多不得逾四星期;每月请假的学生由教务处开单陈请校长通知其家长,以此督促学生遵守时间与尊重学习的观念。学校还规定学生每周一到周五每晚 7 点到 10 点上自修,由职教员巡视检查。每个周末还要由学生自行集合召开学科讨论会,等等。[①] 同时,山东中学还注重开拓学生视野,提高学生素质,多次组织学生参观天然博物馆、监狱等,以使学生“藉广见闻”[②]。学校还办有校刊,发表师生的诗歌、散文、绘画,拍摄运动会精彩瞬间,展现了丰富多彩的校园生活。

校训是一所学校办学理念、治校精神的综合反映,同时也是校园文化建设的核心内容,是一所学校教风、学风、校风的集中表现。还在齐鲁学堂时期,学堂接待所室中悬挂由张莫麟都御史题写的“进德修业”四字横匾,这或许可视为最初的校训。至 20 世纪 40

① 《京师私立山东中学校章及管理规则》,北京市档案馆藏档号:J004 - 002 - 02094。

② 参见《北平私立山东中学、广安中学等校关于请求免费入院参观与天然博物院的来往函》,北京市档案馆藏档号:J078 - 001 - 00013;《河北省立通县中学校、私立山东中学校等学校来狱参观的函》,北京市档案馆藏档号:J191 - 002 - 19335;《北平私立山东中学校等地要求到河北第一监狱参观的函》,北京市档案馆藏档号:J191 - 002 - 18772。

年代，山东中学将其治学理念提炼成“公勇诚朴”四字校训①，成为山东中学全体师生共同遵守的基本行为准则与道德规范。

严格的管理使学生树立起良好的学风，“注重未授课前之预习，及授课后之温习”②，形成了浓厚的读书气氛，③学生成绩优异，“本校高中毕业升学者，国内有名之大学几莫不有其踪迹”④。

(四)良好的办学条件

山东中学办学条件优良。在师资方面，山东中学的校长和教职员皆由资历丰富的人士担任。

山东中学的校长由校董事会聘任并报教育局进行资格审核、备案。早期，山东中学校长主要为旧式知识分子，到后期，随着传统士绅自我转型为现代的知识分子⑤，校长也逐渐由受过新式教育的知识分子担任。他们多为北京政、商、学界的著名鲁籍人士，经历丰富，拥有丰富的社会资源，能为学校发展提供诸多便利条件(见下表4－2)。

---

① 《北平山东中学》，北京市档案馆藏档号：ZQ017－003－00087。

② 吴廷燮等纂：《北京市志稿·文教志(中)》第5册，北京燕山出版社1998年版，第39页。

③ 《北京市私立中学董事、校长及一般情形登记》，北京市档案馆藏档号：J004－002－01345。

④ 《北平山东中学》，北京市档案馆藏档号：ZQ017－003－00087。

⑤ 许纪霖：《精英的社会史如何可能——从社会史角度研究近代中国的知识人社会》，参见山西大学中国社会史研究中心编《中国社会史研究的理论与方法》，北京大学出版社2011年版。

表4－2　近代北京私立山东中学历任校长一览表

历任校长	任职年限	籍贯	资格	履历
管廷献	1906～1909	五莲	进士	历任翰林院编修、国史馆协修、江南道监察御史、永平府知府、直隶候补道等职。1907年，经热河都统奏请，调入道班，加二品顶戴。
王垿	1909～1911	莱阳	进士	钦点翰林院庶吉士，后授检讨、詹事府、右春坊中允、翰林院侍讲学士。1903年，授河南学政，督学河南兼授翰林院学士，后升内阁学士兼礼部侍郎。1907年，又署法部右侍郎兼实录馆副总裁。
周树标	1912	安丘	日本法政大学毕业	1909年，任山东咨议局议员。1911年，加入宪友会，为山东支部发起人。1913年，任国会众议院议院，后历任察哈尔省政务厅厅长、绥远特别区检察长等职。1921年2月，任山东东临道尹。
杨联奎	1915	福山	光绪岁贡	不详。
梁文灿	1915.8	潍县	进士	选庶吉士，授编修。官至福建道御史。
丁惟鲁	1917	日照	进士	授翰林院庶吉士，历任济南府知府、山东东临道尹、北洋大学监督、日本留洋学生副总监等职。1915年，被选为国民代表。
刘昂	1919.8～1919.11			不详。
王谢家	1920.1～1923	济宁	拔贡	曾任国会众议院议员。
管象颐	1924.1	莒县	进士	众议院议员。

（续表）

历任校长	任职年限	籍贯	资格	履历
李澄	1925.2～1925.8	临沂	北京高等师范英语部毕业	1921年夏，曾受北京万国救灾总会委派，为直隶大广妇孺救济会视学，办理妇孺临时教养所及灾童学校。1924年夏，任北京夏令补习学校主任。并历充北京高师学生，主办平民学校教员、级任及代理主任，英文补习学校教员，北京志成中学校董事，国立北京女子高等师范学校附设补习科英文教员，国立北京师范大学校英语部助教。
冷家骥	1925.10	招远	日本大成学校肄业，南洋法政学校毕业	宣统元年（1909），充任川边学务局总理，后历任川边稻城、湖南黔阳、河南阌乡等县知事，历保简任职存记。1925年，充临时参政院秘书。
王朝佑	1926年2月起代理校长	郓城	日本东京同文书院毕业，北京大学毕业，法学学士	历任参议院秘书厅课员，盐务署、国务院敛事上任事，京汉铁路局统一委员会秘书督办，鲁案公署交通部办事，胶澳督办公署日文秘书主任兼总稽察，山东省长公署参议、财政善后委员会编辑。
郝任夫	1928.6	济南	国立北京师范大学毕业	北平山东中学校长兼北京大学农学院讲师，辅仁大学附中教员，天津长芦盐区改良城地委委员会秘书兼技术处长，天津教育局局长。
刘景福	1937～1943	栖霞	北京朝阳大学毕业	山东中学教职员。
邹泉荪	1943.5～1945	福山	北京法大毕业	北京市商会会长。

（续表）

历任校长	任职年限	籍贯	资格	履历
王卓亭（代理校长）	1945～1948	惠民	国立北平师范大学数学系毕业	私立进德中学、河北高中、北平市立高中教员、农学院讲师、私立山东中学校教员、校务主任兼教务主任等职。

资料来源：《山东、安徽等中学校关于人事任免给京师学务局的呈》，北京市档案馆藏档号：J004－002－00106；

李进莉等编著《清代山东进士》，齐鲁书社2009年版，第407页；

《北京第一至四中学、山东中学等学校关于造送课程表、教职员名册一览表、周年概况给京师学务局呈及京师学务局指令》，北京市档案馆藏档号：J004－002－00150；

《北京山东中学、务本女子职业学校关改选校长的呈文及中华教育改进社函送候选董事名单》，北京市档案馆藏档号：J004－002－00351；

《京师私立山东中学、第一中学等校董会关于更换校长、聘请教员的呈文及京讲学务局的指令（附：履历表职教员一览表）》，北京市档案馆藏档号：J004－002－00372；

《京师私立山东中学、励群学院、务本女子职业学校关于更换校长给京师学务局呈及京师学务局指令（附：京师公立职业学校教职员一览表）》，北京市档案馆藏档号：J004－002－00399；

《北平市私立小学校校址暨校长资格调查表和专科以上学校、市立中等学校一览表》，北京市档案馆藏档号：J004－002－00502；

《北平市私立山东中学呈请更聘校长及市教育局的指令》，北京市档案馆藏档号：J004－002－01474。

私立山东中学的教师由校长推荐选聘，呈报教育局审定教师

的资格,这在保证师资队伍的素质和水平起到了一定作用。从学校所聘教师来看,都是接受过系统训练且具有丰富的教学经验资深教师,甚至在日伪时期也未例外。日伪时期,为在学校里实施奴化教育,对新聘教师资格的审核非常严格:新聘教师先是要在校长推荐基础上,呈报拟聘教员毕业证明书及服务证明书,经北京特别市教育局鉴核合格后才可聘任,后则进一步要求拟聘教员的资历、证件及履历表"一并备文呈报,仰祈鉴核、备案"。如拟聘教员乔国英提供的中国大学肄业证明书,因"该员学历核与中学规程所规定中学教员之资格不合格,难照准"①,此举使得教师素质一直保持较高水平。1940 年统计的 25 名教师中,普通大学毕业的有 11 人,师范大学毕业 10 人,普通中学毕业者 2 人,中等师范毕业者 2 人,可见山东中学教员多受过系统专业训练,师资力量较强,教师素质总体上较好。沦陷时期,山东中学仍保持了地域特色,在校教职员多来自本省,但也不乏外省籍,且多为男性,女性教师仅有 2 名②。此时期,日语在中学课程的比重不断增加,山东中学增加了日语教员。③ 严格选聘教师的优良传统长期保持,解放战争时期仍旧如此,见表 4-3。

---

① 《北京市私立山东中学校关于聘请教员给北京特别市教育局的呈及教育局指令(附该校新聘教员履历表)》,北京市档案馆藏档号:J004-002-00734。

② 《北京市私立山东中学 1940 年度职教员、去职职教员一览表及各级学生历年成绩一览表》,北京市档案馆藏档号:J004-002-00771。

③ 《北京市私立山东中学职教员、去职教员一览表及各级学生历年成绩一览表》,北京市档案馆藏档号:J004-002-00992。

表4－3　1949年北京市私立山东中学校职教员一览表

姓名	性别	籍贯	学历	经历	职务	担任学科	月薪（元）	专任或兼任	到校年月
王卓亭	男	山东惠民	国立北平师大毕业	进德、河北高中等校教员	校长	数学	7260	专任	1933.9
王甡瑄	男	山东诸城	国立北平师大毕业	河北高中、山东昌乐中学教务主任	教务主任	数学	9960	专任	1948.2
路科名	男	山东招远	国立北京大学毕业	惠中女中教员	事务主任	数学	9960	专任	1938.8
孙云藻	男	山东招远	国立北平师大毕业	社会局督学、体育讲师等	体育主任	体育	10560	专任	1948.3
王永策	男	山东黄县	国立北平师大毕业		学生生活辅导委员会主任委员	数理化	9480	专任	1945.8
王贤材	男	山东胶县	华北文法学院毕业	兴华职校教职员	教务员	图画	7380	专任	1940.8
王泽浚	男	青岛	胶县县中毕业	胶县教育局科员	事务员	无	5280	专任	1946.8
宋　迪	男	天津	中国大学附中毕业	石门商职职员	事务员	无	5280	专任	1948.2
杨冠青	男	河北顺义	河北省立十七中学毕业	河北高中平民中学训育员	学生生活辅导委员会辅导员	无	6180	专任	1946.8
王绍曾	男	山东惠民	河北省立十七中学毕业	惠民师范教职员	图画仪器管理员	无	5280	专任	1948.11
宋丕显	男	山东栖霞	中国大学毕业	天津公学教员	教员	国文书法	6300	专任	1935.8

（续表）

姓名	性别	籍贯	学历	经历	职务	担任学科	月薪（元）	专任或兼任	到校年月
赵景贤	男	河北深县	国立北京大学毕业	志成大中中学教员	教员	国文	2310	兼任	1948.8
刘光藻	男	河北武清	国立北平师大毕业	通县潞河中学教员	教员	国文	4200	专任	1948.8
赵衡年	男	山东历城	国立北平师大毕业	山东中学教务主任等	教员	国文	4620	专任	1949.2
张鸣珂	男	天津	国立北平师大毕业	陕西榆林高工教员	教员	数学	1800	兼任	1946.8
富增保	男	河北宛平	国立北平师大毕业	北平市立三十四中教员	教员	英文	3780	专任	1947.8
郝德增	男	河北霸县	辅仁大学毕业	山东中学教员	教员	英文	5400	专任	1948.8
赵圃荪	男	福建闽侯	国立北平师大毕业	进德中学教员	教员	英文	1320	兼任	1944.2
吴定绍	男	湖南长沙	香港大学毕业	北平师大附中教员	教员	英文	1980	兼任	1947.8
韩安民	男	河北宛平	国立北京大学毕业	河北高中教员	教员	英文	990	兼任	1945.2
张守常	男	山东高唐	国立北京大学毕业	高唐县中校长等	教员	政治、常识、史地	9600	专任	1946.2
刘九哲	男	河北深县	国立北平师大毕业	北平市立女二中教员	教员	历史	1320	兼任	1948.8
张毓崧	女	天津	国立北平师大毕业		教员	地理	1800	兼任	1946.8

（续表）

姓名	性别	籍贯	学历	经历	职务	担任学科	月薪（元）	专任或兼任	到校年月
张景华	男	河北雄县	国立北平师大毕业	北平师大附中教员	教员	地理	1320	兼任	1941.9
耿廉己	男	河北霸县	国立北平师大毕业	志成中学教员	教员	物理	1980	兼任	1949.4
高善亭	女	山东蒙阴	国立北平师大毕业	河北高中教员	教员	化学	2640	兼任	1943.2
张彬淑	女	河北安次	国立北平师大毕业	民国大学附中教员	教员	生物、动植物	3720	专任	1938.9
董序五	男	河北饶阳	河北省立医学院毕业	中央医院医师	教员	卫生	600	兼任	1947.2
张鸿钧	男	河北威县	国立北平师大毕业	河北高中教员	教员	音乐	2190	兼任	1938.9
孙奇峰	男	山东招远	国立北平艺专毕业	培德中学教员	教员	劳作、图画	1860	兼任	1949.2

资料来源：《北平市私立山东中学民国卅七年度第二学期教职员一览表及毕业生成绩一览表表》，北京市档案馆藏档号：J004－002－02021。

在教学设施上，山东中学利用经费不断扩充校舍，改善教育条件，自修室、操场、寝室、餐室、阅报室、学生接待室等一应俱全。抗战前夕，学校将山东省政府拨发补助费6600元用于扩充校舍，建筑教室，购置理化仪器，成立图书馆，使得学校教学设施日臻完善。抗战时期，北京市学校受战争影响纷纷关闭，山东中学虽处境艰难，但是旅京山东同乡还是齐心协力，尽力改善教学条件。刘景福

校长将多方筹集到的经费9600元用于"改建校门,修葺教室,扩充宿舍,平垫操场,设立卫生室,添购图书,开辟理化实验室,聘专员管理之。并建学校之后门,俾便出入"。

此外,山东中学还利用同乡会产发展教育,扩充校务。1941年,收回前旅京同乡会所捐潘家河沿十八号之校产共房32间,"辟为新宿舍。还创办消费合作社,添设盥漱室"①。1943年,又以出售西珠市口房产所获13000元用于新建教室一座,改筑教室两座。抗战胜利后,新建教室6座。② 1949年,山东中学进一步利用山东同乡会产发展教育,扩充校务,将西斜街十九号及旁门小英子胡同乙三号各房共拨出二十五间半,设为山东中学第二院。③

优质的办学条件带来优秀的教学效果。山东中学的教学成绩得到北京市教育局的肯定,在社会上取得了很大影响。1915年,京师学务局视察山东中学课堂数学、英语、语文等课教学情况时,教员授课详细、熟练,学生"听讲均知用心,间有作笔记"。课堂课下秩序"一律肃然","具见管理有序"。校园整洁,校貌焕然一新。④同年,京师学务局发文表彰其为北京市的教育事业作出了重要贡献。⑤ 山东中学的良好声誉使其"学生名额日见增多,规模日宏,校誉日隆。四方学子负笈而来者,莫不争先恐后"⑥。

---

① 《北平山东中学》,北京市档案馆藏档号:ZQ017-003-00087。

② 《私立学校沿革史》,北京市档案馆藏档号:153-001-00869。

③ 《北京市私立山东中学组织规程》,北京市档案馆藏档号:153-001-00808。

④ 北京市教育会编:《京师教育报》第22期《查视私立山东中学报告书》,京师学务局印行1915年版。

⑤ 北京市档案馆编:《北京会馆档案史料》,北京出版社1997年版,第9页。

⑥ 《北平山东中学》,北京市档案馆藏档号:ZQ017-003-00087。

（五）较强的公益性

旅京学堂由旅京同乡组织所办，所招收学生亦基本为本省籍。齐鲁学堂招收的学生全部为山东省籍。① 至民国时期，齐鲁学堂演变为山东中学，在招收学生上广纳生源，已不受地域之限。除本省籍学生外，也招收包括外国、外省籍和北京当地的学生，多数情况下外省籍学生数超过了本省籍学生，“同乡观念，这种中国最古老、最传统的东西，也在与新思潮相融合的过程中，逐步突破了它的传统框架，外来人口的乡土观念、同乡观念在新的时代、新的社会中不断地淡化趋新”②，“随着同乡组织日益从事各种社会服务活动，他们的影响超出了同乡社群的范围，所组建的慈善团体也不再基于同乡的定义”。同乡组织具有的这种灵活性，显示出超越同乡群体界限发挥社会福利功能的倾向。③ 如 1912 年，山东中学的 205 名学生中，山东籍仅为 48 名，河北籍的为 149 名，其余为：浙江 1 名，江苏 1 名，河南 1 名，察哈尔 3 名，山西 2 名。④ 1914 年，山东中学招收黄元方、裴东一、徐曰甫、韩云勇等 4 名朝鲜学生随班上课，首开京师中学招收外国学生先例。⑤ 1942 年，山东中学毕业的 81

---

① 《再记齐鲁学堂》，《顺天时报》宣统元年（1909）九月十七日。

② 杜恂诚：《中国传统伦理与近代资本主义》，上海社会科学出版社 1993 年版，第 143 页。

③ ［美］顾德曼：《民国时期的同乡组织与社会关系网络——从政府和社会福利概念的转变中对地方、个人与公众的忠诚谈起》，《史林》2004 年第 4 期。

④ 《北平私立山东中学住宿生名册》，北京市档案馆藏档号：J004 - 001 - 01782。

⑤ 《京师教育报》1914 年第 2 期；《山东中学关于可否收留朝鲜学生黄元方等四名随班上课的函及京师学务局的复函》，北京市档案馆藏档号：J004 - 002 - 00079。

名学生中,外省籍学生为53名,鲁籍学生为25名。[1] 根据1949年统计,山东中学学生共311名,本省籍学生仅为78名。[2] 与上海同乡组织所办学校相比,山东中学生源开放性更强。[3] 开放度高、生源广泛是山东中学能够保持长久不衰的重要原因之一。

学生家庭职业颇为广泛。以1930年新入校的初一学生为例,30名学生中来自工界1名,商界6名,政界4名,学界4名,农界11名,铁路1名,军界2名,警界1名。[4] 1941年,全校415名学生中,来自政界13名,学界13名,农界35名,工界7名,商界253名,军界2名,警界3名,交通界38名,自由职业者14名,闲赋27名,其他10名。[5] 学生多来源于商、农家庭,反映了山东中学为广大普通移民子弟服务的宗旨。

学费低廉。齐鲁学堂规定不收本省籍学生学费,"客籍学生略收学费,但亦不多,少或一圆,多到两圆,不能一律"[6]。民国初期,山东中学规定仅收取客籍学生每人每年学费10元,寄宿校内者加收5元。抗日战争时期,学校向全体学生收取低廉的学费。遇战乱等特殊时期则减轻学费,对成绩优良、家境贫寒之学生设置免费

---

① 《北京市私立山东中学职教员、去职教员一览表及各级学生历年成绩一览表,北京市档案馆藏档号:J004-002-00992。

② 《私立山东中学学生花名册》,北京市档案馆藏档号:J181-006-02678。

③ 于珍:《近代上海同乡组织与移民教育研究》,第79~81页。

④ 《北平市私立求实、山东中学编级生新生一览表》,北京市档案馆藏档号:J004-002-00465。

⑤ 《北京特别市私立中学民国卅年度调查表》,北京市档案馆藏档号:J004-002-00897。

⑥ 《记旅京各省学堂(续)》,《顺天时报》宣统元年(1909)九月初八日。

学额。[1] 如1941年度山东中学收费项目及数额为：学费初中为18元，高中为23元，杂费初中高中皆为4元，体育费初中高中皆为2元，图画费初中高中为皆1元，住宿费皆为20元。[2] 在当时通货膨胀严重的提醒下，低廉的学费体现了山东中学较强的公益性。

近代以来，随着北京外来人口的增多，移民子弟的教育诉求逐渐增强。在政府筹办教育能力不足的情况下，移民群体依靠自身力量自办中学成为弥补教育的重要力量。北京私立山东中学是适应近代中国社会变迁的需要、利用民间组织的力量兴办的一所学校。学校基本上保持了高水平的师资队伍、严格的教学秩序、基本的教学设施、较高的教学质量，使得它能经历种种困难成功办学。同时，山东中学的高度开放，已经超越了同乡组织的范围，这一方面反映了同乡组织对社会需求的适应，同时也在一定程度上解决了近代北京移民子弟的教育需求，分担了政府的部分责任，培养了不少优秀人才，为近代北京中学教育事业的发展作出了重要贡献。

第二节　创办私立青岛大学

在向北京输出人才的同时，一些旅京山东人发动社会各界在家乡创办教育，推动家乡教育事业的发展。1924年初，北京政府由直系军阀首领曹锟担任大总统，但实权由吴佩孚操控，直系军阀势力达到了鼎盛时期。吴佩孚在扩张自己的势力和地盘的同时，还

① 《北平山东中学》，北京市档案馆藏档号：ZQ017－003－00087。

② 《北京特别市私立中学民国卅年度调查表》，北京市档案馆藏档号：J004－002－00897。

利用自己的身份和地位，为家乡办一些公益性的事业，其中创办私立青岛大学即是重要一例。

一、私立青岛大学创办前青岛的社会文化环境

山东向来重视教育，素有“教育之出产地”之称，“山东人亦以大教育家孔子生于山东而自豪”。然而至晚清，山东教育“失败甚矣”，而高等教育尤甚，“山东高等学堂考试毕业，送部覆考，而竟全数不及格”①，这也久为旅京山东人所忧虑。青岛优越的地理环境和高等教育的缺乏，成为一些有识之士考虑建立高等学校的地方。

清末民初的青岛曾存在过高等学校。青岛的高等教育最早开端于宣统元年(1909)由中德创办的青岛特别高等专门学校(德华大学)②。德华大学创办时正值德据青岛时期，“俾中国之不能赴外洋游学者，在青肄习泰西各种专门学问”③，同时可“推广德之语言及德之势力”④。德国在青岛创办高等教育，其最终目的就是要培植在山东尤其是在青岛扩充势力所必需的各类专门人才。第一次世界大战爆发，该学校被迫停办。之后青岛处于日本的军事占

---

① 《山东之教育谈》，《山东杂志》第 50 期，宣统二年(1910)二月初十日。

② 《青岛立学堂》，《山东杂志》第 2 期，光绪三十四年(1908)正月；《德国拟在青岛建立大学》，《山东杂志》第 9 期，光绪三十四年(1908)五月十五日；《电筹青岛大学费》，《山东杂志》第 19 期，光绪三十四年(1908)十月十五日；《开办青岛学堂函件》，《山东杂志》第 35 期，宣统元年(1909)六月十五日；《山东青岛大学开办有期》，《山东杂志》第 37 期，宣统元年(1909)七月十五日。

③ 《德人拟在青岛立学堂》，《山东杂志》第 1 期，光绪三十三年(1907)十二月。

④ 《德国筹议青岛学费》，《山东杂志》第 3 期，光绪三十四年(1908)二月十五日。

领之下，青岛的高等教育长期处于停滞状态中。

1922 年，随着青岛主权的收回，筹办大学之事再次被提到日程上来。最早提出在青岛设立大学的是同盟会会员陈干。"青岛大学原倡于鲁案委员陈明侯。青岛接收后，陈即指定万年兵营为大学校址，常年经费冀由鲁大公司内争一部分，盖鲁大公司本有以盈余百分之三作曲阜大学经费之规定，陈氏欲以青岛大学与之抗争也。其筹备费，虽已由熊督办准拨十万元，无如财政科一文不发，陈氏亦莫之如何也"①。但由于军费开支巨大，财政困难，陈干无力筹措经费而使得这一计划没有实现。

1923 年 3 月，教育部派李贻燕调查青岛教育。经过一番调查后，李贻燕得出结论："（青岛）山明水秀，诚理想的文化都会之唯一候补地。地方教育经费预算之应增加，小学教育、社会教育、职业教育之宜改良增设，固不待言。即中央政府应予青岛设一国立大学，不特可为收回青岛之一大纪念，而齐鲁于中国历史上为圣人之邦，阐扬文化，昌明教育，亦国家应负之责任也……青岛为天然文化中心点，德国前此办理大学，其发达成绩即可预知。应予此地设立大学一所，以便各省子弟入学，离政治中心较远者可得安心讲学，而学子亦可得安心求学。俾斯麦兵营若能拨充甚为适宜，若重新建筑，则湛山临海一带山麓平地亦觉宽旷。"②建议于青岛设立大学，并提议校址最好选在俾斯麦兵营。然而时值南北政府对峙，此建议一时无法实现。

此外，戊戌变法的领导人康有为亦认为青岛适宜建立一所大

---

① 《山东三大学最近筹备情形》，《申报》1924 年 6 月 7 日。

② 胶澳商埠督署民政科学务股编辑：《胶澳商埠教育汇刊·附录》，1924 年，第 120 页。

学。1923 年 6 月 15 日,时居住在青岛的康有为在给友人的信中写道:"吾拟开一所大学于此,就近受到万年兵营(注:俾斯麦兵营)为之,亦相距数百步耳。扶杖看云之暇,与天下英才讲学而教之,远胜沪上矣。"①康有为终因没有办法让军队迁出兵营,只得放弃。

可以看出,在私立青岛大学创办之前,社会各界均对于青岛设立大学提出种种建议,但或因经费的缺乏,或因校址选择的问题等各种因素,至 1924 年之前均归于失败。

二、私立青岛大学的创办

1924 年,青岛经历了德、日侵占之后,由直系军阀吴佩孚控制。此时直系军阀执掌北京政府,势力正盛。吴佩孚亲荐部下高恩洪出任青岛胶澳商埠督办。

高恩洪(1875 ~ 1938),字定安,山东蓬莱人。清末留学英国,就读于英国皇家学院,毕业后留任英伦,为清驻英使馆译员。光绪三十三年(1907),高恩洪参加《中印边界协定》签字,后任职于邮传部、汉口电报局长、川藏电报局长。民国时期,曾任教育总长、交通总长。与吴佩孚是同乡好友,同时高又为吴的老师,私谊甚笃。1924 年,得吴佩孚推荐,任胶澳督办。

高恩洪来到青岛后,接受青岛富绅和教育界人士刘子山、孙广钦等的建议,决定发起创办私立青岛大学。刘子山,掖县(今山东莱州)人,以贩卖烟土起家,成为青岛首富,热心于教育事业,曾多次捐助青岛教育。1924 年 5 月 29 日,私立青岛大学筹备处成立,

---

① 翟广顺编著:《半个世纪风雨:1891 - 1949 青岛教育大事记述》,青岛出版社 2009 年版,第 100 页。

由高恩洪、邵筠农、宋传典、傅炳昭、张德纯、刘子山、王子雍、宋雨亭、丁耀西、孙炳炎、孙广钦等 11 人组成校董会,负责筹备工作。校董会公推孙广钦为筹备主任,邵筠农、孙炳炎为副主任。另推举青岛知名人士王西园、王荩卿等 29 人为董事,还聘请国内学界名流梁启超、蔡元培、张伯苓、黄炎培、颜惠庆、顾维钧、罗家伦等 24 人为名誉董事。校董会成立后,即积极进行筹备工作。高恩洪捐款 1 万元,刘子山捐款 2 万元,作为筹备经费。

校址问题无法解决是 1924 年之前私立青岛大学没能建成的一个重要原因。之前,虽然有人建议将校址设在德国人占领青岛时所建的俾斯麦兵营,但都未成功。俾斯麦兵营占地面积 300 余亩,共有 10 幢楼房。一战结束后,日本取代德国侵占了青岛,将俾斯麦兵营改为万年兵营。1922 年,中国政府收回青岛后,此处成为胶澳驻军的兵营。1924 年 6 月,校董会拟定将俾斯麦兵营作为私立青岛大学的校址,遭到直系军阀青岛第五师部队王翰章旅的反对,双方发生争执。高恩洪遂向吴佩孚汇报。吴佩孚,蓬莱人,秀才出身,尊崇孔孟,素以儒将自负,重视教育,支持青岛大学筹建,将俾斯麦兵营交给校董会,作为私立青岛大学校址之用。校址的选定是办学的前提和基础。高恩洪能够成功地将校址选定在俾斯麦兵营,是与吴佩孚的大力支持分不开的。

在选择校址的同时,私立青岛大学还在《大公报》等报纸上刊登招生启事:"本大学系绅商协力创办,基础稳固,就青岛兵营(前比士麦兵营)为校舍,宽敞宏壮,足容学生二千余人。周围空地数百亩,山环水抱,森林葱郁。刻已筹备就绪,先招预科二级,分商工二科,且旧制中学毕业者皆得与试。报名日期:阳历八月一日至八月十日。报名及实验地点:青岛本校、济南教育厅、北京中华教育改进社、南京教育厅。试期:八月十一、十二、十三三日。费用:每

年约共百五十元。”[①]招生启事刊登后两个月,遇到社会生源无人报名的尴尬境地。[②] 后经孙广钦等人的努力,取得初步成功,8 月下旬,包括部分私立青岛中学学生,共招收 80 名学生。限于条件,第一届学生只录取工科、商科新生,各 40 名,学制 4 年。学生大都来自山东、江苏、湖南、广东等 15 省市。在招收的学生中,还有罗荣桓、彭明晶、张沈川等一批具有先进思想的青年。除本国学生外,南洋华侨子弟和朝鲜学生也前来报考。

经费问题也一直困扰着私立青岛大学的创建。8 月 21 日,学校董事会举行会议,公推高恩洪为校长,孙广钦为校务主任,李贻燕为教务主任。刘子山办的私立青岛中学为私立青岛大学的附属中学。青岛大学名为“私立”,但由胶澳商埠督办公署每月拨款 1 万元,胶济铁路局每月拨款 1 万元,青岛士绅每月捐款 4000 元作为日常经费。至此,在高恩洪的筹措下,经费问题暂时得到缓解,私立青岛大学正式成立。吴佩孚到校视察,以示支持。

1924 年 9 月 15 日,私立青岛大学新生入学,同时宣布学校法规。9 月 20 日,新生正式上课,校长高恩洪督办发表训词:“本埠地绾南北,舟车四达,山水幽雅,气候中和,于此设立大学,发展文化最为相宜……本校为新创之学校,诸生为新来之学生,一切当以实事求是、日新又新为前提,一洗各地不良之陋习,蔚成本校特有良好之校风,为全国青年之模范,为将来国家有用之长才是则。”[③]10 月 25 日,举行开学典礼。同月,《私立青岛大学暂行大纲》颁行,

① 《青岛大学招生》,《大公报》1924 年 6 月 22 日。

② 《青岛大学将无形消灭》,《申报》1924 年 8 月 18 日。

③ 胶澳商埠督署民政科学务股编辑:《胶澳商埠教育汇刊 · 附录》,1924 年,第 107 ~108 页。

《大纲》分九章十五条,对办学宗旨、学科设置、入学资格、学位授予、常设机构、校董会及训育、图书等专门委员会的组成及其主要职责,均做了明确规定。

学校常设机构精干。校长一人总辖全校诸项事务,并设校务主任、教务主任、事务主任各一人,协助校长管理校务;学校实行校董会制,负责筹措经费,保管基金及审查预决算等;行政会议分为校务会议、教务会议、事务会议和各委员会会议几种。

学校以"教授高深学术,养成硕学宏才,应国家之需"为宗旨。校董事会根据 1912 年的《大学令》,确定私立青岛大学分为文科、理科、法科、商科、工科、医科、农林科七科,最终目标是发展成为一所综合性大学。但考虑到当时青岛工商业发展的需要,创办之初,学校仿德华高等学堂之例,以实用为主,先设工、商两科。本科 4 年,毕业及格发某科学位。

学校师资水平较高。开学之时,私立青岛大学招聘的 38 位教师中,毕业于北大、清华、燕京等大学有 20 人,留学英美日获得学位的有 13 位,如毕业于北京大学的国文教员隋星源、毕业于美国哈佛大学并曾在交通大学任教的地质矿物教员高崇德等,都是其时国内知名的学界名流,且大多数教员在 30 岁至 40 岁之间,年轻有为。① 学生来自五湖四海,"因青岛系避暑胜地,气候宜人,各地青年都愿来此深造,以备将来对祖国作出贡献"②。

---

① 《山东大学校史(1901 - 1966)》,山东大学出版社 1986 年版,第 15 页。

② 鲁勇:《逊清遗老的青岛时光》,青岛出版社 2006 年版,第 257 - 258 页。

三、意义

私立青岛大学自筹备到开学，仅用了3个月，速度之快较为罕见。它的创立，是当时山东省除外国教会所办的齐鲁大学外，创办较早的为数不多的又一所大学。

私立青岛大学的规模虽小，在时局动乱、政权更替、经费枯竭中仅维持4年，但它的创办，有着重要意义，不仅促进了山东高等教育的发展，而且也为后来的国立山东大学设立提供了校址，成为山东大学日后发展的一个重要阶段。更为重要的是，私立青岛大学的创立显示了中国教育主权，成为近代青岛高等教育史上中国人自己创办高校的起点。

第五章　近代旅京山东人的政见分歧

中国是一个伦理本位的社会,“伦理本位者,关系本位也”①。关系的构建是以人们共有的特征为基础的,其中地域(籍贯)是最具共同性的归属性特征之一。② 旅京山东人虽然以北京为长期生活和工作的地方,但是仍然对家乡事务保持着高度关切。他们利用北京处于政治中心的特殊地位,积极参与地方政治;但往往又因为利益冲突、立场歧异和恩怨纠葛,内部产生矛盾与冲突。在已有的研究中,学界已注意到同乡观念在晚清政治史和思想史中的重要性,将同乡群体视为一个整体,而忽视了其内部所存在的分歧和矛盾。③ 实际上,由于受到

---

① 梁漱溟:《中国文化要义》,上海人民出版社 2005 年版,第 84 页。

② 金耀基:《关系和网络的建构——一个社会学的诠释》,见《金耀基自选集》,上海教育出版社 2002 年版。

③ 相关成果主要有:Joseph R. Levenson, *The Province, the Nation, and the World*: The Problem of Chinese Identity. In Albert Feuerwerker etc. (ed.), *Approaches to Modern Chinese History*. Berkeley: University of California Press, 1967, pp268 - 288. 该文通过“省区”、“民族”、“世界”检讨近代中国的“认同”问题。章清《省界、业界与阶级:近代中国政治力量的兴起及其难局》(《中国社会科学》2003 年第 2 期)指出,“乡党”观念(即“省界”)成为近代中国集团力量形成的最初诱因,并依托于城市中的会馆。刘伟《晚清“省”意识的变化与社会变迁》(《史学月刊》1999 年第 5 期)、苏全有《论清末的省界观念》(《安徽史学》2009 年第 1 期)、《论辛亥革命中的省界观念》(《福建论坛》2009 年第 9 期)、唐海江《同门、省界与现代政治价值认同:清末政论报人组织离合的政治文化分析》(《新闻与传播研究》2006 年第 3 期)、杨研《地域主义与国家认同:民国初期省籍意识的政治文化分析》(天津人民出版社 2007 年版)等,则从政治文化的视角研究了近代同乡关系。

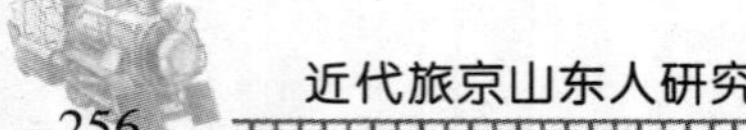

利益、立场、派系斗争等诸多因素的影响，同乡群体往往并不总是一个整体。正如有学者指出的，近代同乡政治活动发生重要变化，同乡观念被赋予新的内涵，血缘地缘情结、派系利益和恩怨纠葛仍然制约了其在近代政治活动中发挥的作用，成为中国近代政治活动的一个缩影。① 近代旅京山东人在参与家乡政治事件中出现的纷争，影响了政治局势的走向及自身命运。本章选取1910年的莱阳民变和20世纪20年代更换山东督军田中玉两个典型案例进行剖析。

第一节　莱阳民变中的旅京山东人

宣统二年（1910），莱阳农民在曲士文的领导下，掀起抗捐抗税的民变。② 莱阳民变的发生很快引起了旅京山东人的关注。面对朝廷和山东地方当局对此采取的武力镇压措施，处于社会中上层

① 叶舟：《网络、派系、利益：晚清旅沪同乡文人群体政治活动研究》，《史林》2011年第5期。

② 以往关于莱阳民变的研究多集中于探讨其发生原因及文化背景，主要有：刘同钧等主编《辛亥革命前莱海招抗捐运动》（社会科学文献出版社1989年版）、《莱海招抗捐运动与辛亥革命》（北京理工大学出版社1994年版），对莱阳民变的经过和旅京山东人就妥善解决民变而举行请愿的经过进行了史料和史实的梳理工作。美国学者蒲乐安（Roxann Prazniak）也在吸收刘同钧研究成果的基础上，著成《骆驼王的故事——清末民变研究》（*Of Camel Kings and Other Things: Rural Rebels Against Modernity in Late Imperial China*, *Boulder: Rowman & Littlefield*, 1999），探讨了莱阳民变的复杂成因以及这场民变的文化背景。另外还有：一丁《曲诗文和清末莱阳抗捐运动》（《烟台师范学院学报》1992年第3期）、王钦法《关于曲诗文身世的几点补正》（《山东师范大学学报》1982年第3期）、马庚存《清末莱阳抗捐抗税斗争首领曲诗文》（《历史教学》1984年第4期）等。

的旅京山东同乡内部因利益冲突、恩怨纠葛、立场不同而表现出两种不同的处理态度:一为同情和支持这场运动,因反对朝廷和地方的镇压而积极行动,并得到其他省鲁籍同乡的支持,从而展现出前所未有的、强大的凝聚力;一为鼓动朝廷和山东地方当局,力主对这场民变剿办。围绕着莱阳民变的处理问题所引发的旅京山东同乡社会内部的矛盾和斗争,为我们考察近代同乡观念的变化提供了极有代表性的研究个案。

一、莱阳民变的发生

清末,清政府为挽救自身统治而宣布实行新政,这场比洋务运动更具有近代化色彩的改革与偿付庚子赔款加重了清政府的财政负担。清政府以增加税目的手段将财政负担转嫁到了广大农民身上,导致农民生活状况进一步恶化。许多走投无路的农民纷纷自发抗捐抗税,一时间全国各地民变此起彼伏。山东省是北方遭受“新政”浩劫的重灾省份,而莱阳又是“重灾区”,1910 年莱阳的灾情更是加重了莱阳农民与官府和绅商的紧张关系,莱阳民变就是在这样的背景下发生的。

王先明认为,晚清新政实施过程中,传统士绅阶层被直接推向了基层社会权力重构的中心,形成了占据地方各项权力资源的士绅——权绅,由此形成的绅、民利益及其关系的冲突和恶化,构成了晚清以来地方社会“民变”大潮持续涌动的基本原因之一。[①] 莱阳民变的发生就是这样的例子。莱阳地方官员与部分有权势的地方绅商关系密切,并赋予他们推行新政和地方自治的权力。这部

① 王先明:《士绅阶层与晚清“民变”——绅民冲突的历史趋向与时代成因》,《近代史研究》2008 年第 1 期。

分绅商在新政和地方自治的推行过程中，谋取个人私利，形成权绅，如绅商王圻、于赞扬、王景岳、张相谟、葛桂星等。王圻来自著名的莱阳王氏家族，堂兄王垿在清政府担任法部侍郎。王圻本人在莱阳城内开设多家钱庄店铺，在当地绅商界势力很大。莱阳知县朱槐之委派王圻担任劝学总董，负责新式教育。在王圻举荐下，同族王景岳担任县巡警局局董。另一位绅商于赞扬在莱阳县城也开有钱庄酒店，充当绅董二十多年，与朱槐之私交甚好，人称"于二知县"①。朱槐之委派他和莱阳城内另一位较有资历的绅商张相谟负责筹办地方自治事宜。

曲士文，又名曲诗文，是莱阳民变的主要领导者之一，道光二十九年(1849)出生于莱阳旌旗乡柏林庄(现柏林庄乡柏林庄村)的一个贫困农民家庭。其父曲老五，原为太平社社长，乡望素孚，早年与石桥社社长姜尔受(瓦务庄人，邑中巨富)、永庄社社长于春令(城东梁治泊人，即于祝三之父)等人首倡"社仓"积谷，乡民以储藏丰年之谷备凶年之需。曲士文平素性情耿直，好为乡民打抱不平，深为乡人敬重②。

1910 年 4 月，莱阳正值连年灾荒，乡民要求以多年的积谷抵偿捐税，不料仓谷早已被绅商王圻等人挪用私吞，顿时间莱阳人民群情激愤，推动当时继任太平社社长的曲士文带头向绅商讨还积谷。王圻等人事先得到消息，躲藏起来，乡民便转到县衙与知县朱槐之交涉。朱槐之在乡民压力下，答应向经管绅商质询谷款一事，并允

---

① 程献:《社区精英群的联合和行动——对梨园屯一段口述史料的解说》,《历史研究》2001 第 1 期。

② 鲁凤岐:《清宣统二年莱阳地区抗捐抗粮运动的回忆》,参见中国人民政治协商会议山东省莱阳市委员会文史委员会编《莱阳文史资料》第 2 辑《曲士文起义资料专辑》,内部资料,1989 年。

诺在十日之内公示解决办法。然而，朱槐之在乡民散去后即向山东巡抚孙宝琦报告，声称乡民聚众闹事，必须严拿带头之人，以儆将来，要求派拨军队前来镇压。登州知府文淇也支持这一态度，指示朱槐之对曲士文等人绝不可纵容姑息，故而朱槐之并未履行查明积谷一事的许诺。乡民再次聚集，事态开始升级，向暴力冲突方向发展。6 月 11 日，愤怒的乡民集结起数万人，焚烧了巡警局局董王景岳的家，抢劫了几家富户的财产。乡民向朱槐之提出清算积谷、免除各项捐税等项条件，并要求保证曲士文等为首之人不被处死。经城内众多商人说和，朱槐之为平息事件，答应了除地方自治以外的其他全部条件。莱阳发生群体性事件的消息传到省城济南后，巡抚孙宝琦将朱槐之撤职，任命奎保继任知县。奎保上任后，坚持严惩曲士文等为首之人，并派军队前往捉拿。结果，乡民与军队之间发生争斗，双方互有死伤，官民之间冲突进一步升级，事态进一步扩大。

孙宝琦，字幕韩，同治六年（1867）生于浙江杭州的官宦家庭，其父亲孙诒经做过光绪皇帝的老师，官至内阁学士、户部侍郎。孙宝琦自幼好经世之学，精通英、法文。以父荫任户部主事，后改任候补直隶道员、军机处官报局局长，曾经创设育才学堂及开平武备学堂。光绪二十八年（1902）至光绪三十一年（1905），出任驻法公使等职。回国后任津浦路公办。因与庆亲王奕劻的姻亲关系，宣统元年（1909）在奕劻的推荐下得任为山东巡抚，“枢府以孙幕帅前曾出使德国，山东对外交涉，以德为多，故世中堂力保必能称任，而为摄政王所首肯”①。武昌起义后，一度宣布山东独立，任都督。

① 《孙幕帅署鲁之原因》，《山东杂志》第 33 期，宣统元年（1909）五月十五日。

莱阳民变发生之时,距孙宝琦任山东巡抚之职一年左右。为显示自己治理地方的能力,孙宝琦电请清政府弹压。清政府批准了孙宝琦的弹压措施。6月,候补道员杨耀林奉孙宝琦命督兵百人到达莱阳,欲捕拿曲士文等人。7月4日,官军与民众发生冲突,曲士文遂发布檄文,欲率众围攻莱阳县城。7月10日,曲士文率众发起攻城战斗,震动全省,官府从四周府县紧急调兵二千余人前来镇压。13日,斗争宣告失败,曲士文走避他乡。民变主力被击垮以后,清兵在地方官吏和土豪绅商的支持下,对莱阳人民进行了一场血腥的屠杀和劫掠。莱阳民变发生的同时,海阳和招远等地也群起响应,掀起抗捐抗税斗争,一时间,莱海地区民变成风。

二、旅京山东人内部对莱阳民变的不同态度

莱阳民变的发生很快引起旅京山东人的关注,并形成两种截然相反的处理态度:法部侍郎王垿力主剿办,御史王宝田等人则反对镇压莱阳民变。

(一) 王垿支持孙宝琦剿办

对此事最早作出反应的是清政府法部侍郎王垿。在王垿得知曲士文组织农民围攻县城、率众乡民怒焚绅商王景岳、高西峰、陈裕德宅的消息后,于6月18日致电山东巡抚孙宝琦:"莱阳土匪焚掠甚獗,望速派兵妥办。垿叩。"①孙宝琦随即回电:

> 北京石老娘胡同王侍郎:电文悉。莱阳邑滋事由于追算积谷,前已派兵弹压,业经解散。昨晚闻土棍曲士文、曲桂舟勒胁二千余人,拆烧王景岳、高丹斋住房,又烧毁陈姓两家,实

① 刘同钧主编:《辛亥革命前莱海招抗捐运动》,第65页。

属目无法纪，已飞饬认真拿办，知念奉复。琦。震。①

得到“王侍郎京电”后，孙宝琦立即“调派第五镇两标驰往莱阳击杀乱民”②。前面已经谈到，王垿属于旅京山东同乡中比较有名望的成员，且在当时被视为山东“京官之领袖”③，为何公然支持孙宝琦严厉镇压发生在家乡的这场民变呢？分析起来，其原因主要有以下几点：

第一，王氏家族与曲士文家族的多年恩怨。

王圻、王墀、王景岳与王垿系同属一个宗族④，其所在的王氏家族是当地大族。曲士文家族虽然没有王氏家族那样显赫的社会地位，但是在乡村中亦有不小的影响力。曲士文之父曲老五曾任莱阳旌旗乡太平社社长，这是一个由农民自发推举出来的乡村领袖。早年间，曲士文之子曲洪福在地里放牛时，牛脱缰践踏了王家的地瓜蔓而遭到王家毒打，以致悬梁自尽。曲士文去县衙请求公断，却被王氏家族控制的官府关押，曲士文被逼借钱缴清罚款并赔礼请客才得以保释，由此曲王两家结下冤仇。⑤ 尽管王垿出生于书香门第，熟读四书五经，与父王连升、兄王塾同入翰林，时有“父子三翰林”之佳话⑥，但是他未必就能遵照儒家的人伦信条，宽以待人，消泯曲氏家族的怨恨。莱阳民变的发生唤起了王垿的早年记忆，正

① 刘同钧主编：《辛亥革命前莱海招抗捐运动》，第65页。

② 《山东京官会议莱阳事》，《盛京时报》1910年7月27日。

③ 《盛京时报》1910年7月31日。

④ 《莱阳民变风潮十七志》，《申报》1910年8月8日。

⑤ 赵载熙、赵焕文：《怀念外祖父曲士文》，见中国人民政治协商会议山东省莱阳市委员会文史委员会编《莱阳文史资料》第2辑《曲士文起义资料专辑》，内部资料，1989年。

⑥ 王世琴：《王垿事略》，见山东省政协文史资料委员会编《山东文史集粹·文化卷》，山东人民出版社1993年版。

好为王垿提供了报复曲士文的机会，故王垿支持孙宝琦对这场民变进行镇压。当时，北京的《正宗爱国报》曾刊文揭露王垿与曲氏家族的恩怨："同邑王爵生侍郎垿，未发达的时候，与曲某彼此积怨很深。此次变起，侍郎欲借此诬陷曲某，当致电该县官，嘱其请兵捕拿曲士文正法，则无煽乱之虞。"①

第二，莱阳民变的发生涉及王氏家族在当地的利益。

早在莱阳民变发生之前，当地绅民之间的矛盾已经相当尖锐，莱阳民变的发生是当地绅民之间激化的表现。晚清新政的实施，使得地方士绅权力得到极大扩张，导致士绅内部出现分化，其中一部分人因参与地方新政事业获取极大权势，如莱阳的王圻，而另一部分则逐渐边缘化。当地绅民之间的矛盾主要集中在乡民与当时莱阳士绅阶层的核心代表，即被当地民众称为"三害二蠹"的王圻、于赞扬、王景岳、张相谟、葛桂星等人之间，其中尤以王圻为甚。

王圻与其弟王墀倚仗时任法部侍郎的堂兄王垿，在当地权势甚大，"结纳官署，出入自由"，有"第二侍郎"之称，甚至县令朱槐之都以"五叔"称之，敬让三分。王圻和王墀能在莱阳县承包税收，刻意敲剥民众，是与王垿在京担任朝廷高级官员分不开的，"二王之胆敢无恶不作者，实倚其服兄侍郎垿之势。而该侍郎亦左右之也"②。从这一角度来看，王垿利用在北京任职的特殊条件，使自己的同族兄弟在家乡拥有了旁人难以企及的政治势力。在王氏家族看来，曲士文发动此次民变是针对自己而来的，王氏家族自然不甘心失去在莱阳的利益，故极力要求官府对曲士文等人实施严厉的弹压。而孙宝琦顺应莱阳王家的要求实行剿办，在很大程度上亦

① 《正宗爱国报》1910 年 7 月，第 1300 号。

② 《鲁省呈控孙抚惨杀无辜》，《申报》1910 年 9 月 27 日。

是看在王埒与莱阳王家的关系上。

毋庸置疑，对王埒来说，孙宝琦对曲士文等人的弹压不仅可以保护他在家乡的利益，又可以趁机报复自己的仇人。出于这种心态和动机，王埒坚决而明确地站在支持孙宝琦的立场上。

（二）以御史王宝田为首的旅京山东同乡反对剿办

尽管这次民变的主体是农民，但是很多在北京生活的山东人没有将曲士文等人简单视为“盗贼”，对朝廷和孙宝琦对莱阳民变的镇压措施持反对态度。特别是在得知孙宝琦已经下令派军队前去镇压之后，部分旅京山东官绅深恐莱、海两县百姓众愤难息，官兵借此肆行妄杀，激起巨案，经多次协商，他们公推尚书吕海寰与礼部左侍郎王锡蕃领衔①，公函山东巡抚孙宝琦，要求其“谕知带兵之员，谨慎从事，先以劝导解散为宗旨，以期息事安人，易于归结。如实在不就范围，亦须分别良莠，外严内宽，使带兵者多存一分宽厚之心，在百姓即多受一分安全之福”②。然而孙宝琦自恃大权在握，坚持剿办的立场，在给吕海寰、王锡蕃的复函中为其派兵镇压做了这样的辩解：

> 莱、海乡愚滋事，前派杨道耀林前往查办，酌拨兵队弹压，原注重解散胁从，密拿首要。不意曲逆党羽众多，……官兵弹压，反被开枪，公然为敌，不得已添调兵队，慑以军威，冀其悔悟。③

---

① 王锡蕃（1850～1920?），字季樵，山东黄县（今山东龙口）人。光绪二年（1876）进士，翰林院庶吉士、编修。曾奉派主持湖南、福建乡试。光绪二十二年（1896）任詹事府少詹事，维新变法中署礼部左侍郎。变法失败后被革职，于烟台创办山东渔业公司及附设水产小学堂。宣统元年（1909），复官补翰林院侍读学士。民国时期曾任参议院议员。

② 《莱阳民变风潮十五志》，《申报》1910年8月5日。

③ 《孙宝琦致吕海寰、王锡蕃函》，见中国史学会济南分会编《山东近代史资料》第二分册，山东人民出版社1959年版，第63～64页。

时值资产阶级革命派频频举行反清起义，清政府对革命党极为恐惧。孙宝琦将莱阳等地的民变与革命党加以关联，为自己的剿办争取合法依据，兹见下文：

> 弟无日不电嘱叶、李，以解胁安良为宗旨，严戒军队骚扰妄杀。……惟各军队能否恪听训条，偶遇逆匪抗拒、还击之际，能否免玉石俱焚，则殊不敢保。……莱事倘无外匪勾结援助（传说有革党、胡匪会合，不知确否？），大兵入城，当易了结。①

可以看出，孙宝琦在处理莱阳民变的立场上做出妥协的可能是微乎其微的。孙宝琦的态度引起各界人士公愤，京沪各大报刊纷纷谴责其"冒昧发兵"，"遂使两邑生灵惨遭屠戮"②。旅京山东官绅为反对孙宝琦在山东对民变的弹压，特请御史王宝田出面参劾孙宝琦，向清政府施加影响，以敦促其妥善处置莱、海民变之事。王宝田成为旅京山东同乡中反对孙宝琦、王垿等人镇压莱阳民变的主要代表。据当时的《申报》报道：

> 山东同乡京官因莱阳县奎令、候补道杨耀林等加赋增税，仇民激变，致义绅曲士文愤杀全家（注：此语系当时社会上误传），孙抚不知抚绥，反奏请迅派第五镇兵队前往痛剿，情殊可恶，特商请同乡王侍御宝田具折纠参③。

7 月 17 日，御史王宝田受旅京山东同乡之请托，写了一份奏

---

①《孙宝琦致吕海寰、王锡蕃函》，见中国史学会济南分会编《山东近代史资料》第二分册，第 63 ~ 64 页。

② 《山东巡抚孙宝琦奏查莱阳、海阳二县肇乱情形折》，见中国人民政治协商会议山东省莱阳市委员会文史委员会编《莱阳文史资料》第 2 辑《曲士文起义资料专辑》，内部资料，1989 年。

③ 《莱阳民变风潮八志》，《申报》1910 年 7 月 27 日。

折，指出官府剥削民众，断民生路，在百姓进城请愿之后，“孙抚不知抚绥，任用酷吏”，滥施暴力手段，是酿成民变的原因。为此，王宝田请求清政府派遣官员前往山东查明真相，公正处理民变。① 王宝田的参奏使摄政王载沣意识到莱阳民变的严重后果，需派官员赴山东查明民变真情，便将此折交直督陈夔龙查覆②，谕令其“派委明白晓事妥员，密赴两县详细访查，务得确情，据实具奏”③，同时又寄谕孙宝琦，令其自行复查莱、海两县滋事情形。

7月底，直隶总督陈夔龙奉命派直隶候补道员袁祚廙前往山东莱阳、海阳进行调查。袁祚廙曾查办同年5月在山西爆发的交城、文水民变一案，舆论称其“尚称平允”。④ 因此很多旅京山东官绅寄希望袁祚廙能够秉公办案。但是各地山东人对袁祚廙能否秉公调查持有怀疑态度，因为有报道称“孙抚与直督陈夔龙系属姻戚，于查办一事，应行回避”。⑤

果然，此次调查结果令旅京山东人大为失望。袁祚廙一行在孙宝琦等人的包围和拉拢下，回避了官逼民反实情，将全部责任推到曲士文身上，作出“至山东巡抚孙宝琦调兵弹压，系出于万不得已”的调查结论。陈夔龙即根据袁祚廙一行的报告奏报载沣。⑥ 而孙宝琦亦在自行调查的复折中认为曲士文和宋煊文惹起莱海两县

① 《王侍御参劾东抚详志》，《盛京时报》1910年7月26日。

② 《莱阳民变风潮六志》，《申报》1910年7月25日。

③ 《直隶总督陈夔龙奏查明山东莱、海两县滋事情形据实复陈折》，《大公报》1910年8月30日。

④ 《申报》1910年8月8日。

⑤ 《陈筱帅之查办鲁抚》，《盛京时报》1910年7月27日。

⑥ 《直隶总督陈夔龙奏查明山东莱、海两县滋事情形据实复陈折》，《大公报》1910年8月30日。

民变，与官绅无关，强调自己“添兵弹压，不得谓张皇失措，激成此变”①，表态再度趋于强硬。对此，部分旅京山东同乡再次集会，统一认识，商讨下一步的行动。

三、揭露王垿力主镇压莱阳民变的原因——参劾孙宝琦、王垿的前奏

7月25日，包括许多鲁籍京官在内的旅京山东同乡在山左会馆集会，“山东京官（除王侍郎垿外）在某处集会，商议莱阳善后办法”。学部丞参上行走柯劭忞、御史王宝田、太史田智枚②、太史范之杰③等人出席了会议。会议指出，莱阳民变起事“始由前任朱令勒捐过苛”，加上本年的灾害，“朱令与劣绅串通，并不开仓出粜免捐，直置不理，遂致人民蜂拥起哄围城”，“孙抚闻惊，后派杨耀林观察前往查办。而孙抚并不俟杨道禀复，遽信王侍郎京电，调派第五镇两标驰往莱阳，击杀乱民”④，抨击孙宝琦滥杀行为，决定“用全

---

① 《山东巡抚孙宝琦奏查莱阳、海阳二县肇乱情形折》，见中国人民政治协商会议山东省莱阳市委员会文史委员会编《莱阳文史资料》第2辑《曲士文起义资料专辑》，内部资料，1989年。

② 田智枚（1862～1921），字介臣，号简轩，山东潍县（今山东潍坊）人。清光绪十八年（1892）中进士，选庶吉士，散馆授编修，后历任云南乡试主考、贵州学政等职，官至弼德院秘书长。

③ 范之杰（1872～1957），别名范询炎，字俊丞，别号历山农。出生于浙江绍兴，自幼生活于济南。光绪二十九年（1903）中进士后，任清翰林院编修、御史、山东高等学堂（今山东大学）校长。民国时期，历任山东提法使、都督府秘书，江西高等检察厅厅长，湖北高等审判厅厅长、烟酒税务局长、海关监督，山东民政厅视察员、黄河水利委员会专门委员兼总务处长等职。新中国成立后，任上海市文史馆馆员。

④ 《山东京官会议莱阳事》，《盛京时报》1910年7月27日。

体同乡京官名义函致咨议局，切查孙抚及各官绅激变详情”①。

山东咨议局接到山东京官的电报后，亦指责孙宝琦在莱阳民变中处理不当，再加上外地山东同乡会来电的责问，莱阳绅民联合受害者进京的呼吁，以及山东京官的抨击，重重压力之下，孙宝琦为减轻自己的责任，展示了王垿函电支持其剿办的内情，一时间众人哗然。7 月 26 日，奉天的《盛京时报》报道莱阳民变发生的原委，即王垿先是致电县令剿办，又函电孙宝琦派兵镇压的过程，并揭示了王垿力主镇压莱阳民变的原因：

山东确函云：此次莱阳民变，实由该县官抽捐甚苛，劣绅助桀为虐之故。当县令缉拿曲士文时，官兵不分皂白，竟将调停其事之绅开枪击毙，以致激动公愤，咸以官兵枉杀无辜，始集众数千人，围哄官兵。该县令闻信，正在无法调停，旋接到京官王侍郎垿来电，告知县官当请兵剿拿魁首曲士文，正则无煽惑之虞。又电告其家属，令速往烟台暂避。该事为匪所出而拦劫，盖王侍郎微时与曲士文有隙，故欲藉此为报复计。而曲某亦知其谋，故行拦劫，并将王侍郎宅第付之一炬，其家属有被匪杀害之说。当该县请兵之初，孙抚鉴于湘乱动兵一节，尚在详议未决。及接王侍郎电，孙抚始决计派兵，现在除第五镇两标步兵外，尚有德武官附入队内，其城阳地方德国青岛总督，亦派德兵在该处防守。故该省咨议局群责孙抚办理失当，于是孙抚为卸己过，将王侍郎京电宣示，鲁绅大哗。此信一传，王侍郎家属即被乱加官矣。刻下咨议局调查其事原委，以便开会公议云。②

① 《莱阳民变风潮八志》，《申报》1910 年 7 月 27 日。

② 《莱阳民变之原委》，《盛京时报》1910 年 7 月 26 日。

一时间，山东“京官之领袖”王垿成为旅京山东官绅谴责和抨击的对象，反对剿办莱阳民变的旅京山东官绅不约而同地追究王垿与莱阳民变的关系。7月31日，《盛京时报》继续以《莱阳惨案内情》一文，专门披露了莱阳绅商王圻、王墀之服兄王垿参与派兵进剿莱阳的内幕：

初东抚接该县电禀力请进剿，深恐激成大变，迟疑未决。曾电达王侍郎垿，缘王既为东省巨绅，京官之领袖，且籍隶莱阳，当该县情形必能洞悉。盖官兵之进剿与否，全视王侍郎之复电，以决进退。不料王之复电力主进剿，并以危词耸动，谓若不进剿，恐匪势蔓延，各县相应，大局不可收拾等语。①

该报对王垿作为莱阳人，却力主派兵进剿的原因进行了进一步分析，认为：

王之主剿，志在官报私仇。因未遇时，不为乡人所重，积有嫌隙，又与曲士文素有私仇。东抚接电后，遂不待绅商劝解，立电军队进剿。现莱阳绅民既联合邻县各村之被害者，拟进京叩阍。咨议局亦屡向孙抚诘责，东省京官更大动公愤，决计陆续奏参。东抚深悔为王所误，乃出王之电报遍示官绅各界，谓东省京官如果相继参劾，则必将王之原电奏明，王籍隶莱阳，断无不爱其桑梓之理，彼尚力主进剿，可见万难平和了结。足证官兵进剿，并非出于鲁莽。况王在政界中具有绝大势力，前日既力主进剿，此时断不能谓进剿之非。我执定王电，即可告无罪云云。故连日东省京官会议，王均未到。②

其他各大报刊如《申报》也纷纷揭露此事王垿官报私仇的

① 《莱阳惨案内情》，《盛京时报》1910年7月31日。

② 《莱阳惨案内情》，《盛京时报》1910年7月31日。

做法：

莱阳人云：劣绅王景岳与王垿系同宗，王之屋宇被民焚烧，王垿不咎王景岳之自取，反恨曲士文入骨。致电奎保，谓莠民倡乱，系曲士文一人所主动，将曲拿获，余众自解。又电致其族人，谓官府将用兵进剿，速将家眷送至青岛暂为躲避，以免兵灾。奎保接电，即遵照办理。其族人接电，亦均纷纷迁移。不料行至途中，即遇兵轰民团，遂与各民同死一处。事后，李镇恐见罪王垿，遂电致京师，捏称为曲士文所杀，王垿直有欲得曲而甘心之势，故阖邑人民提及王垿无不切齿痛骂。①

种种事实表明，王垿已经被自己的同乡视为挟嫌报复的卑鄙小人。旅京山东人对王垿公然支持镇压民变的言行极为愤恨，几乎众口不容，“无人不痛诋同乡某侍郎及本省孙抚之罪”②。以王宝田为首的旅京山东官绅认识到，要想成功参劾孙宝琦，必须先揭露王垿官报私仇之事，“闻某侍御谓：参东抚，必先将王侍郎官报私仇及私电东抚主持进剿等情揭明，俾王不敢复为东抚辩护，否则彼必向政府暗中运动，则参折断不能有效云”③。由此，王垿和孙宝琦共同成为旅京山东同乡攻击的对象。

部分旅京山东官绅的呼吁活动得到了全国各地山东同乡的支持。在很短的时间内，各地山东同乡联名指控，各大报刊对孙宝琦和王垿大加抨击④，以至于王垿的儿子在山东人开的饭庄吃饭，被山东同乡认出后逐出饭庄。《申报》载：

---

① 《莱阳民变风潮十七志》，《申报》1910 年 8 月 8 日。
② 《正宗爱国报》，第 1352 号，1910 年 9 月。
③ 《莱阳惨案内情》，《盛京时报》1910 年 7 月 31 日。
④ 《王侍郎之被劾》，《顺天时报》1910 年 7 月 28 日。

此次莱阳激变，王侍郎垿与有力焉，山东人无不恨之刺骨。昨其公子饮于煤市街之悦宾楼，有店伙系山东人，与伙友提及莱阳事，大骂孙抚台毫无心肝，冤杀无罪，而我同乡之王垿电嘱知县请兵，其为祸阶，罪更不容于死。言时，愤恨异常。他伙（山东人）亦同声鼓噪。有识王公子者，密告以某座即王公子，该伙等骂益急，公子大窘，踉跄避去。①

对于孙宝琦，《申报》称其"在鲁一年，则鲁民速死一日"②，"鲁抚孙宝琦用人不明，处事不当，虽一死，尚不足以谢鲁人"③。

《大公报》则以充满学究气的笔调，对孙宝琦、王垿进行抨击：

孙宝琦官于鲁者也，王垿生于鲁者也。鲁为秉礼之国，周公、孔子之遗风在焉。其涵濡礼教，当必有异乎寻常者。乃竟以野蛮之手段对鲁人，致启鲁人之公愤，于此可以卜礼教之衰。④

在旅京山东同乡的谴责声中，王垿失去了作为旅京山东同乡首领的资望。旅京山东同乡网络重新进行了整合，王垿自然被排斥于这个网络之外，而积极为旅京山东同乡上书请命的御史王宝田事实上成为旅京山东同乡的首领。可以说，如果在利益问题上与大多数同乡相背离，就可能被同乡视为异端。之后的阶段，参劾孙宝琦、王垿成为旅京山东同乡共同的斗争目标。

四、实地调查报告书的出炉——参劾孙宝琦、王垿的依据

吉林长春、黑龙江、奉天的山东同乡会得知莱、海两县抗捐斗

① 《莱阳民变风潮十三志》，《申报》1910年8月3日。
② 《申报》1910年8月4日。
③ 《申报》1910年8月7日。
④ 《大公报》1910年9月18日。

争被镇压后,或致电山东巡抚孙宝琦,谴责其镇压民变的行径①,或致函山东省咨议局,或致电旅京山东同乡会,共同谋求解决办法,并公推代表赴京,共同采取行动。与东北三省的山东同乡会积极行动相呼应,旅居南方大城市上海的山东同乡也支持旅京山东同乡的请愿活动,并筹款赈济莱海民众。8 月 12 日(七月初八日),旅沪山东会馆致电北京同乡京官,公开表达了反对镇压民变的共同立场②。旅京山东同乡会因处于政治中心而成为各地同乡意见的汇集中心。

旅京山东人和其他地方的山东同乡反对镇压的呼声使莱阳民众看到了希望。7 月底,数十名莱阳难民来到北京向旅京山东同乡诉说百姓所遭之难,引起了旅京山东同乡的强烈共鸣。来京难民们决心与京城诸同乡一道"叩阍控鲁抚孙宝琦,纵官扰民,草菅多命"③。

在各地山东同乡会和家乡人民的推动和促进下,旅京山东同乡经过多次召集起来讨论,决定亲自赴家乡灾区,自行组织实地调查,以作为向清政府控告孙宝琦、王埏等人的依据。旅京山东人士栾振声、刘肇堂二人"毅然以调查为己任,自备斧资以行"④。经过近一个月深入细致的调查走访,栾振声、刘肇堂二人将获得的翔实可靠的调查材料分别汇报给旅京山东同乡。旅京山东同乡根据栾、刘二人的调查报告起草了向都察院提交的呈稿,先是拟定于 8

① 《申报》1910 年 8 月 4 日。

② 《大公报》1910 年 8 月 28 日。

③ 《时报》1910 年 7 月 29 日。

④ 《山东旅京同乡莱阳事变实地调查报告书》,见中国人民政治协商会议山东省莱阳市委员会文史委员会编《莱阳文史资料》第 2 辑《曲士文起义资料专辑》,内部资料,1989 年。

月23日集会，将呈稿经大家公阅认可后，再于8月26日赴都察院呈请代奏。

但正当旅京山东同乡按计划行动时，8月24日，清政府颁布谕旨，认可了陈夔龙的奏报，自然也认可了孙宝琦对民变的镇压行动。① 旅京山东同乡会遂改变原拟于8月26日赴都察院呈请代奏的计划，于8月30日和9月2日连续两次举行会议，商讨对策。此时，旅奉山东同乡会公推代表陈某到京，亦参加了会议。旅京各界山东同乡商定：先将栾振声、刘肇堂二人的调查报告编辑成《山东旅京同乡莱阳事变实地调查报告书》，印刷两千部，遍送各报界诸同乡及各界、各团体，造成广泛而强有力的舆论声势，同时另拟呈稿，"定于下月初六日（9月9日）签名，于初十日（9月13日）前，通行呈请代奏"②。

会后，旅京山东同乡官、学界整合二人的材料，形成一份《山东旅京同乡莱阳事变实地调查报告书》。《报告书》揭示了莱阳民变的真实原因，列举了莱阳绅董的种种劣迹，在揭露王圻历史时，指出绅商王圻"倚其服兄侍郎（王垿时为法部侍郎）之势"，"获利无算"，尤其对孙宝琦、王垿等派兵屠杀莱阳百姓之罪行进行了猛烈抨击：

孙抚为吾国有数人物，开请求立宪之先声。抚东以来，吾山东人士引领望之曰："庶几哉吾省其有豸乎！"乃五矿问题，既不满人意矣，犹然可谓王侍郎所赚也。（五矿问题，孙抚函问同乡京官，全体反对，王竟以一人私意，冒全体名义以许之）

---

① 《上谕》，《申报》1910年8月26日。

② 《旅京同乡会议莱阳事》，《山东杂志》第67期，宣统二年（1910）七月三十日。

若莱阳之事,即曰曲某扰乱治安,不可不置之法,只一狱吏足矣,何必纷纷动王师乎?……说者有谓出于王侍郎之私电者。果尔,则是身为疆吏,徇一人私情,而惨民以逞矣,吾不敢信其必然。……而杨道志在邀功,擅主用剿,迨错已铸成,孙抚不得不袒护之,其仁人君子而忍出此哉!因此,直督谓"孙抚之用兵,实出于万不得已,是明知谕旨饬孙抚和平了结,从速解散,并无剿办之语,而曲为回护。王侍御折为所称"轻听张皇",似尚不足以尽之也。①

报告书的发行,形成了强大的舆论声势,影响深广。一时间,孙宝琦、陈夔龙、王垿等成为广大民众口诛笔伐的对象。

五、赴都察院请愿——参劾孙宝琦、王垿的高潮

旅京山东官绅在向全国舆论和朝廷呼吁的同时,积极地通过鲁籍高级官员以参劾的方式向朝廷施加压力。他们利用山东在京的会馆,数次召开集会,抨击孙宝琦和王垿,"议决呈控巡抚孙宝琦及侍郎王垿,为莱阳冤民昭雪"②:

山东同乡大会议

山东莱阳惨祸,经京官奏参查办,乃于恶劣官绅,极力洗刷,巧为开脱。山东旅京同乡,大动公愤,迭次派员前往详细调查。现已陆续回京,将调查确情,刊印成书,以待公布。并定于八月初六日(今日)未刻,普约旅京同乡,在山左会馆拟呈分阅后,呈请都察院代奏。③

① 中国史学会济南分会编:《山东近代资料》第二分册,第20页。

② 《山东团体赴院诉冤》,《正宗爱国报》1910年8月,第1345号。

③ 《正宗爱国报》1910年8月,第1346号。

山东同乡会议

初六日，山东同乡为莱阳乱事，在顺治门校场头条山左会馆，开全体大会，到者六百余人，决议呈请都察院代奏。其呈分二部：(一)京官。(二)商学、军警各界。并有莱阳于召南君，专为此事来京，誓为莱民雪此沉冤。当场报告莱民被难惨状，慷慨激昂，座中有下泪者。全体大动公愤，决议联合旅东三省、旅沪及山东本地同乡，齐心协力，必伸此冤，非达到目的不止！①

山东同乡会议续闻

山东旅京同乡，为莱阳事大动公愤，开会集议办法，各节迭志前报。初八日，又在山左会馆开议，山东京官及在京山东铺商到会者，共有千余人之多。当时无人不痛诋同乡某侍郎及本省孙抚之罪。是日，决定联名上书，举定代表，于十二日(今日)赴都察院呈请代奏②。

此次召开的会议与以前大不同的是有山东商人千余人参会，这也是旅京山东商人首次大规模参加同乡会活动，“旅京山东同乡会成立有年，然不过官、学两界，商界人过问者甚少，虽经屡次联络，终未达到目的。自莱海事发，见人人知同乡会之利益，商界诸同乡均加入团体”③。此后越来越多的商人加入同乡会，参与到家乡事务中。由此商界纳入到同乡群体，山东同乡团体范围进一步扩大。

---

① 《正宗爱国报》1910年8月，第1349号。

② 《正宗爱国报》1910年8月，第1352号。

③ 《旅京同乡组织大团体》，《山东杂志》第74期，宣统二年(1910)十月初十日。

王埒闻知山东同乡准备集体前往都察院呈控的消息，“大为恐慌，意欲解散此团体”，急谋对策，为此“特约同乡旅京绅商名誉者数十人，在廊房头条同兴楼饭席（王埒所开）备宴请客，藉以联络感情，暗中解散”。然而，此时的王埒已经是臭名昭著，被万人唾弃，请客之日，“竟无一人到者”。[①] 王埒此计不成，只有冀望都察院都御史、同乡京官张英麟能够官官相护，为其通融包庇。[②]

9 月 15 日上午十时左右，旅京山东各界人士按原定行动计划，齐集都察院署前。京官公呈由柯劭忞领衔，士商公呈由张春海领衔，赴都察院呈请代奏。[③] 参与请愿活动的“还有京内著名商业三千余家”[④]，人数之多以致“自大门至大堂院内，几无隙地”。早在一个月前，这些“驻京山东商家”，就接到家乡函件，“痛言莱阳官兵滥杀良民惨状，拟联合官绅共筹对付，决议由官员具折纠参，一面由商赴都察院呈递公呈，以申冤抑”[⑤]。都御史张英麟不在署内，请愿人群便齐心等候，坚持不散。直到午后一时，张英麟才来到都察院，“请愿同乡，或立，或跪，充塞署前”。柯劭忞和张春海分别将参劾孙宝琦、王埒、陈夔龙等人呈文交给张英麟，恳请其代奏朝廷。张英麟虽然也是山东同乡，但看到此事不仅与孙宝琦和王埒有关，还牵扯“某邸”与“某督”，故代奏与否，一时犹豫不决，“颇有左右为难之势”。[⑥] 众代表于是再三请求，署前山东同乡两千余人也齐

① 《山东同乡大会述闻》，《盛京时报》1910 年 9 月 18 日。

② 《神州日报》1910 年 7 月 30 日。

③ 《旅京同乡大会志盛》，《山东杂志》第 68 期，宣统二年（1910）八月初十日。

④ 《盛京日报》1910 年 9 月 21 日。

⑤ 《申报》1910 年 8 月 11 日。

⑥ 《大公报》1910 年 9 月 20 日。

声喊冤。张英麟见众愿难违，不得不勉强收呈，[①]众人方才散去。

在众人皆反对王垿的情况下，为何独独张英麟对同乡的殷切厚望持消极敷衍的态度，不顺应大多数旅京山东同乡的要求而迟迟不愿代奏？原来，张英麟与王垿之父有世交之谊，王垿与张英麟有着多年的私人感情，这可从张英麟逝后，王垿为之撰写的墓碑上自称"愚世侄"看出。[②]

9月15日前来都察院呈请代奏的计有全体京官公呈一件，全体绅商公呈一件，莱阳旅京全体商人公呈一件。在同乡京官中所写的代奏诉愿书中，恳请朝廷"覆查署莱阳县知县奎保、候补道杨耀林种种酿乱戕民劣迹，据实参劾，以彰国纪而雪民冤"。旅京士商所写的代奏诉愿书中详述事件经过，痛斥王圻等绅商鱼肉百姓的行径和官府的严酷镇压，呼吁朝廷"严饬确查，撤兵安民，以靖地方而保良懦"[③]。因为民变事关莱阳一地，莱阳旅京商界人士又专为此写了一份呈请都察院代奏的诉愿书，指出莱阳民变的发生缘于"加征钱粮，苛派私税"，官府与绅商沆瀣一气，"乃诬以匪名，百姓岂甘任受"，莱阳旅京商界人士"以室家之痛，亲戚之情，身受者较他人尤切"，"吁恳天恩，量予昭雪"[④]。但莱阳公呈因缺少副本，

---

① 《申报》1910年9月17日；《张总宪左右作大难》，《大公报》1910年9月20日。

② 参见韩明祥编著：《济南历代墓志铭》，黄河出版社2002年版，第295页。

③ 《旅京士商为莱阳事呈请都察院代奏诉愿书》，《山东杂志》第67期，宣统二年（1910）七月三十日。

④ 《莱阳旅京商界呈请都察院代奏诉愿书》，《山东杂志》第68期，宣统二年（1910）八月初十日。

“须改日另递”。①

然而都察院迟迟不肯代奏公呈，旅京山东同乡为此连日开会，家乡的绅士也多次来电催促，旅京山东同乡表示，如“此次都察院不肯代奏，或代奏而政府置之不问，彼等誓以死争，以慰桑梓”②，显示其坚定的决心。在旅京各界山东同乡的一再督促下，9月19日，都察院终于将旅京山东人之公呈上奏朝廷。王宝田又随上封奏一件，再次参劾孙宝琦“听信劣绅属员擅动大兵，涂炭良民，并参直督查办不实，请另派公正大员再行详查，以雪民冤”③。都察院在代递山东京官绅商公呈之前一日，照例知照军机处。领班军机大臣庆亲王奕劻，迫于社会舆论的压力，不得不于递呈当日请假避嫌④。

北京各界山东同乡的请愿活动，并没有因为都察院代递公呈而停止。因所要求的答复迟迟未见，山东同乡团体又第二次、第三次呈请都察院。当时天津的《大公报》报道：

> 张总宪果知重乡谊乎？山东旅京同乡前在都察院公呈禀控孙抚宝琦、王侍郎埒，该院迟之有日始行代奏。现该省同乡团体又呈递第二次公呈，外间多谓都察院决不再为奏递。讵张总宪亦知桑梓谊重，以此事关系山东大局，不能阻蔽，已拟日内再行递呈，并另上封章详陈山东变乱之实情，及参劾鲁抚各罪状。⑤

这时，资政院的创立给旅京山东人又一次提供了表达政治诉

---

① 《旅京同乡为莱请命》，《山东杂志》第69期，宣统二年（1910）八月二十日。

② 《国风报》1910年第22期。

③ 《王侍御再参台抚之述闻》，《大公报》1910年9月22日。

④ 《庆邸避嫌之一斑》，《大公报》1910年9月22日。

⑤ 《大公报》1910年10月2日。

求的机会。1910年9月,清政府为应付呼声渐高的立宪运动,宣布拟成立资政院。10月3日,资政院在北京举行开院典礼,正式宣布资政院成立。"屡次呈递均未得有美满之效果"的王宝田,"拟再联合旅京各同乡,将此事实地调查之报告,并现在民情之愤激,与山东大局之前途,用公共名义,在资政院陈奏参"①。《申报》报道:

> 莱阳事变,鲁抚孙宝琦种种措置失宜,鲁省京外官绅莫不切齿。前经三次呈请都察院查办,均无效果。因之人情更形激烈,现又联名陈请资政院核办②。

此时,其他地方的山东同乡也纷纷集会,表达与旅京山东人相同的政治呼声。

面对来自各地山东人的压力,清廷不得不作出最终表态。11月,清廷宣布革去朱槐之和方奎的职务,永不续用,曾经剥削残害民众的杨耀林、奎保、王圻、文淇等人亦受到革职的处分,而孙宝琦则"免其置议"③。这样,孙宝琦保住了自己的山东巡抚职位,一直到1911年辛亥革命的爆发,最终成为清朝的最后一任山东巡抚。④

虽然旅京山东人的请愿活动声势浩大,但未能达到扳倒孙宝琦、王塀等高级政府官员的政治目标,只有几个级别低的官员受到处理,其主要原因有三:

其一,孙宝琦背景较深,与奕劻有较为密切的关系。官官相护的黑色定律在这场斗争中产生了作用。在清政府派员赴鲁调查民

① 《莱阳乱事拟由资政院公议》,《盛京时报》1910年10月15日。

② 《鲁抚亦思出洋考察耶》,《申报》1910年10月21日。

③ 《大公报》1910年11月8日。

④ 1911年,济南各界民众要求脱离清政府统治,实行山东独立。孙宝琦被迫答应独立,但在袁世凯的逼迫下,旋又取消独立。

变真相的过程中，孙宝琦又和直隶总督陈夔龙互为依援，掩盖真相，如此复杂的政治关系网，是很难破除的。

其二，旅京山东人对鲁籍官员期望较高，普遍认为仅依靠几个在朝中担任高级职务的鲁籍官员，就可以达到目的。尽管王宝田、柯劭忞这样的鲁籍高级官员自始至终站在大多数旅京山东同乡的立场上，但是旅京山东同乡对个别鲁籍官员的希望难以转化为有力的支持，其中王宝田后来忠于逊清皇室，寓居青岛，并支持张勋复辟。吊诡的是，王宝田和孙宝琦同住在青岛，二人不见有先前的激烈冲突。可见，王宝田所能起到的作用也是极为有限的。

其三，清政府已经处于风雨飘摇的状态，同盟会一再发动反清起义，沉重打击清政府的统治。因此，以摄政王载沣为首的满族王公大臣对类似莱阳民变的事件都甚为惊慌，此种心态可用惊弓之鸟来形容之。孙宝琦正是利用了清政府对反清起义的恐惧，别有用心地将莱阳民变与革命党人加以关联。就事态的发展来看，孙宝琦这一手段的确起到了效果。因而，尽管旅京山东同乡有不容置疑的事实证据，但清政府仍然最终听信了孙宝琦和陈夔龙的奏报，拒绝旅京山东人关于重新调查莱阳民变并安抚民众的正当请求。

在对待这场民变的态度上，旅京山东同乡内部发生分歧。王垿因与这场民变有着诸多利益与纠葛而支持清政府镇压，站在与其意见相左的大多数旅京山东同乡的对立面。清末新政的推行，造成莱阳当地士绅阶层权力分配失衡，地方精英发生分裂。① 以曲士文为代表的这部分乡村精英分子成为新政的受害者，而以王氏家族为代表的城绅趁机扩展了自己的私利，成为新政的获益者，

---

① 宋书强：《地方精英的分裂与乡村民众的变乱——以清末莱阳民变为例》，《青岛大学师范学院学报》2007 年第 2 期。

站在了乡民的对立面。作为王氏家族后台的王垿不能秉公处理，反而纵容家人不法，并公然支持孙宝琦对民变的残酷镇压，成为激化他与旅京同乡及家乡绅民矛盾的因素。大多数旅京同乡和家乡绅民对王垿的这两种不满情绪汇合到一起，形成一场声势浩大的倒王运动。在这场运动中，旅京鲁商首次加入到同乡活动中参与家乡事务，同乡群体由官、学界扩大到商界，凝聚力增强，又因处于政治中心而成为各地同乡意见汇集中心；同时，动用现代传媒手段来扩大倒王运动的舆论影响力，形成了一边倒的形势，这使得那些想包庇王垿的人，无论其同乡属性及政治立场，都不能不重新考虑自己和王垿的关系，如张英麟等。

王垿在这场民变中虽没有受到来自朝廷直接处分，但亦付出了沉重的政治代价，站在旅京山东同乡对立面的他被排斥出同乡网络，再也无法恢复往昔的辉煌，只能作为一个失意政客结束自己的政治生命。最终，他以晚清遗老的政治形象终老于青岛，因思念故里，遂将居所称为“寄庐”，自号为“寄叟”。叶落归根、归葬家乡是旅居者的最大愿望，这样死者的灵魂才能享受安宁。① 尤其对于王垿这样在外做官的人，最希望暮年归养安葬于家乡莱阳，但是由于被排斥于同乡之外，王垿没有实现中国人这一传统夙愿。

第二节　田中玉事件

晚清年间，随着地方势力增长，中央权力式微，事权逐步下移，以省籍意识为代表的地方主义开始萌芽并迅速蔓延，地方政治意

---

① 顾德曼著、宋钻友译：《家乡、城市和国家——上海的地缘网络与认同，1853－1937》，上海古籍出版社2004年版，第4页。

识逐渐形成。民国初期，地方政治意识更为凸显，表现为各省纷纷实行自治。山东亦掀起了"鲁人治鲁"运动，田中玉事件就是在这种思潮下发生的。在这一事件中，旅京山东人内部基于不同的现实利益诉求而发生分歧。

一、"鲁人治鲁"——省区自治意识的盛行

省区自治意识是在近代中国处于内忧外患交相攘扰之下产生的。秦汉以来，中国处在"大一统"思想的笼罩下，一直实行高度的中央集权，无独立的地方政治意识。这种情况到晚清尤其是太平天国运动爆发以后发生变化。在镇压太平天国农民运动过程中，清政府给予地方督抚财政大权，事权逐步下移，地方政治意识初显。清末新政、预备立宪的推行，使得各省经济和地方性新政事业逐渐发展，地方军事政治集团更加壮大，加之亡国灭种的危机和西方政治思潮的涌入，中央王权愈加衰微，以省为中心的地方政治意识已公开地出现于政治生活之中。①

辛亥革命爆发后，各省纷纷脱离清廷宣布独立，清王朝解体。辛亥革命中，各省区地方政治势力得到强化，形成了国家认同资源转化与中央权力衰落的矛盾，政治重心下移到省一级，加上包括自治思潮在内的西方各种政治学说涌入中国，省区内的士绅等政治力量借助于地域认同意识和现代国家观念的普及，促进了省籍意识的进一步发展。②

民国以后，在社会动荡、战乱不止的环境中，这种心理观念更

① 王续添：《论民国时期的地方政治意识》，《教学与研究》2003 年第 5 期。

② 杨研：《地域主义与国家认同》，天津人民出版社 2007 年版，第 2 页。

加得以扩张和释放。由地域认同观念生发出浓厚的省区自治意识、地方组织和政治运作均经历了本省化的过程。一时间,各省地方势力无不打出本省人治理本省的旗帜,结成足以影响本省政治的势力集团,为日后实施地方专权和向中央政府获求更大权力创造条件,而对于非本省籍的督军则予以排斥。[①] 此种情形下,山东兴起了“鲁人治鲁”思潮。

北洋政府时期的山东7任督军中,有5人籍隶山东。“鲁人治鲁”始自北洋军阀时期山东督军周自齐,其后的靳云鹏、张怀芝[②]、张树元[③]、张宗昌[④]皆为山东人,故非鲁籍的山东督军田中玉(直隶人)、郑士琦(安徽人)就受到“鲁人治鲁”风潮的冲击。在对待田

---

① 刘大可:《民国时期山东财政与地方专权》,《东岳论丛》2000年第9期。

② 张怀芝(1860~1934),字子志,山东东阿人。早年毕业于北洋武备学堂,追随袁世凯左右。历任北洋常备军协统、天津镇守使、陆军第五镇统制、察哈尔都统。1916年,任济武将军,督理山东军务。袁世凯死后,投靠皖系,任山东督军兼省长。1918年下台后离开山东,调任参谋总长。1920年直皖战争,皖系失败,他又转为直系。1924年第二次直奉战争中,任参谋总长兼前敌总执法处处长。直系败后去职,蛰居天津至死。

③ 张树元(1888~1934),字少卿,山东无棣人。北洋军阀皖系将领。北洋新建陆军随营德文学堂肄业,日本陆军士官学校炮兵科毕业。历任北洋第五镇炮兵标统、第十协统领、陆军第五师师长、山东军务帮办、山东督军兼署省长、将军府谦威将军、执政府军务厅长。

④ 张宗昌(1882~1932),字效坤,山东掖县(今山东莱州)人。早年赴东北谋生。辛亥革命后投机革命,任上海光复军团长。1913年投靠冯国璋,先后任江苏陆军军官教育团监理、江苏将军公署副官长、总统府侍从武官长、江苏暂编第一师师长。1922年投靠奉系军阀张作霖,先后任巡署高级顾问、宪兵营长、绥宁剿匪司令、绥宁镇守使、东北第三混成旅旅长。1924年第二次直奉战争时任奉军第二军副军长,不久任苏皖鲁剿匪司令。1925年4月,任山东军务督办。1926年初,任直鲁联军总司令。1928年8月,兵败下野。

中玉督鲁的态度上，旅京山东人内部基于不同利益诉求发生了分歧。

“自治”即“自己治理自己”，是与中央集权相对立的概念，体现了近代以来地方分权的政治理念。“鲁人治鲁”思潮的盛行，既是某些政客的现实利益追求，也是其时中国政治思想的一种趋势。从地方与中央的关系来看，是地方要求独立自治的现实政治反映，又是北洋军阀推行集权统治产生的后果，其实质是中央集权与地方分权之争。

二、田中玉专权山东

1919 年 12 月，直隶人田中玉（皖系将领）在时任国务总理的靳云鹏（皖系）推荐下担任山东督军。① 在当时“鲁人治鲁”省区自治思潮盛行的情况下，靳云鹏为何要推荐非鲁籍将领田中玉呢？由于山东地处东海之滨，为海疆要区，又地近京畿，水陆交通便利，处南北枢纽，故中央控制严密，北洋政府时期的山东地方长官均由中央直接派遣。周自齐、靳云鹏、张怀芝督鲁皆由袁世凯任命。袁世凯死后，北洋军阀分化为三派，以段祺瑞为首的皖系军阀掌握北京政府，山东成为皖系地盘。这一时期，段祺瑞以边防督办的名义掌握北京政府实权，总统徐世昌只是虚有其名。靳系段之旧属，此时虽为国务总理兼边防督办公署训练处长，但仍听命于段，因对段有不满，故早有摆脱其控制之心。对于山东督军这一重要官职，靳云鹏没有保举段的嫡系人物而是推荐直隶（今河北）人田中玉，就是

① 田中玉任山东督军之前，任察哈尔都统。1919 年 12 月，原山东督军张树元受省议会弹劾而被北洋政府免职。为了占有山东地盘，故皖系军阀将田派往山东任督军。

想树立自己的势力以摆脱段的控制。田中玉此时虽倾向皖系,但并不是嫡系。靳的想法是让田先当督军,再兼省长,然后把省长让给其济宁同乡兼心腹潘复。这样,田掌握军事,潘复掌握行政,山东便完全为自己所掌控。[①] 可以看出,靳云鹏不顾当时"鲁人治鲁"思潮推荐非鲁籍的田中玉,完全出于个人利益考虑。

田中玉上任伊始,即着手排挤异己势力,独揽山东军政大权,对抗当时实行的"军民分治"政策。原来,民国建立之初,北洋军阀为适应新的封建统治而建立起新的官僚机构,各省督抚改成都督,实行"军民分治"政策,军政最高长官称都督,民政最高长官称民政长。"军民分治"的提出,主要试图解决辛亥革命以来各省都督权力膨胀及与中央政府的关系,[②]实际上是希望通过控制地方集团势力而实现中央集权。此举遭到地方实力派的反抗,各省名义上"军民分治",往往最高军政长官兼管民政。周自齐、靳云鹏督鲁时期,山东形式上保留"军民分治",督军和民政长分任,但民政长不掌握实权,督军大权独揽。张怀芝督鲁后,率先起来反对中央政策,使得各省纷纷效尤,驱逐省长,省长之职由督军兼任,连形式上的军民分治亦不再存在,使得北京政府实行"军民分治"的计划彻底成为泡影。军民分治之争,是中央和地方之间的权力斗争,[③]其结果是地方军政、民政合一,从而形成地方专权。

田中玉来山东赴任之际,其时山东以省长屈映光、帮办山东军

---

① 吕伟俊主编:《民国山东史》,山东人民出版社 1995 年版,第 143 ~ 144 页。

② 陈明:《集权与分权:民国元年的军民分治之争》,《学术研究》2011 年第 9 期。

③ 刘宗灵:《地方场域中的权力博弈——以民初江西民政长事件为个案的考察》,《浙江学刊》2009 年第 2 期。

务马良为首的皖系势力正炽。田中玉一方面对之采取礼让和亲近的态度，另一方面利用一切时机充实自己的实力，极力把持全省军、政、财权。直皖战争皖系失败前后，屈映光、马良等皖系势力逐渐撤出山东。北京政府派齐耀珊接任山东省长。在齐耀珊接任屈映光之前①，田中玉暂署省长之职。田为排斥齐耀珊，在其到任之前大力裁员，其真实目的有二："（一）设中央以其办事得力，百姓以其能体恤下情，屈氏已去，齐氏不来，或可达到真除目的；（二）即使齐来，而省长经费，受此波折，损失良巨，且行政之权，亦无形剥夺，彼之督军固依然无恙也。"可见，田这样做是为达到自己能长期兼任省长之职、实现山东军政大权独揽之目的。齐耀珊接任省长后，不满田中玉过于裁员减政，双方冲突由此产生。齐以田干政、破坏"军民分治"为由，多次以辞职相要挟。1920 年 10 月 20 日，齐耀珊曾"因与督军田中玉意见不洽，向政府请求辞职"②。

当时山东人民因财政问题，主张"军民分治"，加上 20 世纪 20 年代地方自治思潮的兴起，"本省乃本省人之本省"、"本省人治理本省"呼声高涨，山东人多支持齐而反对田。但是，于 1920 年 8 月得张作霖力荐再次出任国务总理的靳云鹏，为实现自己独揽山东大权的目的，不顾山东人民主张军民分治、"鲁人治鲁"的呼声，而

---

① 齐耀珊（1865～?），字照岩，山东昌邑人，光绪十六年（1890）进士。曾任湖北抚署文案、武昌保甲总办、宜昌知府、汉口清丈局总办等职。光绪末年，擢湖北荆宜道，花翎二品衔，历任江海关道兼洋务总办、湖北地方官督练公所教练处总办、湖北提学使。民国时期，历任北京盐务筹备处处长、约法会议员、参政院参政、浙江省省长、山东省省长、北京政府内务总长兼饥馑救济会总理、商务银行总裁、农商总长兼署教育总长，兼任粮食调查委员会会长、农商银行总裁、安国军政讨论委员会委员等职。

② 《山东之省长问题》，《申报》1920 年 10 月 20 日。

是顺势免除齐耀珊职，同意田中玉兼任省长，并于1920年10月20日正式发布任命令。至此，在靳云鹏的大力支持下，田中玉解除了屈、马势力的困扰，又赶走了齐耀珊，独掌山东的军政大权，实现了对山东的地方专权。

但是，靳云鹏意欲通过支持田中玉控制山东的计划受到吴佩孚的坚决反对，加上直皖战争后皖系势力衰减，直系和奉系共同控制北京政权，靳云鹏于1921年12月11日再次辞去内阁总理职务，皖系势力退出山东，直系势力乘虚而入。

失去了靳云鹏为首的皖系势力的靠山，田中玉转而投靠当权的直系，采取积极的行动以争取直系首领吴佩孚的扶持。还在直皖战争期间，田中玉即游走于直皖两派之间，先是采取“中立”态度，之后随着皖败直胜趋势的明朗，转为暗中支持直系。直皖战后，直系军阀实力大增，山东亦处于直系势力的直接控制之下，故一直到直奉战争前的一个时期，田中玉想尽办法以博得直系军阀的欢心。田中玉的做法取得了效果。1921年12月2日，吴佩孚参加济南各界会议，针对当时山东议会排斥田中玉的情况，公然当众指责省议会“今天开会排斥督军，明天开会排斥省长，殊属不成事体”，力挺田中玉。第一次直奉战争发生时，田中玉保持骑墙的态度，一直到其下台之前，田中玉都紧紧追随直系，①从而赢得了吴佩孚的庇护。而吴佩孚庇护田中玉，目的也是意图通过田中玉来控制山东，从而扩大自己的力量。

田中玉在军阀混战频仍、北京政府频繁易主的时局下，根据形势的变化不断调整自己的立场，从而得以担任山东督军长达近4年之久，是除韩复榘之外在位时间最长的一任督军。田之所以能

---

① 吕伟俊主编:《民国山东史》,第156、157页。

在位时间长达四年之久，是与旅京鲁人靳云鹏、吴佩孚的大力扶持分不开的。

三、部分旅京鲁人的驱田运动

在对待田中玉督鲁问题上，一些旅京山东高级官员如靳云鹏、吴佩孚，因利益需求而持支持态度，但是山东省人民和大部分旅京山东人却主张“鲁人治鲁”。由此，旅京山东同乡内部发生分歧。直皖战后，部分旅京鲁人与山东人民一起展开了驱田废督运动。

20 世纪 20 年代，全国各地同时兴起了一系列维护和平、反对军阀战争的运动，废督裁兵即是其中的重要一项。在这种形势之下，田中玉仍能掌握军政大权，时人讥讽道：“当人民力争废督之时，而田中玉独得地位稳固之保证而回，其能力可谓大矣；当人民力争分治之时，而田中玉非持督军地位稳固，且攫得兼省长而回任，其手腕神矣。”①故在靳云鹏发布田中玉兼任山东民政长令时，鲁人一片反对之声。田中玉也一再请“辞”，但未能成。加上此时日本进兵山东、匪乱猖獗、财政亏空等情况，山东人民便把愤恨集中在田中玉身上，掀起了驱田废督运动，“鲁人之拒督军，非仅为废督而短督军，亦非仅为分治而拒督军，实因为自保而拒督军”②。

因鲁省人士“对于田中玉感情颇劣，且以督军兼任省长，于军民分治之旨□相抵触，故尤为反对”，于 1920 年 10 月中旬派代表来京“特晋谒靳氏，陈述鲁人意见”。各代表“略述财政紊乱情形，非鲁人自理，不能整顿，且鄂人治鄂，湘人治湘、苏人治苏，潮流所

① 《申报》1920 年 10 月 22 日。

② 《申报》1920 年 10 月 22 日。

趋”,但是靳云鹏却极力为田中玉庇护,“鲁人交涉无果”①。

山东民众废督不成,转而掀起自治思潮,主张“鲁人治鲁”,便请北京政府改派山东蓬莱人吴佩孚继任山东督军。吴佩孚时任直鲁豫巡阅副使、正使。田中玉见此情况,于1920年11月5日向北京政府自请废督辞职②。田中玉自请辞职非出自本意,而是自觉“在奉直虎视眈眈之下,亦已不稳,所余者,时间问题耳”③。直皖战争后,直系当政,吴佩孚亦有意把山东置于自己的势力之下,并为此准备了督军和省长的人选,但是后来由于种种原因没有成功,于是打消了念头。这就使得田中玉有些动摇的督军位置又稳定下来。此间山东财政濒危,灾害频仍,匪患猖獗,兵变蜂起,人民处于水深火热之中,而田中玉却无心理政。

田中玉的不作为不仅引起山东省各界的极其不满,也招来部分旅京山东人的愤恨,倒田运动此起彼伏。1922年1月,田中玉以修理黄河大堤为借口,拟向各洋商借款,预征丁漕,遭到山东人民的反对。3月22日,旅京山东人士集会,又历数田之新罪状,要求罢免田中玉,山东各团体因田氏到京,“恐其乘机运动留任,因特速电北京政府请求罢免田氏”。山东旅京同乡会代表魏锡钺、省议会议员代表赵树枋等至总统府,胪陈田中玉五条罪状:(一)目无中央,任用私人;(二)调动军警,蹂躏议会;(三)漠视河工,违法加税;(四)纵匪殃民,吝发军饷;(五)借款营私,滥发丁漕。同日,旅津山东同乡会亦电达北京政府反对田中玉预征一年丁漕,要求罢免田

① 《申报》1920年10月20日。

② 中国科学院近代史研究所、中华民国史研究室编:《中华民国史资料丛稿·大事记》第六辑,中华书局1978年版,第112页。

③ 《申报》1920年11月4日。

中玉。① 在山东各界激烈的倒田声浪中，田中玉以进为退，提出辞呈，北京政府慰留。

1922 年 9 月，旅京山东同乡代表龙雨三、朱心斋和张芝轩等人联名上书北洋政府，指责田中玉剿匪不力，致使山东政局糜烂不堪。《申报》刊发了这些旅京山东同乡的上书全文：

> 旅京山东同乡龙雨三等呈国务院公文云：窃山东督军田中玉纵容土匪，坐视河决，破坏选举，抗令预征，恣情肆虐，民不堪命。经年以来，迭由山东省第二届省议会商会农会、山东各界联合会、山东本届省议员、山东本届国会议员以及各团体，向政府呼吁，恳请撤惩在案。奈前政府殉情庇护，漫不查察，一任哀号，漠不置意，迄大总统就职之始，首以废督布告天下，山东人民以为田中玉即不伏受国法，亦将奉令撤废，忍死须臾，或冀复苏，乃不意静候迄今数月，实施尚无音信，而田中玉以为中枢无黜陟疆吏之能力，遂更置民命于不顾。现在山东土匪日甚一日，全省无一县非土匪蹂躏之区，即一县无一日无烧杀淫掠之惨，闻者伤心，言者泪下。乃田中玉拥一师十旅之众，熟视无睹，听其滋蔓，匪乱频年，民生凋敝，而田中玉为饱其贪囊起见，忍心预征，叠奉令阻，敲迫反急，河工险要，当事预防，乃延不拨款，致令溃决。现在武定四县仍没水中，灾民嗷嗷，死伤枕藉，乃田中玉将横征暴敛之款，竟不稍分些须，略事补塞。议会为监督官府，代表民意机关，田中玉初意在于拥护一己，遂违法舞弊，制造议员，继以制造未得多数，又用利诱威迫手段，使之不得成立，选举经年，议会尚不克行使职权，

① 《顺天时报》1922 年 3 月 23 日，转引自《中华民国史事纪要》（初稿）。

此外庇纵奸宄,败坏吏治,实难一一枚举。即此上开诸端,试想我东人民将何以为生耶?代表等旅居京都念切梓里,佥以田中玉不去东,则东民将无孑遗,以田中玉之穷凶极恶,而中央犹不撤惩,则国民又何赖于政府?为此环恳国务院俯怜东民水深火热之苦,将田中玉撤惩,迅行选任山东才望素优之人,为山东省长,用符民治之意。即督军一职裁撤,任第五师师长郑士琦为剿匪总司令,暂绾军符,以践废督之言。既无纷更之烦,仍获镇抚之效,一举三善,无待迟回。伏祈国务院毅然施行,则山东三千万人民实衔感之。山东同乡公民大会代表龙雨三、朱心斋、张芝轩等一万五千八百十四人同叩。①

上书末尾称有15814名旅京山东同乡共同呼吁,显系夸大之辞,但是,旅京山东同乡和在籍山东同乡都强烈要求驱逐田中玉是确凿无疑的事实。在旅京山东人以及在籍乡民的上下呼应、大力反对下,田中玉的位置发生动摇。② 而恰在此时,临城劫车案的发生又加速了田中玉的下台。

四、临城劫案的推助作用

正当旅京山东人为驱逐田而奔走之时,1923年5月6日,山东临城土匪孙美瑶在津浦铁路临城和沙沟车站之间劫持了一列载有西方乘客的列车,以此要挟政府招安封赏。临城劫车案的发生给旅京山东人实现推倒田中玉的政治目标提供了极好的口实。

鲁南山区一直匪患猖獗,张敬尧旧部、抱犊崮匪首孙美菘长期

---

① 《旅京鲁人请撤田中玉》,《申报》1922年9月22日。

② 《山东政局变化之酝酿——田中玉位置动摇》,《申报》1922年10月9日。

横行于这一带。田中玉督鲁期间，力主剿匪，派第6、第20两个混成旅包围抱犊崮达18个月之久。政府军的进剿日急，使得孙美菘弹尽粮绝，陷入绝境，于是联系其堂兄孙美瑶策划了临城劫案。

1923年5月5日，津浦线上由浦口开往天津的列车上，载有中外旅客二百余人，其中有参加山东黄河宫家坝堤口落成典礼的外国记者和外国旅游者数十人。6日凌晨，当列车行至临城站以北的沙沟山时，突然遭到孙美瑶率领的"山东建国自治军"阻截，一千余名匪众劫走外国旅客39人，中国旅客71人。除一英国人当场被打死外，其余全部被匪徒们押往抱犊崮山麓巢云观圈禁。这就是震惊中外的"临城劫案"。

此案发生后，西方国家驻京公使团向北洋政府施加压力，指责中方护路不力，要求免除田中玉的山东督军之职。在军阀统治时期，战乱连年，社会动荡，土匪绑架勒索本是常有之事，但是此次因牵涉外国人，事态严重，北京政府乱作一团，集中讨论营救外侨的问题，责成督军、省长迅速设法救回被掳外国人。

旅京山东人利用此事，再次强烈要求北洋政府撤督。1923年7月29日，旅京山东人在化石桥山东中学召开职员会，指出"鲁省匪患，皆由田督治军不严……皆因军队大半通匪，且据调查，即督署中人员，亦多与匪通，田督毫无觉察，以致发生临城案件"，借此事强烈要求北洋政府"从速易督，并严令鲁军剿匪"①。8月19日，旅京鲁人又聚集在山东会馆讨论易督问题，致国务院函云：

鲁省人民，奄然待书，与其谓为匪祸，毋宁谓为兵祸，且又毋宁为督祸，无督军之贪劣，兵不致腐败至此，无兵以接济军

---

① 《旅京鲁同乡会开会纪——质问赎票余款，请愿政府易督》，《申报》1923年8月2日。

火，匪亦不至猖獗至此。谓欲治鲁匪，非整理军队不可，整理军队，非废督不可。鲁人水深火热，非但要求废督，并不得再设变相之督理，陆军应直归中央管辖，省设剿匪总司令一员，责成专任剿匪。①

1923年10月，山东旅京同乡联合会又发表了"泣告全国同胞书"，进一步控诉了田中玉在山东期间的种种恶行，使得山东省的"内政蹂躏于军阀，外交又为此媚外自私之辈所卖丧。若不急起直追，力图挽救，恐非独吾鲁之灾，将成为全国之害。敝会痛关桑梓不得不向政府呼吁，尚望全国父老为我将伯，无任盼祷矣"②，向政府呼吁惩治之。

此期间，列强公使团多次照会北京政府，要求惩办临城劫车案的负责长官田中玉。曹锟和吴佩孚为首的直系军阀虽然试图力保田中玉(因曹锟贿选总统时田中玉曾奉上贿选经费40万)，但为了获得帝国主义的认可和支持，不得不令田中玉引咎辞职。这样，旅京山东同乡、在籍山东人的抗议和列强公使团的外交威胁共同构成了合力，田中玉的政治倒台就此成为定局。1923年10月，田中玉终于被免去了山东督军的职务，也彻底结束了他的政治生涯。其后，田中玉下野寓居于当时被日本占领的大连，直到1935年病卒。

田中玉下台之后，安徽人郑士琦继任山东督军，龚积炳(安徽人)任山东省长。二人继续纵匪殃民，藉端勒索，吞没公款。郑士琦任山东督军期间，曾大力提拔安徽同乡人士，以扩充自己的势

---

① 《旅京鲁人力争两大问题》，《申报》1923年8月25日。

② 李家璘等编：《北洋军阀史料·吴景濂卷》，天津古籍出版社1996年版，第561~562页。

力。旅京山东人于1925年4月举行更大规模的倒郑、龚大请愿运动。这场运动以时任京师总商会会长的孙学仕为首，率领旅京鲁人代表二百多名，手持白旗，“书‘驱逐郑龚，打倒卖国贼，鲁人治鲁’等字样，声势至大”①，奔赴段祺瑞政府请愿。此时正值第二次直奉战争结束之际，张作霖为代表的奉系军阀掌握北京执政府的实权。张作霖为了扩充地盘，打着“鲁人治鲁”幌子，于4月24日任命鲁籍奉系军阀张宗昌为山东督军，将郑士琦调为安徽督军。至此，郑、龚二人被排挤出山东。部分旅京鲁人和山东人民驱逐田、郑的活动，反映了其时省区自治思潮之烈。

田中玉事件是在“省”的意识形成、地方自治政策盛行的背景下发生的。山东省提出的“鲁人治鲁”口号反映了当时地方追求现实利益和中国政治思潮的一种趋势，成为地方势力与中央政权斗争的工具。对田中玉督鲁的态度，旅京山东同乡内部基于不同立场和利益发生分化：靳云鹏、吴佩孚成为国家权力的代表，大力支持田中玉督鲁，其目的是为了能够通过控制田中玉进而掌控山东，以扩大自己的势力，实现中央集权；而其他旅京鲁人则作为地方利益的代表，打着“鲁人治鲁”的旗子，驱逐田中玉，是实现地方自治、地方分权的需要。田中玉事件中旅京山东同乡内部两种不同的态度，亦是地方主义与中央政府之间要求重新分配权力的一种体现。

① 《旅京鲁人倒郑龚之大请愿》，《申报》1925年4月6日。

第六章　家乡、国家与民族主义

近代，山东由于其重要的战略位置和丰富的矿产资源而成为列强觊觎的对象，曾被英、德、日等国占据。光绪二十四年(1898)，德国强占胶州湾，英国强租威海卫。1914年，日本利用第一次世界大战爆发的时机，从德国手中夺取了青岛。1928年，日军制造“济南惨案”。抗日战争爆发后，日本占领山东。在本书所研究的时段，山东一直处于外敌入侵的威胁之下。从历史上看，山东是北方最易遭受海上入侵的地区之一。

19世纪末20世纪初，随着主权观念的引进，中国人民的民族、国家观念日益形成。山东面临的严重主权危机一直牵动着旅京山东人的心弦。在收回山东利权、山东主权等问题上，旅京山东人把对家乡安危的关切与民族、国家的利益加以关联，并与在籍同乡共同呼应，逐步实现了收回山东主权的目标，结束了山东的屈辱历史，成功地实现了爱乡与爱国的统一。

第一节　收回山东利权

19世纪末，世界资本主义由自由阶段进入垄断阶段，对中国的经济侵略由商品输出转为资本输出，列强纷纷把掠夺中国的铁路和矿山利权作为对中国进行资本输出的主要目标。在中国或通过贷款，或独资经营，或通过合办，攫取了大量的路权、矿权，严重损害了中国人民的主权利益，也随之造成了中国前所未有的民族危机，引起社会各界对利权问题的高度重视。为挽救民族经济、维护国家利益，清末收回利权运动即因势而起，并不断深化发展，在当时产生了较为广泛的社会影响。① 山东人民展开的收回利权运动即是其中一例。在这场既关乎国家盛衰又关乎个体利益的“天下兴亡，匹夫有责”的生死搏斗中，②旅京山东人团结一致，以同乡为纽带，利用所处北京特殊地位，在收回山东利权运动中起到了积极作用。

一、帝国主义对山东路矿利权的攫取

晚清时期，英、德等列强在华大量攫取铁路及铁路沿线矿产等利权。在中国22个行省中，山东省以最富矿物而闻名，③列强特别是德国对山东垂涎已久。从19世纪60年代末期开始，德国先后派人对这里的地形、矿产反复作了详细的调查。19世纪末，在资本主义列强瓜分中国的狂潮中，德国强租胶州湾，于光绪二十四年(1898)三月强迫清政府签订了《中德胶澳租界条约》。通过条约，德国不仅强租胶州湾99年，还夺取了在山东境内修筑两条铁路的特权：一条由胶澳经潍县、青州、淄川、邹平到济南及山东西部边界；一条由胶澳经沂州、莱芜到济南。德国有权开采以上两条铁路沿线30里内矿产。条约还规定为建筑以上各铁路，设立德商、华商公

① 朱英：《晚清收回利权运动新论》，《史学集刊》2013年第5期。

② 王先明：《近代绅士——一个封建阶层的历史命运》，天津人民出版社1997年版，第225页。

③ 中国史学会济南分会编：《山东近代史资料》第三分册，第157页。

司，德商、华商公司各自集股，各派妥员领办。后因胶沂济线修筑难度高且收益不大，周围又缺乏矿产，德国只修了胶济铁路一线。

（一）争夺津镇铁路修筑权

德国不满足于已获得的胶济、胶沂济和由济南往山东西境的铁路修筑权，同美、德、英等国继续争夺津镇铁路在山东境内的修筑权。早在光绪十二年（1886），刘铭传就提议修筑一条从清江至北京的铁路，直到光绪二十四年（1898）十二月，清政府方批准容闳筹借外债、设立公司修筑该路的建议，但遭到德国的反对。德国以《胶澳租界条约》中的规定为由，声称山东造路之权为德人所专有，无论何人均不能在山东另造铁路，要求由德国承筑这条铁路。而此前英国因对法比银行团攫取卢汉铁路利权非常不满，光绪二十四年（1898）八月，英国政府训令驻华公使窦纳乐向清政府要求补偿。在英国外交和军事的双重压力下，清政府因津镇铁路通过德国的势力范围，尚需另议，答应了其除津镇铁路以外的 4 条铁路的修筑要求。光绪二十五年（1899）五月，英、德合伙攫夺津镇铁路修筑权，强迫清政府签订了《津镇铁路借款草合同》，议定中国向德国德华银行和英国汇丰银行中英公司借款 740 万镑修筑铁路，以山东峄县的韩庄为界，分南北两段，由英德分别修筑并代为经理。就这样，在不到一年的时间内，山东境内两条干线铁路的利权被德国攫取。

（二）争夺胶济铁路沿线矿权

帝国主义在掠夺中国铁路利权的同时，还加紧了对矿山开采权的掠夺。根据《胶澳租界条约》，德国享有铁路沿线 30 里内的矿产开采权。光绪二十五年（1899）十月，德国集资 1200 万马克，正式成立德华矿业公司，总局设在青岛，公司冠以德华合办字样，实际系德人独资经营。德华矿务公司在山东开发经营的矿产，除潍县坊子煤矿、博山淄川煤矿两大煤矿外，还有淄博金岭镇的铁矿。随着胶济铁路的全线通车和青岛港口的建成，德国获取大量利润，如德国人在潍县、博山所开各矿“无不获利甚厚”，仅“南阱一处”，“闻开至十余里之广，每日出煤约载四百火车（载煤小火车），每车两万五千启罗，所费省而所获多，诚无穷之利源矣”①。

（三）争夺茅山等五处矿权

德华矿务公司所经营的矿山主要在胶济铁路沿线，但德国并不满足于此，企图垄断山东全省的矿产。除经营以上煤铁矿外，德国还进一步要挟强索茅山（今属烟台市牟平区）等5处矿权，并阴谋通过合办控制峄县中兴煤矿。光绪二十五年（1899）二月，德商请德国驻华使臣禀呈清政府矿路总局，请求勘办山东烟台等5处矿务。这5处矿区位于烟台、诸城、潍县、沂州、沂水等地，包括当时登、莱、青、沂、胶5府及直隶州属境，总面积几乎覆盖整个山东。光绪三十三年（1907），原定5处矿区勘矿5年的期限已逾多年，山东巡抚杨士骧竟同意了德人“加展探矿期限两年”的无理要求。

（四）争夺济铁路南路矿权

鲁西南枣庄一带煤炭资源丰富，德人曾多次前往勘查洽商购买，均未遂愿。光绪三十四年（1908），德人终借包揽承修津浦铁路之机提出了对中部矿权的要求并声称，此即为《胶澳租借条约》所议胶济南路之矿权，根据条约之规定，德国享有铁路沿路30里内之矿山。

“路权所在，即国权所在”②，它既关系着国家主权存废，又关

① 《德人之大利源》，《山东杂志》第37期，宣统元年（1909）七月十五日。

② 《拒绝铁路借款纪闻》，《申报》1907年11月1日。

乎个体利益。德、英等帝国主义国家对山东路矿利权的疯狂掠夺，激起了山东人民的极大愤怒，也促使了人民的觉醒。光绪三十一年(1905)前后，在全国收回利权运动的推动下，旅京山东人与全国各地山东人民一道掀起了收回路矿利权的斗争。

二、收回山东路矿利权的斗争

山东利权的大量丧失引起了山东人的极大不满。在这场涉及桑梓利益的运动中，身处政治中心的旅京山东人为收回利权积极行动起来，山东京官在这场斗争中处于主导地位。

(一)反对津镇铁路借款

山东的收回利权运动，首先是从反对津镇铁路借款、要求废约自办开始的。“在民族抗争怒潮中，新式知识分子及其学生群体，始终是最为积极和激进的社会阶层”①。旅京山东人中学生群体率先组织起来，撰写敬告同乡父老文和敬告同乡京官文，分送各界。文章将列强掠夺中国路矿利权给中国带来的危害上升到关系国家危亡的高度：

> 昔之谋人国也争于海，今之谋人国也争于陆；昔之灭人国也以兵力，今之灭人国也以利权；昔之灭人国也夺其土地，今之灭人国也攫其铁路。铁路存则国存，铁路亡则国亡，铁路者，固国家存亡之一大关键也。②

旅京山东学生又联络同志，于八月十五日成立同乡学会，“通共有五六十人，且以学界人多，介乎官界的，仅有进士馆诸位同人，

---

① 王先明:《近代绅士——一个封建阶层的历史命运》，第214页。

② 《山东旅京学界同人公启:为津镇铁路敬告山东父老文》，《大公报》1905年10月30日。

仍然算是学界"①,以方便展开下一步活动。

敬告文发出后不久,山东京官也随之行动起来。光绪三十三年(1907)前后,山东京官与津浦铁路所经直隶、江苏两省的朝廷官员,多次向清政府的商部和邮传部递交《筹款自办津镇铁路》呈文,指出"此路实关系国家命脉","若使铁路利权俱落外人之手,将来患害不可胜言"。他们还约集153人上奏都察院,"以此路关系甚巨,所以权利不应任外人攫取",要求清政府废除与德、英两国签署的借款合同,筹款自办津浦铁路,"冀以保固京师门户,挽回利权"②。

在三省绅民的强烈要求下,清政府同意交由袁世凯和张之洞办理此事。袁世凯等人鉴于三省绅民的斗争和利用英德害怕废约的心理,经多次争论,于1908年签订了津镇铁路正式合同。津镇铁路正式合同与当时清政府与帝国主义签定的其他各项路约相比,在借款的折扣、抵押及造路和经营管理等方面,损害稍轻,但英、德仍取得了许多权益。③

(二)收回矿权的斗争

在反对津镇铁路借款、要求废约自办的同时,旅京山东人又掀起了收回矿权的斗争。范之杰、柯劭忞等为此屡次召集众商开会,痛斥德国的侵略行径,筹议保路办法,并发起成立路矿研究所,联络各省收回利权的爱国力量及山东民众团体,共同抵制德国人的无理要求。

---

① 《说组织议事总机关》,《山东杂志》第74期,宣统二年(1910)十月初十日。

② 宓汝成编:《中国近代铁路史资料(1863-1911)》第二册,中华书局1963年版,第795页。

③ 参见安作璋主编:《山东通史》近代卷上册,山东人民出版社1994年版,第336页。

光绪三十三年(1907),范之杰回到家乡,看到外国侵略者"每藉游历为名,任意测绘山川营堡要塞,护送兵弁,缀至累月经旬而不返,似此据我堂奥,窥我虚实"①,发出"山东危乎殆哉"的感慨。②目睹家乡主权遭受外来侵犯后,范之杰面请山东咨议局长杨毓泗设法拒绝。范之杰返京后"复请同乡大老力争",于光绪三十四年(1908)四月联系"侍讲衔翰林院编修杨毓泗,内阁中书李熠、王丕煦,吏部主事任祖澜、陈世昌,翰林院五品衔编修田智枚,记名御史陆军部郎中赵秉璋,法部主事丁毓骥,礼部主事张梅亭、朱燮元,度支部主事朱家桢、朱钧声,记名遇缺题奏、翰林院编修张恕琳、杨渭,山东驻京提塘钱金榜"等人,针对"外人在山东内地侵害主权"诸行为,以"职等谊切梓桑,见闻较确,用敢据实直陈上书",呈请"亟宜设法限制"。③

因德国对茅山5处矿区的勘查结果大失所望,再加上资本不足,已赔四五十万,这5处勘矿续展期限至宣统元年(1909)七月即满,德国以让中国赎回茅山为试探,其余4处矿产均可让还。这4处矿产中有3处在胶济铁路附近30里内,名虽让还,而实际上德国仍然拥有铁路沿线30里内的开采权。宣统元年(1909)四月间,德国领事照会鲁抚,德国矿务公司"愿将五处矿产内之茅山矿业让于中国","但须赔偿其经营费用二百万马克,约合华银八十万两"④。

---

① 《山东京官上书请收回主权》,《山东杂志》第8期,光绪三十四年(1908)四月三十日。

② 《山东危乎殆哉》,《山东杂志》第78期,宣统二年(1910)十一月二十日。

③ 《山东京官上书请收回主权》,《山东杂志》第8期,光绪三十四年(1908)四月三十日。

④ 《德国矿务公司之交涉》,《山东杂志》第31期,宣统元年(1909)四月十五日。

对德国的照会，山东巡抚袁树勋多次召集绅商筹议收赎办法。袁树勋的行为，遭到了旅京山东同乡的反对。

宣统元年(1909)六月，孙宝琦接任袁树勋任山东巡抚。此时五矿合同期限已满，但孙宝琦仍主张用加赋的办法筹款赎买五矿，这就等于给农民增加了负担。山东绅商坚决反对赎买办法，要求无偿收回矿权。鲁籍京官柯劭忞等"为保持山东利权起见，电达山东巡抚"，认为"五处矿产逾限已久，应请声明作废，赎回茅山矿地之争，应无庸议"。山东议员"杨毓泗等百三人暨绅民石金声等同样具呈抚院"，质问赎回茅山事件。山东京官及商学各界还"遍发抵制鲁抚传单"，号召大家对"孙抚的迁延柔媚，必当极力抵拒"①。

宣统元年(1909)八月十一日，范之杰联合王宝田、柯劭忞等，研究山东省路矿保存办法条议如下：

(一)山东之诸城、安丘、蒙阴、沂水、潍县五处矿产，系光绪三十三年七月二十五日，杨莲帅与德人续立合同展限二年，德人如二年之内不能开办，此约即可声明作废。至今年七月二十五日则及二年期满之期。现宜预为声明，山东五处矿产，到期即须作废，不然恐东省大吏，再私与德人展限，则山东全省命脉从此绝矣。即德人有意外之要求，我必以正当之防御而预为准备。

(二)胶沂济铁路系胶州而诸城、莒州、沂水至沂州府，复从沂州府而至泰安与津浦铁路连络而至济南。此路德人已让本省人收回自办矣，但此时让路仍不将该路经过之矿地让出。今拟将路矿一概收回自办，与外务部及德国人竭力交涉，务期达到目的。并连络绅商，期至宣统七年之限内，将路造成，勿

① 《四记山东士绅对于路矿之计议》，《东方杂志》第6卷第12期。

再借用洋款。收回此路之条约载明，若至宣统七年不办，则仍归德国人承修。如借用洋款，须先向德国借用。

（三）津浦铁路北段工程，既为李德顺空耗巨款，幸有直隶绅商学界以性命争之，稍有挽回。查此路之北段，系自天津起至峄县止，此次糜费之款，不第直隶一省担任，若北段全路告成，山东所应摊之款，较直隶有十分之六。该路勘线过桑园入德州，即是山东境，我东人即在调查责任之内。且济南黄河桥，工程浩大，又为外国工程师所包，其不严加防范，官场岂少李德顺其人。一旦均假手外人，本省人不尽调查之责任，其害有不可胜言者，拟组织一会，商议入手办法。①

山东人收回利权运动得到全国各地人民的声援。与此同时，山东留日学生召开同乡会，达成一致意见："合同既废，则茅山买赎一事，决不能承认。"②早在三月间，山东留日学生就曾上书鲁抚，请求立宪。③ 一时间，"鲁省京外绅商以及留洋学界、本省咨议局，众口同声，主张遵照合同办理"④。他们认为，早前袁树勋曾派员前往茅山查勘，但是由于"该公司并未实有矿权，不能议售"，且"合同逾限，全部失效，已经数月之久"⑤，谈不上赎买包赔。

---

① 马鸿谟编：《民呼、民吁、民立报选辑》第 1 辑，河南人民出版社 1982 年版，第 259 页。

② 《东人对于五处矿产之意见》，《山东杂志》第 40 期，宣统元年（1909）八月三十日。

③ 《山东同乡会上书鲁抚公禀》，《山东杂志》第 30 期，宣统元年（1909）三月三十日。

④ 《书鲁抚批覆咨议局质问赔偿茅山矿费与否有何利害呈后》，《山东杂志》第 43 期，宣统元年（1909）十月十五日。

⑤ 《书鲁抚批覆咨议局质问赔偿茅山矿费利害呈后》，《山东杂志》第 46 期，宣统元年（1909）十一月三十日。

但是,孙宝琦仍一意孤行。宣统元年(1909)十二月,孙宝琦罔顾山东人民的呼声,与德国签订了《山东收回德商五矿合同》,山东地方政府付给德国34万两银,收回了茅山等5处矿权。这样的结局,令山东人民极不满意。

在收回利权的民族抗争风潮中,山东商人阶层开始介入进来。宣统二年(1910)八月十三日,旅京山东同乡在齐鲁学堂召开全体大会,到会者二三百人,“商界最占多数”,这是旅京“山东官商学联络办事之第一次”[①]。清末民初,随着山东商人实力的壮大,有了鲜明的参政意识,商人阶层在收回主权运动中的地位上升。

在山东士绅的斗争下,孙宝琦也对德国“让路不让矿”的无理要求进行了驳斥,迫使德国驻北京公使雷克司不得不向清政府表示:极愿能设法将胶沂铁路之开矿权随时划清,以期满意于两国。宣统三年(1911)七月,孙宝琦又以21万墨西哥银元赎回《胶澳租借条约》中规定的除胶济线之淄川、坊子、金岭镇三矿部分矿权外的几处铁路线30里以内的矿权。德国人得了赎金,但并未停止对山东矿产的掠夺。

孙宝琦等的丧权辱国行为又一次激起了山东各阶层民众的不满。山东旅京政商学界同乡频频集会,商讨对策。他们痛斥德人将山东路矿利权掠夺殆尽,“残余膏血,岌乎莫保”,指出德人让权的虚伪举动实系“肆其阳予阴夺之狡计”[②],他们到处宣传,奔走呼喊,极力抵拒孙宝琦以巨款买回本来属于中国的矿权的行为。一些已经秘密参加同盟会反清革命的山东人也于其中积极活动,陈

---

① 《说组织议事总机关》,《山东杂志》第74期,宣统二年(1910)十月初十日。

② 《续记山东士绅对于路矿之计议》,《东方杂志》第六卷第十期。

干撰文指斥先后主持山东矿务交涉的杨士骧等"专心媚外",将朝廷数千里疆土奉送于顷刻之间,揭露孙宝琦加赋筹款以赎矿权是搜刮百姓之脂膏以供德人挥霍。

在山东人民的压力下,孙宝琦也意识到"若过用压力断绝华矿生机,窃恐酿出事端,更难收拾"①,使得他在与德方的谈判中极力周旋,没敢答应德人提出的以 80 万两银子赎坊子等 3 矿的要求。由于此时清朝已经面临覆灭,故中德谈判也暂时被拖延了下来。直到辛亥革命后,1913 年 12 月,孙宝琦任北洋政府外交部长时,才与德国谈判收回了 3 处矿权,结束了旷日持久的中德山东矿务交涉。

三、特点

从列强手中争回丧失的路矿利权,挽救空前严重的民族危机,是收回利权运动的最高目标,而推动这一运动蓬勃潮涌的内驱力,是基于维护国家主权和民族生存权而形成的,具有近代理性意义的民族精神。收回利权运动即要从根本上争回被列强窃取掠夺的国家主权。"国权"即主权观念,是 20 世纪民族主义精神的内核,也是收回利权运动的根本要求。② 在这场收回山东利权的运动中,先是山东旅京学生群体、官员阶层行动起来,紧接着是商人群体加入进来,使得凝聚力不断扩大。

(一)中枢性

收回利权运动既关乎民族存亡的全民性抗争,又是同地方利益密切相关的群众斗争。在家乡绅民、外地山东同乡进行的收回

---

① "中央研究院"近代史研究所编:《矿务档》(二),"中央研究院"近代史研究所 1960 年版,第 1244 页。

② 王先明:《近代绅士:一个封建阶层的历史命运》,第 223 页。

利权运动中，旅京山东人利用北京的政治中心地位，主动联络，内外呼应，在山东人中起到中枢作用。旅京山东人中的各个阶层、各个团体，涉及诸多社会阶层和社会力量，和各地甚至海外山东人一样，超越了自己的政治倾向、派别，无论是反对清朝统治，还是继续效忠清朝，大都主张收回山东利权。他们在维护山东利权的斗争中，表现出高度一致而强烈的家乡利益意识。旅京山东人上连清政府最高统治者，下达家乡绅民和外地山东同乡，把家乡和外地山东同乡的呼吁汇集起来，在这里，桑梓情怀起到了关键的作用。其中，鲁籍高级官绅以其拥有的政治能量和社会影响起到发挥了主导作用。他们采取上奏书、请愿、召开国会等方式向清朝最高统治者表达意愿，利用自己的社会地位呼吁影响社会各界，其他旅京山东人亦起到了首尾呼应的作用。

（二）缺乏基础广泛的群众性

20 世纪是民族觉醒的时期，作为民族抗争性质的收回利权运动，无论就其斗争目标还是就其结果而言，体现的是全民族的利益，而不仅仅是资产阶级的利益。故参与的人不仅限于资产阶级，而是全民族。在收回利权这一“深得民心的运动”中①，山东利权关涉每一个中国人利益，是全民族面对国权、生存权丧失殆尽而奋起救亡的民族斗争。而旅京山东人在收回利权运动中，主要联系的是社会上层的政、商、学界，而较少发动广大的下层群众，使得这场运动缺乏坚实的群众基础。这种情况在后来的收回青岛主权运动中有很大改善。在收回青岛主权中，旅京山东人把广大的劳动者发动起来，积极参与到运动中去，壮大了声势，斗争也就相对坚实了很多。

① 费正清编，中国社会科学院历史研究所编译室译：《剑桥中国晚清史》下卷，中国社会科学出版社 1985 年版，第 489 页。

第二节　收回青岛主权

民国时期,山东的安危一直是全国关注的焦点。一战期间,日本从德国手中夺取了其在山东的各项权益而成为新的殖民者。一战结束后,西方列强秉承日本政府的旨意,在巴黎和会上拒绝中国代表关于归还青岛的要求,而北洋政府内部一些高级官员,如曹汝霖、陆宗舆和章宗祥等人主张妥协,引起了旅京山东人的极大愤怒。由此,旅京山东人与在籍同乡共同呼应,意欲阻止北洋政府的妥协举动,并向全国舆论发起呼吁,扩大了青岛问题在全国的影响,使全国民众进一步关注青岛问题的动向。

作为五四运动的导火线——青岛问题与山东民众有密切的利害关系,为了维护主权,旅京山东人充分利用其与军政界高层有密切关系的条件,开展向北洋政府的请愿运动。在五四运动中,旅京山东人逐步壮大自身力量,保护爱国学生,配合了全国的爱国运动,也在一定程度上使五四运动避免成为大规模的流血事件。五四运动之后,旅京山东人又为争取彻底收回青岛主权和威海卫租借地而不懈努力,多次进行请愿活动,最终在全国人民的积极支援下,实现了收复所有在鲁列强租借地的目标。

山东的主权危机实际上是列强瓜分中国狂潮的一个缩影。山东的安危关系到全国的安危。山东一旦落于外敌之手,则京津门户洞开,江淮之地亦不复为安逸之地。家乡的主权危机一直牵动着旅京山东人的心弦。外敌觊觎山东的严酷现实,势必对旅京山东人的爱乡观念发生深刻的影响。旅京山东人对家乡利益的关注逐渐超越狭隘的地域意识,而与爱国的意识统一起来,他们对家乡利益的捍卫和呼吁,成为全国爱国行动的有机部分。

一、青岛问题的由来

青岛地区旧称胶澳，属即墨县，原为一个默默无闻的小渔村。其所在胶州湾面临黄海，港阔水深，是我国北方的优良海港之一，自古以来就因其地理位置优越而为军事要地和设防重地。鸦片战争后，帝国主义列强大举进攻中国，作为东亚良港，青岛的战略地位日益显要，一直为西方资本主义列强所垂涎。光绪十七年（1891），清政府开始在胶澳设防，为青岛建城的开始。次年，调登州镇总兵章高元率部移驻胶澳。之后，经过几年建设，胶澳成为初步繁荣的海滨城镇和军事要地。

德国早就对山东尤其是青岛觊觎已久。早在19世纪六七十年代就派人多次勘探①。光绪二十三年（1897）十一月，德国以两名德籍传教士在山东巨野被杀为借口，派军舰占领了胶州湾，夺取青岛炮台，并于光绪二十四年（1898）三月六日强迫清政府签订《胶澳租借条约》，强租胶州湾，租期为99年。由此，德国在租界的名义下，强占了胶州湾，山东也划入德国的势力范围。同年四月二十七日，德皇威廉二世发布敕令，将胶州湾租借地作为德国的殖民地，名为"胶州湾保护领"。② 光绪二十五年（1899），德皇威廉二世下令将胶澳租借地的新市区称为青岛。

就在德国力图把青岛塑造成一个"模范殖民地"之时，第一次世界大战的爆发使得山东问题发生变化。

《胶澳租借条约》签订后，德国以胶州湾为基地，派驻军队，建筑

---

① 王铁崖编：《中外旧约章汇编》第1册，三联书店1982年版，第738～740页。

② 王守中：《德国侵略山东史》，人民出版社1988年版，第161页。

要塞,经营山东,并在全中国孜孜不倦地发展其势力,获取了巨大成功,使得日本帝国主义非常眼红。1914 年 8 月,第一次世界大战在欧洲爆发,对中国怀有占领野心、对山东青岛权益垂涎已久的日本帝国主义以日英同盟为借口,对德国宣战,取代德国成为胶州湾新的殖民者。为稳固在山东获得的权益,1915 年 1 月 18 日,日本向袁世凯政府提出了灭亡中国的"二十一条",主要内容就是要求中国承认日本继承德国在山东享有的一切权益,还增加了在山东境内筑路通商的权利。"二十一条"的提出,显示了日本要求独占山东的野心。5 月 7 日,日本提出最后通牒,施以武力威胁,迫使北洋政府几乎全部接受了日本的要求。"二十一条"严重损害了中国的主权。1917 年,日本还与英、法、意、俄四国达成秘密谅解协议,承认日本在战后可以占有德国在山东的权利。

1918 年 9 月 24 日,日本通过向段祺瑞政府提供借款,诱使段祺瑞政府同日本达成两国关于山东问题的换文,主要内容包括胶济铁路沿线之日本军队,除济南留一部分外,全部调集于青岛;关于胶济铁路沿线的警备,由日本人指挥的巡警队代替;胶济铁路由中日两国合办经营。以上关于日本在山东的驻军权和对胶济铁路的经营权的内容均得到段祺瑞的承认。这些关于"山东问题"的条约、换文被日本在后来的巴黎和会上据为拒不把山东交还中国的借口。①

二、巴黎和会的召开与山东外交调查会的成立

1919 年初,第一次世界大战的战胜国在法国巴黎凡尔赛宫举

---

① 关于第一次世界大战时期,日德两国在山东的战争和日本对山东侵略的深化过程,参见王守中著《德国侵略山东史》(人民出版社 1988 年版)、刘大可著《日本侵略山东史》(山东人民出版社 1991 年版)等。

行和会，青岛问题被提上了议程。中国参加了这次大战，在会上以战胜国身份要求收回被日本攫取的山东青岛权益。1月28日，中国代表顾维钧在会上提出归还胶澳租界和德国在山东的一切权利的要求，并指出“二十一条”是在日本武力威迫下签订的，不能视为有效，而中国参战宣言已声明所有中德间的条约协定一律废除，青岛和山东的权益当然应予收回。3月10日，日本代表发表声明称，日本现在享有德国在山东的各项权利是合法的，而且由中国自行让与了日本，有条约为证。美国提出德国在中国的权益先由巴黎和会暂时接管，再由五强国处置，遭到了日本的拒绝。日本态度蛮横，提出对德和约中将山东问题单列一条，借以从有关中国的条款中分列出来。但是，把持会议的美、英、法等国各怀鬼胎，倾力实现自己的图谋，并不关心中国要求归还山东的正当要求，不考虑维护战后的和平大局。它们不惜牺牲中国的利益，极力迁就日本，对日本一味持妥协退让态度，企图取得日本的合作，达到预期的分赃目的。

山东各地民众纷纷组织起来，向北洋政府呼吁收回山东主权，拒绝日本继承德国对青岛的“租借权”。近代北京是山东人向外移民的重要目的地，大批山东人活跃在北京的社会各界，虽然很多山东人已经定居在北京，但他们对家乡依然有着深深的眷恋。当家乡民众掀起反对日本侵略山东的运动时，旅京山东人立即响应，利用北京是北洋政府所在地这一特殊条件，向北洋政府传达山东民众的呼声，阻止外交妥协。旅京山东人向北洋政府的呼吁实际上是民间社会同政府实施沟通的方式。这种沟通，起初是通过同乡网络的韧性扩张逐步实现的。

旅京山东人素来有较强的同乡意识，当家乡的安危问题成为全国瞩目的焦点时，旅京山东人充分利用同乡意识来争取北京军政界中鲁籍人员对爱国运动支持，进而实现与北洋政府的有效沟

通。当时北京的军政界有许多鲁籍人员,如直系将领吴佩孚和北京军警督察长马龙标。国会也有多名鲁籍议员,如王讷、沙明远、潘复和艾庆镛等。[①] 马龙标本人还被推举为旅京山东同乡会会长。这些军政界中的鲁籍人员成为旅京山东人争取的对象。

旅京山东人一直非常关注巴黎和会的进展,对中国代表抱有高度的期望。当时的北洋政府面临着极大的外部压力:日本政府拒绝将青岛归还中国,并向北洋政府提出严重抗议,要求撤换中国代表顾维钧、王正廷。迫于日本的压力,北洋政府于1919年2月4日召开内阁会议,准备向日本妥协。消息传出,旅京山东人闻风而动。2月5日,山东旅京人士数百名聚集到北京英子胡同水灾筹赈会(系山东同乡会的房产之一)举行集会,研究青岛问题的动向,寻求阻止北洋政府妥协的对策。

山东旅京人士在此次会议上成立了山东外交调查会(又名山东外交后援会)。与会者一致推举马龙标为山东外交调查会主席。鲁籍议员王讷、潘复、艾庆镛、沙明远、王锡蕃,旅京商界人士孙学仕被推选为调查会主任,国民外交研究会主任李文权也到会参加了讨论。[②] 与会者还一致同意并决定,支持中国代表团在巴黎和会的正当要求,力争做收回山东的外交后援力量。

山东外交调查会的成立,极大地声援了参加巴黎和会的中国代表团,而且从同乡关系入手,争取了北洋政府部分高层人士如马龙标、王讷和潘复等人的支持。不难看出,山东外交调查会是通过

---

① 艾庆镛(生卒年不详),字韶笙,山东长清人,光绪三十二年(1906)优贡,曾任邮传部主事,记名道尹。民国时期,曾任众议院议员,在政治上属于安福系。五四时期,出任安福系在山东的喉舌《昌言报》的经理。其字画在当时颇有名气。

② 《申报》1919年2月8日。

山东同乡这层关系组织起来的。知识界、商界和军政界中关心家乡安危的旅京山东人凭借山东同乡这种属性,跨越社会阶层的界限,建立了这个临时性的民间组织。山东外交调查会的成立,使旅京山东人有了一个与北洋政府进行政治沟通的渠道。

山东外交调查会在成立之后,就向北洋政府表达了旅京山东人与山东本地民众的集体呼声。4 月,巴黎和会不顾中国代表团的反对,作出了将德国在青岛以及山东的一切权益均转交日本的裁决。北洋政府对此采取妥协办法,电令陆宗舆接受和会决议。北洋政府这种不顾民意的举动引起山东民众的极大愤慨。4 月 22 日下午 2 时,山东外交调查会主任王讷与山东各界公推的赴京常驻代表房金绮、刘志和,一起赴外交部面见陈箓次长,就青岛问题提出质疑。代表在会见中明确表示,山东全体人民认此问题为生死关头,人心激愤达于极点,如政府不为主持,必惹起意外之举动。

山东外交调查会和山东本地民众代表在此次会见中所表达的立场给予北洋政府很大的压力。当然,这种压力与列强的压力作用是完全相反的。北洋政府对此迅速作出回应。这种回应可见之于 4 月 23 日北洋政府发出的两份电报:一份为致正在巴黎的代表团团长陆征祥的电报:"鲁人为青岛事开大会,群情激昂。五国共同管理说,未可轻易承认,宜再力争。"另一份为致山东省长沈铭昌的电报:"青岛路矿问题,关系国权,中央自应力挽。"①这份电报很快由沈铭昌转发给济南山东国民请愿大会。北洋政府的回应表明,山东外交调查会与山东本地代表所施加的压力,初步起到了延迟北洋政府做出妥协决定的作用,极大支持了山东的爱

---

① 山东省地方史志编纂委员会编:《山东史志资料》第 3 辑,山东人民出版社 1983 年版,第 98 页。

国运动。

旅京山东人士普遍意识到，由于中国代表团在巴黎和会上处于严重的困境，青岛问题的外交形势仍有恶化的可能，只有继续毫不妥协地向北洋政府施加压力，防止北洋政府放弃外交努力、完全接受日本的强硬要求。为了壮大旅京山东同乡的力量，山东外交调查会进一步动员尚未参加声援活动的北京各界的山东人，并协调行动。4 月 24 日下午，山东外交调查会在英子胡同山东水灾筹赈会举行会议，与会人员一致认为“欧会将终，事机危迫，非拼命力争达到直接索还目的，不肯干休”，遂议定以下数条办法：

(一)4 月 26 日，两院全体山东议员往见大总统徐世昌；27 日山东旅京学界开会；[1]4 月 28 日，绅、商、学界代表进见国务总理钱能训；29 日召开山东旅京同乡全体大会，再分谒各重要方面人物；

(二)由议员致电中国专使，在欧会力为主张；

(三)绅、商、学各界合词呈恳政府主持，并请愿国会；

(四)用外交调查名义上书政府，并请愿国会；

(五)定期通知各界同乡。[2]

可以看出，由知识界、商界、军政界鲁籍人员组成的山东外交调查会在进一步与北洋政府沟通的同时，开始把北京学校中的鲁籍学生作为联合的对象。

4 月 26 日，王讷率参众两院鲁籍议员赴总统府请愿，徐世昌总

---

① 系 1917 年 12 月 9 日由旅京山东学生成立于山左会馆，专门研究取消日本在山东设立民政署以及青岛、胶济铁路交涉事宜。

② 山东省地方史志编纂委员会编：《山东史志资料》第 3 辑，山东人民出版社 1983 年版，第 98 页。

统派秘书长许宝蘅代见。王讷等人向许宝蘅痛陈山东人民的愤激状况，重申争取归还青岛的立场。① 北京学界中的山东学生也纷纷起来请愿。4 月 27 日，山东旅京各校学生代表百余人，在山东中学（亦系山东同乡会产业）开会，讨论青岛问题，决定推举代表随同山东绅商代表面见国务总理钱能训。4 月 28 日，旅京山东绅商、学界及山东赴京代表房金绮、刘志和二人前往国务院。代表向钱能训询问山东问题近日在欧进行情形，并质问政府何以致电陆征祥采取退让态度。这一请愿活动的代表范围较之4 月 22 日的请愿有所扩大。这种情形的出现，表明越来越多的旅京山东人参与到了这一爱国行动中。

列强继续罔顾中国人民的强烈要求，维持将山东权益转交给日本的决议，而北洋政府内部围绕山东问题也迟迟无法形成决议。对此，旅京山东人再次通过请愿这种合法活动，向北洋政府施压。5 月 1 日，王讷、李庆璋②等 20 余名参众两院鲁籍议员特赴总统府谒见大总统徐世昌，对于“时局之意见及关于鲁省善后事宜详为陈述”。5 月 2 日，国会召开会议，鲁籍议员提出动议，要求外交部陈箓次长出席答复外交情形。鲁籍国会议员质问：对于山东问题政府究系如何办理？陆征祥专使是否积极反对？限于三日内明白答复。③ 鲁籍国会议员责问词非常激烈。因不满于陈箓的模糊答复，散会后，王讷议决约集旅京各界人士于次日往见国务总理钱能训。同时，参众两院全体鲁籍议员还集体致电中国专使，要求他们“乞

① 《鲁议员为青岛问题质问政府案》，《大公报》1919 年 5 月 2 日。

② 李庆璋（生卒年不详），字莪卿，山东历城人。曾任江苏徐海道尹、国会议员。在政治上属于安福系。

③ 《鲁议员为青岛问题质问政府案》，《大公报》1919 年 5 月 2 日。

拚死力争,主张直接索还青岛及铁路矿山,并废中日新约"①。

随着巴黎和会签约的日期逐渐临近,旅京山东人的请愿活动趋于高潮。5月3日,巴黎和会上列强已决定将原德国在山东权益转归日本的消息传到国内后,群情激愤。国会鲁籍议员尹宏庆、张玉庚、庄陔兰、谢鸿涛、劳庆祁、周福祺、郭光烈、沙明远、王广瀚、杜维俭等十人,与旅京商界代表孙学仕、旅京山东学生代表孙毓址及山东驻京二代表等再次赴国务院质问:如日本终持强硬态度,五国暂收也办不到,政府最后办法究竟如何?② 谢鸿涛、沙明远等还提出查办卖国大吏案,指出:"查山东利权丧失之故,大都由交通总长曹汝霖、币制局总裁陆宗舆狼狈为奸,外则由驻日公使章宗祥阴与日人勾结,为鬼为蜮。如高徐、顺济铁路合同,以及各种密约,丧权辱国,肥己便私,事实昭然,涂人交诟。若律以刑典,则曹、陆、章之犯患罪,夫岂能辞。"要求总统下令,将卖国三吏褫职,并交法庭严讯办理。③ 可以看出,旅京山东人的多次请愿活动即将爆发的五四示威运动创造了舆论环境。

三、五四运动中的旅京山东人

随着青岛问题外交形势的进一步恶化,全国民众对北洋政府的妥协日益不满。北京的请愿活动不再局限于旅京山东人士,而是扩大到北京学生界了。5月4日,北京各大高校学生上街游行,抗议北洋政府昏聩卖国,鲁籍学生积极参加了这场爱国运动。示

---

① 山东省地方史志编纂委员会编:《山东史志资料》第3辑,山东人民出版社1983年版,第100页。

② 《旅京鲁人奔走呼号》,《民国日报》1919年5月6日。

③ 中国科学院历史研究所第三所近代史资料编辑组编辑:《五四爱国运动资料》,科学出版社1959年版,第550~551页。

威游行的学生火烧曹汝霖在赵家楼胡同的住宅,并痛打了章宗祥。次日,北京各大高校学生实行总同盟罢课。某种意义上可以说,五四示威是旅京山东人请愿活动的扩大。至此,山东民众维护主权的运动演变成全国范围内大规模的爱国运动。

五四运动是中国现代史上的标志性事件,山东主权问题是五四运动爆发的直接导火线。在五四运动爆发之前,旅京山东人响应家乡民众的呼声,为维护山东主权利益展开全面而细致的活动。五四运动爆发后,旅京山东人又积极声援爱国学生的正义行动,继续向北洋政府施加压力。旅京山东人在五四运动中的积极活动,不仅有力地配合了全国爱国运动的发展,而且由于与北洋政府高层建立了有效的沟通,在一定程度上使五四运动在全部过程中避免了大规模的流血事件,为北洋政府最终顺应民意、拒绝妥协创造了良好的条件。以往有关五四运动的史学研究中,多集中于新文化运动和五四运动的关系,研究对象也以北京学生和知识分子为主,把与山东问题关系极为密切、在五四运动中也极为活跃的旅京山东人无形中置于失语的处境。美籍史学家周策纵先生的《五四运动史》对旅京山东人与五四运动的关系有所关注,但受主题和体例的限制,在这一问题上留下了有待拓展的研究空间。下文立足于史料,分析五四时期旅京山东人与北洋政府的沟通与互动,复原旅京山东人在五四运动中的声音,以求对五四运动过程有更为全面的认识。

(一)释放被捕学生

北京学生的五四示威游行对旅京山东人起到了极大的鼓舞和支持作用。由于学生运动遭到军警的镇压和大肆逮捕,旅京山东人士呼吁北洋政府释放被捕学生。由此,争取政府释放被捕学生成为旅京山东人请愿活动的重要内容。5 月 5 日下午一时,参众两院鲁籍议员和旅京山东同乡，赴京山东省议会副议长王朝俊、张介礼以及山东外交协进会二位代表，在英子胡同山东水灾赈济会开会，研究营救被捕学生和争回山东主权问题的对策。① 与会人员达成一致意见：对于青岛问题，必须坚持到底，拼死力争。参会人员积极评价5月4日北京学界的示威游行，并对大批学生在游行中遭到逮捕感到极为不安，决定全力为学生作后盾。为此议定办法四项：一、参众两院议员中派二人同山东省议会两议长谒见总统，要求速释放被捕学生；二、到警厅与步军统领衙门安慰被捕学生；三、参众院提案，对于二十一条、顺济铁路合同，誓不承认，请各公使转各国政府；四、弹劾内阁。② 会议还决定，联合山东旅京各界群起直追，并派代表赴山东组织。③ 鲁籍议员樊文耀等二十余人还发表通电，力陈青岛的重要性，反对五国共同管理青岛之说，表明“不达直接交还之目的不止”的决心。④

五四示威游行后，全国各地纷纷响应，旅京山东人士积极抓住此时机，推动北洋政府对爱国运动的支持。5月6日，鲁籍议员谢鸿涛等人在国会提出一项议案。该议案根据当时的中华民国约

---

① 王朝俊(1875~1930)，字黉一，别号鸿一，山东濮县(今山东鄄城)人。光绪二十八年(1902)考取秀才，光绪三十年(1904)与丁惟汾等赴日留学，肄业于宏文学院师范科。留学期间加入同盟会。归国后在曹州成立了自新学堂。辛亥革命时，王朝俊在曹州成立革命团体尚志社，任为山东提学使。后辞职办实业和教育。护国战争后，一度当选为山东省议会议长。1930年，参加阎锡山和冯玉祥的反蒋活动，被阎锡山聘为高级顾问。7月，逝于北平德国医院。

② 《山东议员之筹议》，《大公报》1919年5月10日。

③ 《旅京同乡之决议》，《大公报》1919年5月11日。

④ 胡汶本、田克深编：《五四运动在山东资料选辑》，山东人民出版社1980年版，第260~261页。

法，指出日本人无权继承德国在山东之权利，并建议众议院向驻京各国公使及巴黎各国议和委员声明。① 同日，山东旅京同乡召开大会，商议如日本最终不交还青岛，应采取的应对方法。② 5 月 7 日，王讷返回济南，参加了在济南举行的山东各界国耻纪念大会，向大会介绍了北京近日交涉情形。

5 月 8 日下午，鲁籍国会议员同赴京省议会两位议长及驻京两位代表在山东水灾筹赈会开会。鉴于山东外交失败缘于当局外交措置失当，议决在国会上提出查办外交总长赴欧全权委员陆征祥及专使顾继钧、王正廷等议案，并议决 10 日上午赴公府见总统询问政府是否已有办法。10 日上午，他们同赴公府，请政府致电专使，在欧洲和会上力争取消高徐、顺济铁路草约。否则的话，将筑路借款照数偿还，并付利息，以便取消合同，收回路权。在国内人民及各方面的压力下，北洋政府妥协立场有所松动，电令陆征祥"迅速转告顾维钧、王正廷各专使，向各国代表疏通青岛交还中国之意见，以期达到挽救目的"③。在全国人民的支持下，旅京山东人的爱国行动取得了明显的进展。

从事上述请愿活动的旅京山东人以政界、商界和学界人员为主。随着爱国运动规模的扩大和深入，生活在北京社会下层的山东劳动者也冲破阻挠和限制，加入到这场爱国运动中。当时在北京从事劳务工作的山东人有十数万之多，这些旅京的山东劳工表现出极高的爱国热情。5 月 11 日，旅京山东籍劳动者数万人在山

① 山东省地方史志编纂委员会编:《山东史志资料》第 3 辑，山东人民出版社 1983 年版，第 103 页。

② 《申报》1919 年 5 月 8 日。

③ 《中央致电陆征祥》,《大公报》1919 年 5 月 10 日。

东旅京劳动会的领导下,在彰仪门外旷野处召集了数万人参加的大会,多人发表演讲,公推史雨念、冯杏村、姚爵舟、邵我天、张月轩、姚竹君等人为代表。他们在《上总统书》中,要求"电饬陆、王诸专使严重交涉,勿稍让步",表示愿"以生命作为后盾"。15日,山东旅京劳动会562人致电山东各界,表示"本会除上书总统,陈请力争,坚持到底外,已由会中指定四十六人,分途演讲,抵制日货。万望作速援助,一致主张",当时报纸赞其"爱国热度,较之上等社会尤为激烈"。① 众多鲁籍劳工的加入,使得旅京山东人的请愿活动获得了更加有力的支持。

面对学生爱国运动的高涨,在列强的压力下,北洋政府更加残酷镇压学生运动。6月3日,大批重新走上街演讲的北京学生被捕。学生与北洋政府的尖锐对立,引起了旅京山东人士的不安。为此,他们利用种种上层关系,争取北洋政府释放学生,防止事态扩大。6月4日,王讷、沙明远等为6月3日执法逮捕北京爱国学生向政府提出质问书。② 6月9日,王讷、庄陔兰等致电湖北督军王占元,反对拘囚伤害爱国学生,要求政府即日释放被捕学生。

在全国人民及各方面的巨大压力下,北洋政府被迫释放被捕学生,下令免除了曹汝霖、章宗祥、陆宗舆的职务。③ 五四运动的第一个目标得以实现。在这场运动中,北京的鲁籍政、商、学、劳工界联合起来,坚定信心;鲁籍议员利用自身优势,通过上层途径,多次

---

① 《旅京鲁工界之奋起》,《申报》1919年5月16日。

② 山东省地方史志编纂委员会编:《山东史志资料》第1辑,山东人民出版社1984年版,第99页。

③ 《申报》1919年6月12日。

向政府提出质问，给北洋政府以很大的压力。在京鲁籍劳工的加入，使得旅京山东人的呼声被进一步放大。

（二）拒绝凡尔赛条约的签订

北洋政府罢免曹汝霖等人后，爱国斗争的目标转移到拒绝凡尔赛和约的问题上。6 月 17 日，国会鲁籍议员李庆璋、曲卓新等 28 人发表通电，表达了拒绝签约的决心，指出"近闻签字之说将成事实。曹、陆、章之罢职，仍无补于外交之失败"，希望全国父老"发抒热诚，以沈毅秩序之行动，誓达不签字之目的"。① 6 月 19 日下午，山东外交调查会、旅京山东学界代表执旗在京奉铁路前门车站迎接山东各界赴京请愿团。山东同乡会会长马龙标利用自己身为北京警察督察长的便利条件，派卫兵十余人在前门车站接待，因而行李等件未受到检查。6 月 20 日，山东赴京请愿团代表和旅京山东学界于上午七点，在化石桥山东中学校内举行会议，决定进行方法：（一）向总统府要求三条；（二）通电各省请求援助；（三）电达山东同乡军人王占元、卢永祥、吴佩孚等，请其主持一切。马龙标亦曾到会。上午 11 点左右，旅京山东学界和山东请愿团列队向总统府行进，全体手持白旗，为首者手持两面大旗，上书"山东各界请愿团"七个大字。12 时，代表们齐集新华门前，要求晋谒总统徐世昌。但徐世昌拒不接见，并命人将新华门关闭。代表们坐在大门前，痛哭不去。马龙标以山东同乡的身份安慰代表们，劝他们先回去，表示"自有办法"，②代表们始回山东中学。下午 6 时，山东籍参谋长

① 山东省地方史志编纂委员会编：《山东史志资料》第 1 辑，山东人民出版社 1984 年版，第 106 页。

② 胡汶本、田克深编：《五四运动在山东资料选辑》，山东人民出版社 1980 年版，第 232 页。

张怀芝往山东中学安慰代表。[①] 当天,旅京山东联合同乡会致电各省当局、各团体、各报馆,表示“宁死虫沙,不甘鱼肉”,恳请“奋力抗争,并联合各界一致进行”。[②]

6月21日下午一时,山东旅京各界同乡在化石桥山东中学开会,欢迎山东各界请愿团。先由马龙标以主席身份代表旅京同乡表示欢迎之意,并祝请愿团取得完满结果,继由山东外交调查会代表谢鸿涛、旅京山东学界代表徐次清先后演说,阐明青岛问题的重要性,预祝请愿团成功。欢迎会结束后,山东各界请愿团在马龙标及侦缉督察长李达三、王讷三人引导下,在居仁堂见国务院代总理龚心湛,提出三项要求:(一)巴黎和约关于山东三条,必须拒绝签字;(二)废除高徐、顺济铁路草约。(三)卖国奸人,必须严惩。经过代表反复陈述要求,龚心湛虽仍采取敷衍态度,但答应下午四时到总统府,转陈徐世昌总统办理。[③]

山东各界代表请愿团的数次晋见,和全国人民的爱国运动一样,给予北洋政府极大压力,使北洋政府在拒绝签约问题上不得不作出明确的表态。6月22日,国务院致电陆宗舆:“昨在院接见鲁代表,情势愤激,对签字一节坚持甚力。希鼎力补救,迅与英法美代表审酌国际大事,体察舆论,俾恢复主权,敦睦邦交。”[④]

为了促成北洋政府下定决心拒绝签约,山东各界请愿团再次进一步与北洋政府实行沟通。经过马龙标的请示,北洋政府改变

---

① 《山东请愿团叩阍记》,《大公报》1919年6月25日。

② 山东省地方史志编纂委员会编:《山东史志资料》第1辑,山东人民出版社1984年版,第106页。

③ 《山东代表谒见总理情形》,《大公报》1919年6月26日。

④ 山东省地方史志编纂委员会编:《山东史志资料》第1辑,山东人民出版社1984年版,第108~109页。

躲避的消极态度，决定同意接见山东民众代表。5月23日，在马龙标的陪同下，山东各界请愿团代表85人面见徐世昌。此次会见中，徐世昌仍是敷衍应付，代表甚是不满。最后由马龙标劝各代表暂行回寓。① 虽然会见徐世昌未取得明显进展，但山东代表仍然积极与北洋政府进行沟通。6月25日上午10点半，马龙标引导，山东各界请愿团全体又到国务院，由已举出的六代表入见总理和陈外交次长，谈话达三小时之久。代表们坚持要求收回原批。下午，众议院开会，山东议员杜维俭提出临时紧急动议案：保留青岛，立即咨达政府，以便致电陆专使遵办，庶使各国知吾民意所在，俾得挽回。② 议案当即得到国会议员多数赞成通过。

山东代表团除了总统和国务总理进行对话之外，还与北京的鲁籍军政要员进行接触，争取这些要员的支持。6月26日，山东赴京请愿团代表赴参谋本部见张怀芝，要求一致力争拒绝胶澳签字及取消高徐、顺济路约。张怀芝答应极力向政府建议。

6月28日，中国代表团终于拒绝在凡尔赛和约上签字。就一般意义而言，五四运动的直接目标可以说达到了。但是当时这一消息并未立刻传到国内，因此北京的山东人士继续斗争。29日，山东第二批请愿团陆续抵京，分住各山东会馆。30日下午一时，山东各界请愿团和第二批到京代表86人，在化石桥山东中学开大会，京、津商、学各团体亦派代表与会。三四时许，仍由马龙标督察长陪同山东各团体请愿团和山东各县公民请愿团代表进入国务院。龚心湛在纯一斋接见。对代表提出要求，龚答竭力遵行，“务达诸君希望”。代表又要求将第二次之批示登诸政府公报。龚心湛表

① 《鲁请愿团谒见总统详情》，《大公报》1919年6月28日。

② 《新众院通过保留青岛案》，《大公报》1919年6月30日。

示允斟酌办理。代表坚持要求，后马龙标督察长答应担保此事，代表等退出。他们又在沿路散发传单。晚八时余，政府接到巴黎拒绝签字之信，派马龙标到山东中学报告，劝慰全体请愿代表回山东。①

中国代表团拒签和约后，军界高层愈来愈倾向支持收复青岛主权。当时不少军阀系鲁籍人员，如直系军阀吴佩孚即系蓬莱人，他们也在旅京山东人士的争取下，在山东问题上表明了自己支持爱国行动的立场。五四运动时期，吴佩孚驻军衡阳，为扩大直系军阀同皖系军阀争夺政权的政治影响，他时常与直系军队将领拍发通电，响应全国学生关于收回青岛及胶济铁路的呼声；还联络各省的鲁籍将领孙传芳、寇英杰、宋大霈、潘云蒸、赵荣华等，联名通电，以壮声势。② 7月1日，吴佩孚联合了冯玉祥等60名直系将领发出呼应电，强烈反对和约签字，称："如果签字，直不啻作茧自缚，饮鸩自杀也。"并进一步指出："日人此次争执青岛，其本意不止在青岛，其将来希望有大于青岛数万倍者"，"惟恳我双方政府，以民意为从违，以军心为依据，坚持到底，万勿签字"③。直系军阀的集体发声，显然对北洋政府起到了施压作用。此后直至中日解决青岛问题谈判，北洋政府未在山东问题上有出让主权的主张。可以说，旅京山东人士和在乡山东人士的爱国请愿活动不仅配合了五四运动的胜利，而且为最终收复青岛主权创造了良好的条件。

---

① 山东省地方史志编纂委员会主编：《山东史志资料》第1辑，第116页。

② 中国人民政协全国委员会文史资料研究委员会编：《文史资料选辑》第17辑，中国文史出版社1989年版，第112页。

③ 《谭浩明吴佩孚等反对签约通电》，《大公报》1919年7月4日。

四、收回青岛主权

声势浩大的五四运动终于迫使北洋政府拒绝在巴黎和约上签字，但是青岛问题仍然悬而未决，日本军队依然占领青岛，并企图借助武力使占领青岛的事实长期化。同时，威海卫仍然处于英国的占领之下。对此，旅京山东人没有放松斗争，继续呼吁北洋政府争取早日收回青岛，如期收回威海卫租借地。

五四运动迫使北洋政府未在对德和约上签字，青岛问题成为悬案。之后，日本政府训令驻华公使向我国政府提出直接交涉的要求。一时间，全国各地展开了反对鲁案直接交涉的斗争，旅京山东人更是走在前列。

此时，直系和皖系的矛盾已经日益激化，直皖战争迫在眉睫。吴佩孚为了进一步打击段祺瑞和徐树铮势力，又一次公开表示支持旅京同乡收回青岛的呼吁。1920 年，吴佩孚上书总统徐世昌，请其完全拒绝日本人关于鲁案直接交涉的照会和阴谋，“迅将日本公牒，据理退还，凡我南北军人，均当追随于外交家之后也”。①

山东旅京各校学生联合会也行动起来，为山东问题，特发宣言，反对直接交涉，更议决办法数条：

（一）根据山东国民大会议决之条件，作一致的进行；

（二）公呈政府，详陈直接交涉与提交联盟之利害，促其作最后之觉悟。如政府至死不悟时，吾同人立即宣布与政府脱离关系；

（三）通告京津上海各省各机关各团体各大报馆，请其作充分的援助；

---

① 《吴佩孚反对直接交涉案》，《申报》1920 年 2 月 13 日。

（四）倘政府不顾民意，悍然直接交涉，吾山东旅京学生，立即罢学回籍，合山东三千万同胞，背城借一，誓死不辱。①

北京国会中鲁籍议员也纷纷表示反对鲁案直接交涉。王讷再次提出质问书，谓："查青岛交涉，关系至巨，政府一再延宕，借审慎考虑之名，贻因循误民之机，二次牒文，负辱更深，全国国民无不惶骇。政府如果有拒绝交涉之决心，即何妨当机力断，以解纠纷而释群疑？"鲁籍议员于之凤等五人，则直接晋见大总统徐世昌，要求拒绝直接交涉。② 迫于压力，北洋政府未敢作出直接交涉的决定。当时五四运动已经结束，旅京山东人的请愿施压活动起到了巩固五四运动外交胜利，并阻止北洋政府再次向日本让步的作用。

为了调和列强在华利益的关系，在美国倡议下，美、英、法、日、意、比、荷、葡、中等九个国家于1921年11月20日至1922年2月6日在华盛顿举行会议，是为九国会议。在会议上，中国政府代表施肇基、顾维钧等除要求日本归还山东青岛、废除"二十一条"外，又提出各项具体方案，要求撤废中外不平等条约对中国的种种束缚。1921年12月3日，顾维钧又在大会上发表演说，并再次提出归还列强在华租借地的议案，强烈要求"将此等租借地取消或从速废止之"。

此时，英日同盟宣告废除，美国舆论同情中国，形成英美一致对日的局面，企图共同掠夺中国而不容日本独占。这样，迫使日本在会上有所让步。中日双方自1921年12月1日至1922年1月31日共召开36次会议，在华盛顿会议将结束时，美英压迫中国让步，打破中日谈判僵局，使中国代表屈从不利的条款内容。1922年2

① 《旅京鲁学生对于鲁案之宣言》，《申报》1920年3月6日。

② 《旅京鲁人之鲁案运动》，《申报》1920年5月22日。

月4日，中日代表签署了《解决山东悬案条约》。根据该条约，日本有条件地将胶澳租借地交还中国。[1] 1922年12月，中日两国政府又就胶济铁路问题达成协定。中国北洋政府支付日本一定数额的补偿之后，收回胶济铁路。[2] 至此，青岛问题基本上得到了解决。虽然青岛的归还是有代价的，但是毕竟是外交上的胜利。这一胜利是包括旅京山东人在内的全国人民共同争取的结果。

五、青岛主权收回的延续——收回威海卫租借地

在旅京山东人为争取收回青岛而不懈努力的同时，英国强行租借的威海卫也即将于1923年期满。[3] 旅京山东人担心英国政府也和日本政府一样，利用北洋政府的懦弱，继续霸占威海卫。于是按期收回威海卫成为旅京山东人关注的外交问题。

1897年，英国以与沙俄保持均势为由，强迫清政府签订了丧权辱国的《中英议租威海卫专条》。同年10月15日，双方在伦敦交换批准书。《专条》规定：英国"所租之地，系刘公岛并在威海湾之群岛及威海全湾沿岸以内十英里地方"，"租期应按照俄国驻守旅顺之期相同"，即以25年为期限。1919年1月18日，协约国集团在巴黎召开和会，中国也派代表团前往出席。会上，中国代表在向大

① 关于中日就青岛问题的谈判过程，参见安作璋主编：《山东通史》现代卷下册，山东人民出版社1994年版，第683～689页。

② 青岛交还后，日本又要求沿胶济路线开辟商埠八处。经旅京山东同乡论证，认为当时开埠条件不具备，时机不成熟，反而会给土匪及外人造成可乘之机，遂向国务院提出异议，阻止开埠，以维护家乡利权。见《旅京鲁同乡反对开埠》，《申报》1923年8月23日。

③ 1898年7月，英国政府强迫清政府签订《中英订租威海卫专条》，以25年为期限，租借威海卫。

会提出的要求中，除要求德国归还在山东及他处各项权益外，还包括“希望条件”七项，其中即包括归还租借地一项。但为英法美三国操纵的巴黎和会对此却拒绝讨论。华盛顿会议上，青岛主权的收回对收回其他民族权益特别是领土主权产生了极大激励作用。①收回青岛主权，对帝国主义在华殖民体系尤其是割占中国领土的现状形成严重冲击，被租借的威海再度受到波及，促使英国在华盛顿会议上承诺归还占据的威海等地。

其时，英国根本无意归还香港和九龙，但威海卫租期快要结束，又不能不与中国政府进行交涉。此时，中国政府代表在华盛顿九国会议上提出归还列强在华租借地的要求得到了一些国家的积极反应。法国代表魏斐尼亚发表声明，称法国准备随同各国在适当时机有条件地归还在华租借地。日本也不得不与中国就青岛问题进行双边谈判。中国外交的进展使英国震动很大，迫于包括中国在内的世界民族运动的压力及列强间的重重矛盾，英国不得不有所表态。1922 年 2 月 1 日，九国会议闭幕，英国代表、枢密院院长贝尔福即发表声明，表示将威海卫按期归还中国。但是英方又提出种种苛刻要求：(1)准英船夏季使用威海卫，以装卸、存储海军军需物品；(2)保留上述事项所需产业；(3)借用海面训练海军；(4)保护外人财产权；(5)准许外人参与市政；(6)中国允准建筑铁路以联络威海卫与内地。最后又拟照中日解决胶澳事项前例，“设一中英委员会，就地研究此问题，并向两国政府建议办法”②。上述

---

① 马存庚：《1922 年中国收回青岛主权的历史意义》，《历史教学》2003 年第 8 期。

② 安作璋主编：《山东通史》现代卷下册，山东人民出版社 1994 年版，第 698 页。

条件是极其苛刻的,若答应这些条件,威海卫仍相当于归英国人管辖。

华盛顿九国会议之后,北洋政府成立以外交部为主要成员的太平洋会议善后委员会,专司华盛顿会议各项建议及决议方案的落实。4 月,北洋政府派梁如浩督办接收威海卫事宜,准备与英国代表谈判。在互换函件中,英方提出续租刘公岛十年。显然,英方企图继续保留在威海卫的特权。各地山东人抓住英国政府立场松动的时机,支持中国北洋政府和平收回威海卫。1922 年 9 月 12 日,山东民众团体派代表向北京政府请愿,要求无条件收回威海卫。11 月 27 日,旅京山东同乡会代表会同家乡代表赴北京政府国务院请愿,要求无条件收回威海卫,惩撤梁如浩。12 月 1 日,旅京山东人士及山东各团体代表、山东学生数百人包围北京政府的外交部,力阻签字。鲁籍国会议员许敬三等还向王正廷交涉,提出撤销续租、拒开商埠、取消国库券利息、无偿收回矿山、解决土地悬案等挽救国家权利的要求。① 虽未获答复,但是起到了向政府进一步施压的作用。

1923 年 3 月,中英谈判开始在北京进行。至 5 月 31 日,双方共举行会谈 34 次,始议定《接收威海卫委员会中英委员协商意见书》(下称《意见书》)24 条及附件 4 件,并同时发表。其《意见书》主要内容包括:

(1)刘公岛内照单所开之房产,无偿借与英海军 10 年,期满或展期,俟两国同意才可交还中国;

(2)刘公岛上市政,中英海军各派代表一人组织一会,以

① 《山东省地方政权沿革丛书》编纂委员会编:《山东政权大事记(1840 - 1985)》,新华出版社 1993 年版,第 101 ~ 104 页。

备顾问；

(3)准英舰赴刘公岛歇夏，并得至岛外操练；

(4)威海卫港区为自治区，设董事会辅助地方行政长官办理市政，董事人数，外人不能少于2人，华人不能多于5人；

(5)外人地契可换给30年租契，期满可续租；

(6)英方可租用有关房产、坟地30年，期满可继续租用。①

这次英国提出的条件不但没有让步，反而更加细化。这一谈判结果自然与各地山东人的期望相差甚远。当时正与中日联合委员会委员长王正廷谈判接收青岛、青岛海关与胶济铁路等具体事项的日本驻华公使小幡酉吉，也声言要援照英国交还威海卫的条件办理。山东省议会遂电请北京政府，要求拒绝英方的严酷条件，严禁梁如浩与英方谈判之秘密进行，并令其不能草草签字。山东各界则以梁如浩在谈判中丧权辱国为由，要求予以惩办，另组中英委员会，重行交涉。山东各界联合会、山东学生会、山东总工会、威海卫商会联合会、商学联合会等团体也纷纷上书国会与外交部，要求无条件收回威海卫，严惩卖国贼。山东各界团体还派出代表徐云亭、邵次明等赴京，同山东旅京同乡会代表一同前往国务院请愿。② 威海卫附近的文登、荣成两县也分别成立抵制英货的政治性组织，坚决支持拒绝签约行动。

8月17日，山东旅京同乡联合会指出：此次中央谈判所议定的《意见书》如获批准，将为未来归还之租借地开一个恶例，要求北洋政府无条件收回威海卫。《申报》记者报道了旅京山东人呼吁早日

---

① 参见安作璋主编：《山东通史》现代卷下册，山东人民出版社1994年版，第698~699页。

② 《晨报》1923年7月23日。

收回威海卫的活动情况：

> 威海交涉，日趋紧急，鲁省议会又续推庄达中、杨枢辰，商会推田泮生为代表，赴京力争。各界联合会昨又致电国务院、外交部，请撤惩梁如浩，另简贤能，重开会议。电文如下：梁如浩与英人所订威海草约，据中外报章之披露，鲁省代表之报告，其条件苛酷，不一而足，丧权辱国，莫此为甚。早经鲁人通电否认，请愿拒签在前，乃政府不顾舆论，有心卖国，督办催促签字，总长秘密草约，外交固重秘密，然系对外非对内，且系查阅非宣布，英人且不能干预，中央又何必朦混，鲁民一息尚存，誓不承认。本会于月之十七日，复召开紧急会议，议决仍按前次宣言，续派第二批代表请愿，并筹开国民大会，作示威之运动，为政府之后援，民气蓬勃，外交有为，万恳撤惩梁如浩，另简贤能，与英人重开会议，并允许鲁人参与重开之中英委员会议，外交公开，庶可群策群力，挽外交于垂败，防隐患于未然。除推二批代表徐云亭、王季高、李德孚赴京协同一批代表请愿外，谨此电闻，山东各界联合会叩号。①

8月18日，旅京山东人再次聚集山左会馆，与家乡派来的代表一起商议向北洋政府呼吁施压事宜。这样，曾经在莱阳民变时期和五四时期成为聚会场所的山左会馆再次热闹起来。山左会馆成为联系中央和家乡事务的枢纽。参加此次会议的有山东省议会代表，各界联合会代表，学生会代表，旅京同乡刘冠三、龙锡钺等二百余人。《申报》以《旅京鲁同乡力争威海会议》为题详细报道了旅京山东人在山左会馆的集会活动，帮办陈绍唐揭露了梁如浩与英法交涉威海卫问题上企图出卖国家主权的事实，号召"我国人之积极

① 《申报》1923年8月23日。

力争，将卖国贼铲除"，"有如久含冤忿之人民，向法庭申诉，尚望山东同乡，予以援助"。①

通过《申报》的详细报道可以看出，此次山左会馆的聚会成员较之于五四时期有所扩大，除了商界和教育界人士外，还有旅京山东学生代表等各界人士。

此时，旅京山东人正因临城劫车案而向北洋政府提出撤免山东督军田中玉的要求。可以说，收复威海卫和撤换田中玉是当时旅京山东人密切关注的两大问题。8 月 19 日，山东旅京同乡为威海交涉及易督问题继续在山东会馆开大会讨论，由理事长管象颐主席（时任众议院议员）主持会议，对威海问题"众决应请外交当局照华会议案，据理力争，不承认梁如浩所订之草约"，并致函顾维钧外长，"公恳鼎力主持，务期获交还之实，尊重我国主权而收完满结果"②。

一连数日，旅京山东人和家乡代表在山左会馆声讨英国政府的无理拖延，对梁如浩也大加抨击，拒绝承认《意见书》。决定将会议结果"再行上呈外交部，否认梁如浩所订之草约，计此次为第三次矣"，"以挽主权，而慰民望"。③

在强烈要求按期收回威海卫的同时，旅京山东人和家乡代表又向北洋政府提出撤换梁如浩的要求。11 月 27 日，旅京山东同乡会、旅京山东外交后援会、旅京威海同乡会、山东省议会代表团、山东各界联合会代表团诸团体，集合旅京鲁籍人士七八百名，在山东中学聚齐，每人手执白旗，上书"撤惩梁如浩"、"无条件收回威海"

---

① 《旅京鲁同乡力争威海会议》，《申报》1923 年 8 月 28 日。

② 《旅京鲁人力争两大问题》，《申报》1923 年 8 月 25 日。

③ 《旅京鲁人再争威案》，《申报》1923 年 10 月 19 日。

等字样，赴新华门请愿，要求晋见曹锟。周梦贤代表曹锟接见。①从当时的报道来看，曹锟也和徐世昌一样，对旅京山东人的请愿采取避免正面接触的做法。曹锟系贿赂国会议员而当上大总统，被人讥讽为"贿选总统"。曹锟属于直系军阀势力，与英美两国有密切的关系，故不愿在威海卫问题上与英国激化矛盾。值得注意的是，曾在收复青岛问题上公开支持旅京山东人的吴佩孚此时正坐镇洛阳，却没有就收复威海卫问题响应旅京山东人的呼吁。尽管威海卫离吴佩孚的家乡蓬莱距离甚近，但此时吴佩孚所考虑的是如何维护直系集团的整体利益，而且关外的奉系张作霖正图谋入关与直系进行第二次决战（即第二次直奉战争）。这种政治考虑和严峻的形势都使得吴佩孚没有像前不久那样积极反对外交妥协。

1924 年 5 月，由于全国各地民众纷纷反对，迫于舆论压力，曹锟终于准许梁如浩辞职。北洋政府外交部也表示《意见书》有应予修正的必要，且尤以英国海军借用刘公岛房屋及外侨市政参与权各项问题为至关重要。这样旅京山东人的请愿又一次收到了阻止北洋政府外交妥协的成效，英方利用《意见书》来变相占领威海卫的意图也就此落空。

顾维钧就任外交总长时，值山东召开国民大会，要求无条件收回威海卫之函电纷驰，并两次派代表进京请愿，顾维钧遂在外交部开会讨论。但外交部既不能将《意见书》推翻，也不能置山东人民的反对于不顾，只好向山东代表表示：《意见书》由外交部修改，将来再征求国会同意。后来，中国代表先后于 9 月 20 日、10 月 2 日两次将《意见书》中关于英国海军借用刘公岛房屋及外侨参与市政等严重影响国家主权与人民利益的条文"拟具说帖"，向英方提出

① 《旅京鲁人请撤梁如浩》，《申报》1923 年 11 月 28 日。

修改意见。英使却表示坚决拒绝，声称如果中国不允许签字，英国政府就不能交还威海卫。俟经中方多次往返磋商，英使才答应再次致电伦敦政府考虑。不久，冯玉祥在第二次直奉战争的前线倒戈，回京推翻曹锟政府，吴佩孚也遭到惨重失败，被迫退往长江流域。威海卫问题的交涉也就被搁置了起来。①

此后，中国长期处于军阀混战之中，政局持续动荡。因忙于内战，北洋政府几乎再未正式向英国提出归还威海卫租借地的要求。直到 1927 年山东督办张宗昌为扩充地盘起见，提请北京政府任命杨度为接收威海卫督办，并计划仿青岛旧例将威海卫作为特别区归山东管辖。当时的北洋政府外交部曾通过私人渠道征询英驻华公使意见，遭到英方的拒绝，于是威海卫问题就被拖延了下来。

1928 年，北洋政府覆灭，收回威海卫再次被提上日程，国内要求收回威海卫的呼声日高。南京政府为旌扬其所谓“革命外交”，也想尽快收回威海卫。1929 年 1 月 9 日，王正廷与英国驻华公使蓝普森会晤时，重提中国收回威海卫事宜，表示愿就此问题进行谈判。5 月，蓝普森与王正廷开始就威海卫问题展开艰苦谈判。1930 年 4 月，中英双方草签《交收威海卫专约及协定》。10 月 1 日，中英在南京举行互换批准书仪式。直辖于南京政府行政院的威海卫地方行政机构——威海卫管理公署亦于同日正式宣告成立。至此，英国统治达三十二年之久的威海卫，终于由中国政府重新收回。

中国收回威海卫，尽管是在北洋政府和南京国民政府一再妥协让步情况下完成的，但毕竟是中国首次以和平谈判方式从外国殖民者手中收回的第一块租借地，是 20 世纪 30 年代初期中国外交

① 参见邓向阳主编：《米字旗下的威海卫》，山东画报出版社 2003 年版，第 227 ~ 238 页。

上的重大事件，在中外关系史上占有不可忽视的地位。曾给山东带来巨大创伤的两块租借地——胶澳租借地和威海卫租借地化作历史陈迹。[①] 在曲折的外交斗争中，旅京山东人发挥了积极的支援作用。

"认同是产生于社会经验中的一种观念，具有强大的行为驱动力。"[②]归属感和文化认同感是引发族群认同的决定性因素。在这里我们可以看到，旅京山东人把家乡利益视作国家、民族利益的一部分，表现出的是家乡认同与国家认同的一致性。[③] 这种爱乡与爱国的融合，使得旅京山东人在收复青岛和威海卫问题上所表达的诉求，得到了全国民众的支持。

① 《收回威海卫租借地》，山东省情网，2007 年 8 月 1 日。

② 钱雪梅：《从认同的基本特性看族群认同与国家认同的关系》，《民族研究》2006 年第 6 期。

③ 参见 Charles F. Keyes, *Ethnic Adaptation and Identity : the Karen on the Thai Frontier with Burma*, Institute for the Study of Human Issues, 1979.

结 语

通过对近代旅京山东人的研究,我们可以看出,近代山东人向北京持续不断的移民现象,是自然与社会变化共同作用的结果。

山东是中国北方重要省份,既是农业大省,又是人口大省。山东自然地理环境比较复杂,有平原、丘陵和海滩,土地适耕程度不一,但是,可耕土地供应能力与人口数量的矛盾在山东省内各地是长期存在的。晚清和民国时期,频繁的战争和匪患使山东省内的社会秩序遭到严重破坏。面对长期存在的重重困境,众多的山东人不得不告别家乡,外出寻求生存。同时,另外一些山东人为了寻求政治和经济上的发展,主动向经济发达地区迁移。一方面是人口的大量繁衍,另一方面是人口的大量流出,可以说,移民的持续输出是近代山东的重要人口现象。作为首都城市的北京以其特有的政治地位和拥有的城市经济文化资源,吸引了各地移民的到来。而明清及近代山东的重要战略地位,京鲁两地历史上悠久而密切的关系,再加上京鲁两地壤地相接、交通便利的条件以及文化上的接近,北京成为近代山东移民的重要去处之一。

近代旅京山东人出现出鲜明的特点:

首先,旅京山东人口总量长期保持稳定增长状态,表明山东人“闯京城”是一种长期持续的人口迁移现象。这种常态性迁移较之于山东移民“闯关东”,有很大的差别。山东人“闯关东”现象是特定时期的人口大规模迁移现象,从清代到民国时期,山东人移民东北的人数高达两千五百多万。① 一旦东北地区人口达到饱和或出现不利于吸引外来移民的情况,闯关东的热潮也就不可避免地降温。近年来,资源枯竭和土地开发饱和的东北地区已不再成为山东人移居的热门目的地。可以说,闯关东是非常态性的人口迁移现象。而北京至今仍是山东人向往的迁入地。即使在北京城市人口容纳能力接近极限的今天,“闯京城”热潮依然没有降温。

其次,近代旅京山东人广泛的社会分层,展示了中国近代移民文化的多元性。东北地区以其丰富的自然资源吸引着山东人,山东人大规模“闯关东”,主要通过开发当地自然资源、从事体力行业以及经商来维持生存,相较于其在家乡的生活方式基本没什么变化。而“闯京城”则赋予山东人更多的选择,除经商及从事体力劳动外,旅京山东人还可以通过从政、求学等以谋求更好的个人上升空间,活跃于北京的政、军、商、学界等社会阶层中,其多元性比山东人“闯关东”更强。

再次,近代旅京山东人有着浓郁的乡缘意识。从事不同行业的群体结成的行业性同乡会,一方面有利于密切本行业同乡群体的联系,促进知识的增长和经验的交流,另一方面也便于汇集力量,在本行业中形成势力,增强自身的影响力。在近代涉及家乡利益的重大事件中,从事不同行业的鲁省人士跨越社会阶层,凝聚在一起,提高了自身在北京的社会地位,有效地表达共同的利益诉求,从而使得自身在北京成为不可小觑的移民群体。

由于作为政治中心的北京也是农业土地资源极为紧张的地

① 参见路遇:《清代和民国山东移民东北史略》,上海社会科学院出版社 1987 年版。

区，同时对城市劳务和商业人员的需求超过了对农业人员的需求，由此山东人在实现生活地点迁移的同时，自身的谋生方式也发生了变化。大多数山东人进入北京后，脱离了农业生产劳动，从事与城市日常生活相关的非农业劳动，从而为北京的城市发展提供了劳动力资源。就历史事实来看，山东与河北一样，都是北京的城市劳动力的重要输入省份。很多山东人在北京从事厨师、屠宰、运水和淘粪之类的体力劳动，为北京的日常生活默默地奉献自己的劳动。

商业也是山东人在北京所从事的非农业劳动之一。大批山东人在北京从事商业活动，活跃了北京的市场，满足了北京社会各阶层的日常生活需要，同时一些山东商人扩大了资本积累，提高了自身在北京的社会地位，并将其转化为政治资源，旅京鲁商对北京总商会领导权的长期把持就充分说明了这一点。而作为在京经商人数第一的河北人，因为没有把经济地位转化为政治地位，就没有取得山东商人如此大的影响力。

作为地域文化特色鲜明的移民群体，旅京山东人在漫长的历史岁月中，在北京土地上留下了深刻的烙印，同时也对家乡的历史发展产生了不可忽视的影响。通过论述，我们可以看出，旅京山东人充分利用家乡的地理优势和文化资源，通过迁居在北京这个政治中心城市拓展了自己的生存空间，并构成了一个极有张力和韧性的同乡网络。旅京山东人依靠同乡网络加强了自身在北京的社会地位，有效地表达共同的利益诉求，从而使得自身在北京成为不可小觑的移民群体。

通观全书，可以归纳出旅京山东人同乡网络几个重要特征：

第一，广泛性。

与其他省份一样，山东省内各地经济和教育文化发展程度也有较大的差别。如鲁中和胶东地区,比较封闭的鲁西、鲁西南等地区发达,这种差别使得旅京山东人不仅在地域上有明显的差异,同时在从事行业上也有较大的差别。来自落后地区的山东人多从事体力劳动,来自发达地区的山东人则从事商业活动。籍贯来源的差别与他们的行业差别基本上呈现出重合的态势。自然,这种行业的差别直接影响到他们在北京社会阶层的位置分布。很多从事体力劳动的山东人在北京处于社会的底层,淘粪工人时传祥即是其中的代表人物。直到1949年北京解放,这些生活在社会下层的旅京山东人才得以在政治上翻身,如时传祥被评为劳动模范。

尽管旅京山东人在地域、行业和阶层上有很大的差别,但这并没有妨碍他们在乡谊方面寻求认同。由此,一个跨地域、行业和社会阶层的山东同乡网络在北京表现出很强的活力。在共同利益受到威胁的情况下,旅京山东人往往能够通过种种途径彼此联络起来。清朝末年的保护山东利权和民国时期的五四运动等重大事件都充分反映了旅京山东人的同乡网络的广泛性。

第二,持续扩张性。

旅京山东人的同乡网络处于持续的扩张状态之中。由于北京是山东人移居的重要目的地,文化习俗的接近和交通往来的便利使得山东人移居北京成为常态性的现象。可以说,旅京山东人的数量处于稳定的增加状态。人员数量的增加使得旅京山东人的同乡网络的持续扩张成为现实,持续的扩张性保证了同乡网络的韧性和活力。

旅京山东人的同乡网络甚至还扩大到了非鲁籍的旅京人员。民国时期,旅京山东同乡会服务对象的扩大就充分说明了这一点。如一些由旅京山东同乡合资建立的中小学校在招收鲁籍子弟的同时,还招收其他籍贯的子弟。服务对象的扩大有助于旅京山东人同乡网络整体社会地位的巩固和提高。

第三，选择性。

旅京山东人同乡网络的扩张并不是毫无原则的，一旦某个成员违背大多数同乡的价值和利益认同，无论他的社会地位有多高，都会被同乡排斥出这个网络。作为被排斥出同乡网络的旅京山东人，即使回到家乡，也无法照常生活。可以说，无论是在京还是在籍，甚至在其他省份，各地山东人对同乡的集体评判标准表现出较大的一致性。

旅京山东人在北京的生活时间虽然长短不一，但是他们能够充分利用北京作为首都或文化中心的特殊空间的特点，来提高自身对家乡事务的集体干预能力，并保护家乡利益。莱阳民变时期，旅京山东士绅展开多方联络和呼吁活动，使清政府在处理莱阳民变的问题上，不敢采取类似镇压义和团的血腥措施。临城劫车案发生后，旅京山东人又利用报刊媒体，呼吁撤换山东省督军田中玉。五四运动时期，旅京山东人和在籍同乡彼此呼应联络，阻止北洋政府的外交妥协，极大支持了全国范围内的爱国运动。这些历史现象充分表明，旅京山东人队伍的庞大性和利益取向的一致性，使得山东本省民众利益诉求的声音被放大到全国范围。从这种意义上而言，旅京山东同乡网络的存在和持续的扩张性，使得近代山东本省利益问题经常成为全国关注的焦点。围绕青岛归还问题的外交争端演变成为全国性的爱国运动——五四运动，这一变化过程是与旅京山东同乡利用北京空间展开全方位的活动、在籍同乡的有效呼应密切相关的。

近代中国是一个浪翻波连的大动荡时代。从第一次鸦片战争到新中国成立的一百多年中，伴随着频繁的政治动荡，北京的政治地位经历了起伏，更经历了前所未有的剧烈社会变迁。尽管北京在这一百多年中，很大程度上还保持着古都风貌，前门大街上叮当而驶的有轨电车与巍峨的前门楼子仍旧共存于一个时空中。直到新中国成立之后，随着城市大规模建设改造的展开，北京才加速了与古都告别的进程。一座座承载厚重历史记忆的古老建筑被现代化建筑所吞噬，甚至曾作为旅京山东人的重要聚会场所的山左会馆旧址也岌岌可危。

毫无疑问，每个生活在北京的人都不由自主地卷入到这个社会变迁的潮流中。从日常生活行为到文化价值观念，都无不受到受到变迁潮流的推力而发生位移，尽管这种位移在某个特定时期看起来是相当缓慢的。但是，与山东相比，尤其是山东的广大农村相比，北京社会变迁的步伐更为明显。因此，旅京山东人能够比家乡人更多地接受近代文明的润泽。因此，对众多的旅京山东人来说，进入北京这座城市，就不可避免地面临着如何调整自己的观念和行为，以适应北京的生活。这一问题在本文研究中得到了较为充分的解释。

可以看出，旅京山东人在近代社会变迁中，表现出很强的适应能力，既有对空间变化的适应，又有对时代变化的适应。自从欧美资本主义国家以强力手段打开中国大门之后，中国被迫告别漫长的封建时代，在动荡中进入了半殖民地半封建时代。尽管山东人进京潮流并未发生较大的改变，北京仍然是山东人移居的重要目的地。但是，北京已经呈现出向近代化城市转变的态势。近代工商业在北京开始发展。在这种情况下，来自农业大省的山东人进入北京后，就大多从事与北京日常经济生活相关的工作，从挑水井担粪到经营饭庄和绸布店，可以说北京的各行各业都有山东人的踪影。旅京鲁商在精心经营自己的传统项目的同时，一些商人将眼光放到了新兴的经营项目，如张廷阁的双合盛啤酒厂。

无疑,在北京谋生创业的过程中,山东人不仅实现了居住空间的转换,而且不由自主地完成了从乡村居民向城市市民的社会角色转换。旅京山东人的这种社会角色转换在一定程度上促成了自身的观念转变。晚清以来,同乡观念发生变化,在关注家乡事务的同时,由于利益的纠葛、派系斗争以及地方恩怨,使得同乡群体内部发生了分歧和矛盾。围绕着清政府对莱阳民变镇压,旅京山东人内部产生不同的态度。近代旅京山东人在参与家乡政治事件中的政见分歧,又影响了政治局势和自身的命运。1910 年的莱阳民变所引发的法部侍郎王垿被驱逐的风波就清楚地表明了这一特征。

在山东面临着严重的民族危机的情势下,旅京山东人将爱乡与爱国联系在一起,成功地将爱家乡上升到国家、民族利益的高度。1919 年五四运动,旅京山东人在北京以山东同乡互相认同的同时,又把这种认同融合于民族国家的认同中。这种转变是与民族国家意识的上升同步的。他们把家乡的利益与国家的利益统一起来,并与北洋政府实现了有效的沟通。五四运动能够避免大规模暴力流血事件的发生,与旅京山东人争取鲁籍军政人员的支持和理解有很大的关系。类似吴佩孚这些手握生杀大权的人物,之所以对五四运动表现出支持和同情,固然是本于自身利益而表现出来的一种政治姿态,其目的在于排斥当时亲日的皖系段祺瑞和徐树铮势力,从而赢得全国各界民众的好感。但是,吴佩孚的表态在一定程度上也表明,他身为山东人,不可能完全割舍对家乡的感情。当家乡的主权利益受到侵害时,顺应同乡的呼吁也就合乎一种历史逻辑了。旅京山东人在近代历史上把爱乡与爱国意识的统一,表明一个地域群体,只有与祖国建立密不可分的关系,才能有永恒的生命力。

与上海移民群体相比，首都城市北京的政治中心和文化中心地位，使得北京移民的政治和文化色彩较为浓厚。他们利用所处政治中心的优势，积极参与到家乡事务中来。在来自各地山东同乡和家乡的各种信息汇聚于北京，北京成为信息汇聚之地。这其中，身居显要位置的同乡京官对地方事务有显著的影响作用，起到主导作用。这些京官多属于政治地位较高之人，他们利用自己的身份地位将地方意见和信息转达至政治核心，在一定程度上能影响到中央和地方政治的走向。而北京的山东商人往往在具有一定的经济实力后，受"学而优则仕"价值取向的影响，再转而谋求政治地位。旅京鲁商社会地位的提高，使其在社会事务和政治生活中有较大的发言权，这又扩大了旅京鲁商的影响。相比之下，地处经济中心上海的移民群体主要贡献在于经济支持，政治影响力较弱。虽然他们也在近代政治活动中较为活跃，但主导者往往多是商人，这与上海作为近代中国的经济中心这一地位是相适应的。

对近代旅京山东人的研究是笔者的尝试，一些问题尚有待进一步探讨，如限于材料，对旅京山东人的社会生活未有论及，对旅京山东人中的下层社会群体关注较少，等等。对这些问题的探究，将是本书研究的继续和深化的方向，笔者将继续为之而努力。

附　录

一　重修海阳义园碑记

京师朝阳门外大桥东三里许，旧有山东海邑义园，专为邑人之客都者养病停柩之所。道光二十五年，王君乐义俊亭、李君天阶长春募创也。园中一切布置及夫岁修榇之规条悉臻美备，远近耳其事者莫不称善举。庚子秋，洋兵入都，门窗楄壁被毁无余，加以壬寅夏秋之交，瘟疫盛行，死亡相继，积有百余柩。尔时修葺规榇之费浩于往昔。兵变以后商力不支，治户劝募尤艰于往昔。先正之义举几乎难为继矣。芸圃徐公名芳典者，不辞其难，约同乡诸君子先募有千余金，去□秋将百余柩发归故里，今春又募得六百余金以作修补费。呜呼！莫为之前，虽美弗彰；莫为之后，虽盛弗传。今徐君与同乡诸君子乐善不倦，见义勇为，固可绍美于前徽，又将肇基于后日。且奔走于寒风暑雨之中，经营于势变时艰之际，事虽继办，不减于开创也。兹工程且告竣矣，邑人嘱予作文以记之。予本拙于文，然既嘉徐君之首倡与诸君子之义气，而又幸吾同乡当艰窘万状之时，各乐倾囊以助予，又何敢藏拙也？遂援笔而为之记。

臧凤元　邓　俶　徐曰圣

刘毓祥　臧晋元　冷谦益

徐芳典　刘曰秩　修骏临

王奎藻　李希纶　王振智

吕端仁　陈秉述　邓　侃

于　池　李本超　吕昌龄

募修

大清光绪二十九年岁次癸卯荷月望日鸿胪寺序班附生胡翰翼撰文，从九品赵丽源书丹

二　山东旅平同乡会会员登记表记
（1935年5月26日）

（北京市档案馆藏档号:ZQ017－004－00043）

姓名	县籍	年龄	职业	住址
陈敬舆	掖县	28	北宁路职员	前外东珠市口路南复聚成西记
杨绍业	招远	51	商	前外东珠市口路南义丰号
王启明	掖县	30	商	前外东珠市口路南义丰号
侯子万	招远	43	商	前外大蒋家胡同南口双合巷
王登仁	招远	61	商	前外大蒋家胡同南口久茂原
王志忠	招远	41	商	前外大蒋家胡同南口忠兴厚
焦福陵	招远	62	商	前外冰窖胡同路南义泰福
张仁煦	掖县	41	商	西湖营三号公和昌
朱宝鼎	掖县	20	商	前外西湖营门牌六号德裕号
朱宇再	掖县	35	商	前外西湖营门牌六号德裕号
徐秀崑	招远	41	商	前外西湖营门牌七号鸿兴德
刘懋德	掖县	50	商	前外西湖营门牌八号鸿兴德
王宝津	招远	27	商	前外西湖营门牌七号德昌号
王维鋆	招远	33	商	前外东珠市口后院

（续表）

姓名	县籍	年龄	职业	住址
朱其安	招远	37	商	前门外西湖营廿三号同顺利
于德庆	掖县	29	商	前门外西湖营廿三号同顺利
王玉瑚	招远	67	商	前门外西湖营廿三号同顺利
陈　钊	掖县	21	商	宣外官菜园上街六号
陈授卿	掖县		商	
刘建侯	招远	30	商	前外半壁街协同号
杨玉珍	招远	41	商	前外校尉营振兴号
陈万春	招远	43	商	前外校尉营振兴号
王延庆	掖县	24	商	前外校尉营振兴号
杨文燦	掖县	21	商	前外校尉营振兴号
冷殿俊	掖县	51	商	前外校尉营六号庆盛公
王登桂	招远	40	商	前外校尉营复聚号
王锦翰	掖县	37	商	前外校尉营法庆永
孙桂五	招远	31	商	前外铺陈市同兴泰
张广俊	招远	45	商	前外铺陈市同兴泰
刘长山	招远	30	商	前外铺陈市同兴泰
张肇峰	掖县	44	商	前外铺陈市同兴泰
陈景象	招远	41	商	前外铺陈市丰源祥
曲振山	招远	43	商	前外铺陈市丰源祥
李金函	招远	33	商	前外铺陈市丰源祥
王同光	招远	29	商	前外铺陈市丰源祥
季芝周	掖县	25	商	前外铺陈市丰源祥
刘文甲	掖县	44	商	前外铺陈市丰源祥
王箴诺	招远	44	商	前外铺陈市广恒号
王殿选	招远	38	商	前外铺陈市仁德号

（续表）

姓名	县籍	年龄	职业	住址
冯殿俊	掖县	56	商	前外销陈市复兴永
刘树田	招远	59	商	前外销陈市同兴和
张培伦	掖县	41	商	前外销陈市天义号
李凤廷	招远	54	商	前外校蔚营同信成
徐玉坤	掖县	32	商	前外校蔚营四十二号
綦鹏程	掖县	58	商	前外东珠市口公义盛
徐悦来	招远	40	商	前外东珠市口公义盛
张广义	掖县	37	商	前外东珠市口公义盛
杨立顺	招远	45	商	前外东珠市口公义盛
王启宇	掖县	41	商	前外东珠市口公义盛
原泰春	掖县	69	商	前外果子市万成店
丁文泉	掖县	52	商	前外果子市万成店
张修成	掖县	47	商	前外果子市万成店
王鸿章	掖县	42	商	前外果子市万成店
杨绍孟	招远	43	商	前外果子市万成店
李殿斌	招远	43	商	前外果子市万成店
杨绍贤	招远	40	商	前外果子市万成店
杨玉麟	招远	35	商	前外果子市万成店
高富田	招远	40	商	前外果子市万成店
杨桂桐	招远	36	商	前外果子市万成店
郭玉森	招远	48	商	前外果子市万成店
郭普周	掖县	36	商	前外果子市万成店
季兰林	掖县	56	商	前外果子市万成店
朱恩锡	掖县	26	商	前外果子市万成店
杨玉润	招远	33	商	前外果子市万成店

（续表）

姓名	县籍	年龄	职业	住址
张建绅	掖县	27	商	前外果子市万成店
林宝仁	招远	25	商	前外果子市万成店
张梦周	掖县	21	商	前外果子市万成店
杨功甫	招远	56	商	前外果子市天兴店
王寿令	招远	66	商	前外果子市天兴店
朱科恩	掖县	40	商	前外果子市天兴店
王维鏊	招远	42	商	前外果子市天兴店
万祥一	掖县	46	商	前外果子市天兴店
滕奉曾	掖县	41	商	前外果子市天兴店
孙　汉	掖县	47	商	前外果子市天兴店
赵展书	招远	36	商	前外果子市天兴店
陈华春	招远	25	商	前外果子市天兴店
于清希	掖县	62	商	前外果子市兴隆店
原泰武	掖县	57	商	前外果子市兴隆店
张曾文	掖县	55	商	前外果子市兴隆店
王仙亭	招远	50	商	前外果子市兴隆店
万祝三	掖县	48	商	前外果子市兴隆店
于希河	掖县	47	商	前外果子市兴隆店
张广善	掖县	42	商	前外果子市兴隆店
张凤翙	掖县	49	商	前外果子市兴隆店
刘静中	掖县	48	商	前外果子市兴隆店
刘允中	掖县	58	商	前外果子市兴隆店
徐凤藻	招远	47	商	前外果子市增盛店
王中兴	招远	49	商	前外果子市增盛店
高秉寿	招远	60	商	前外果子市增盛店

（续表）

姓名	县籍	年龄	职业	住址
张永兴	招远	33	商	前外果子市增盛店
吕永伦	掖县	60	商	前外果子市增盛店
宋锦春	招远	31	商	前外果子市增盛店
王绳德	招远	31	商	前外果子市增盛店
张广田	招远	30	商	前外果子市增盛店
王定性	招远	49	商	前外果子市德成店
杨绍钧	招远	54	商	前外果子市德成店
王义泰	招远	37	商	前外果子市德成店
庄守光	招远	29	商	前外果子市德成店
王秉珍	招远	27	商	前外果子市德成店
刘鸿珍	招远	26	商	前外果子市德成店
刘居广	招远	30	商	前外果子市德成店
孙盛世	掖县	21	商	前外果子市德成店
吕永田	掖县	20	商	前外果子市德成店
于子筠	掖县	48	商	前外东珠市口复源昌
冷显昌	掖县	31	商	前外半壁街德丰成
张凤铎	昌邑	44	商	前外东珠市口义兴号
汇福海	掖县	48	商	前外东珠市口义兴号
许德新	招远	43	商	前外东珠市口义兴号
刘广智	招远	47	商	前外东珠市口义兴号
刘甘棠	招远	43	商	前外东珠市口义兴号
杨玉柱	招远	24	商	前外东珠市口义兴号
汇玉琦	武城	37	北宁路服务	崇外下下四条廿五号
冯宝泰	德平	29	北宁路服务	崇外下下四条甲廿三号
黄德林	招远	29	商	前外东珠市口复巨成西记

（续表）

姓名	县籍	年龄	职业	住址
陈授卿	掖县	55	商	前外东珠市口复巨成西记
陈兰亭	掖县	59	商	前外东珠市口义茂号
孟宪集	诸城	22	学界	西城二龙坑成达公寓
曹粟序	黄县	22	学界	崇内汇文中学
纪明臣	牟平县	63	商	崇外河北崖临城通证
孙达甫	掖县	56	商界	草厂二号
寇堃臣	招远	65	商	前外粮食店裕王协
杨席九	海阳	43	商界	崇外东岳墙临成通籍
倪润田	荣城	28	北宁路服务	崇外下三条五十三号
殷富荣	德平	50	商界	崇外下头条十八号

三　山东旅平同乡会会员名单(1949)

（北京市档案馆藏档号:J019-001-00426）

高理亭、翟懋亭、张金铭、张鸿渐、赵序宸、孔繁祯、何茂如、陈君善、曲学曾、许星源、马杰臣、胡震东、杨文楼、杨绍業、王见行、陈馨远、朱孟武、王卓亭、李雨田、夏莲居、周振三、张荐秋、赵袭武、丰兰亭、王慕泉、吕叔东、王锡三、傅正舜、窦恩培、董世兰、张伯华、张景浚、何思源、吕允甫、杜范村、王东甫、马佩纶、张相桐、崔熙如、崔耘青、刘仲霖、孙廉泉、邱尚质、焦寰五、刘睿瞻、田耕莘、柯唐武、陈耀汉、绂忱、于鸣阁、谭鸣鹤、董淑江、刘连生、崔净海、王曙辉、汤永咸、陈育丞、潘矩楹、张馥卿、孙寿丞、刘璞珩、孙吉堂、李凤山、王乾生、周瑞庭、包价辰、徐书琴、杨仕勇、李文祺、杨寿昌、孙学仕、郝任夫、王禹川、李同勋、王友石、孟静山、邵筠农、魏大可、王希彭、孙似楼、梁希正、王振廷、刁翔平、赵尚序、孙艳图、贾似曾、傅光普、王佑安、谭鸣珂、扈绥安、吕永田、杨玉柱、李公田、谭炳训、吴道时、高佰历、尚庸衔、隋兆善、阎抚尘、陈敬舆、周歌庭、单翰青、初一、丁长海、于子筠、王元厚、牟揆中、刘健之、曹子明、张英年、石述之、郝心□、王文理、张壁田、金丹忱、王叔铭、宋文熙、杨玉润、于竺、鲍铭书、吕芝山、张启元、郭寿庭、仇方城、梁子薰、张正峰、苗宰之、张汇川、刘子言、孙伯宪、闫朴民、张梦周、季庆圣、秦葆珊、滕子超、茅复山、李连福、高守信、杨镇南、郭连荫、李金铭、翟毓涛、迟子安、闫乐亭、邹寅生、刘鸿珍、王祝君、王澄钧、丁履进、杜兆田、朱秋林、薛鼎、丁志阳、刘源、史祝三、孔仲华、张鲁泉、栾鲤庭、范翰宗、张润鸣、栾福海、梁新民、王殿铭、张杰、刘惠卿、姚庆禄、刘德坤、孙承斌、鞠鸿山、李培芝、刘毓勋、李茂鸿、田文宽、田福昌、孙盛起、徐寅芝、孙肇增、朱维礼、张衍烜、王克术、刘汉桐、孙泽川、王福安、张文藻、杨文进、鞠庆珠、张文斌、张永安、孙丰裕、李长璲、李振声、杨乃藤、郭景贤、王德硕、曲荣贤、李维琢、孙学臣、石恩藻、姬永信、蔡增连、李汝宽、石恩湛、刘崇荣、孙学达、田仲玉、张应阶、姜言馨、杨元珊、李景源、王惠贤、李兰田、李果馥、张永芳、张文玉、袁耀玉、田凯、孙春裕、王树人、张仕廉、宫慎之、姜亦悟、王兆萼、李文芳、刘子泉、吕新年、于在源、孙元初、刘作珊、张芝瑞、孙福科、李维璟、罗文杰、高润吾、李桂生、李维澄、王仕凯、曲荣绎、王文喜、吕同年、刘安堂、孙秉珠、李维本、邓汝功、王德孚、孙庆芝、刘师润、王建昌、刘章武、赵宝登、满汉章、王星南、时岳东、穆德忱、吕巨川、滕贤古、张永兴、刘德厚、王鸿朴、孙保祥、杨殿元、周文焕、陆春泉、蒋仁轩、焦圣五、张广誉、王伟生、丁信、邓名远、王仙九、宋世卿、张绳武、王子才、王世臣、张广田、劳同元、庞在舟、李景福、修其五、王焕彬、夏玉山、刘简堂、刘广林、董瑞祥、唐源清、吴子封、姜令厚、邢桂尊、俞松坡、王泽民、刘仲如、徐发身、徐沣东、商寿臣、任传祥、高烈公、石庆熙、石庆元、于声舞、季寿山、滕允魁、徐凤藻

四 北京市山东会馆财产管理委员会人员名册 (1950年11月)

(北京市档案馆馆藏档号:J019－001－00361)

姓名	籍贯	学历	职业	曾否参加过党派团体
孙铭岗	山东高苑	大学	中央人民政府法制委员会专门委员	中国共产党
傅华亭	巨野	中学	北京市工商联合会主任委员	民主建国会
张馥卿	淄川	大学	北京市救济分会委员	
王锡三	无棣			
高守信	昌邑	私塾四年	北京市布业公会会长	
夏朴斋	郓城			
马佩纶	章邱		瑞林祥布店经理	
迟子安	黄县		米麦粮业公会筹备委员	
孙茂栋	福山		猪肉业公会理事长	
王卓亭	惠民	大学	山东中学校长	
李砚之	黄县	中学	工商联筹备委员	民主建国会
郝任夫	济南	大学	华大政治研究院学者	国民党革命委员会
孙廉泉	海阳	私塾十年	福寿木厂经理	
包价臣	海阳		东亚印书局经理	

（续表）

姓名	籍贯	学历	职业	曾否参加过党派团体
刁翔千	章丘	私塾	益和祥布店经理	
孟静山	章丘	私塾	谦祥益布店经理	
崔麟台	利津			
季羡林		大学	北大东方语文学系主任	
何仙槎	菏泽	大学		国民党革命委员会
杨振声	蓬莱	大学	北大教授	全国文联研究部
王深汀	诸城			
吴孟班	蓬莱	大学	中央法制委员会职员	
王筱房	诸城	大学	山东中学教导主任	
张守常	高唐	大学	师大女附中教员	教育工作者工会
初大告	莱阳	大学	外国语学校英文部主任	
张天麟	济南	大学	北京师大教授	
孙寿臣	荣成	法专	登莱胶公所成员	
董渭川	邹县	大学	师大教育学院代理院长	
万绂忱	惠民	大学	教育	教育工作者工会
孙树榕	荣成	中学	山东中学辅导主任	中国共产党
王贤材	胶县	大学	山东中学教导员	教育工作者工会
殷龙珠	文登	大学	中国人民银行金管处行员	工会
臧克家	诸城	大学	出版总署编辑委员、北京市人民政府委员	全国文协理事
焦寰五	章丘	私塾六年		
孙圣符	济南	警校		
李雨田	济南		谦祥益布店经理	

（续表）

姓名	籍贯	学历	职业	曾否参加过党派团体
王殿铭	山东	无	工人	
程义侠（女）	长清	小学	工人	妇女委员会
任真卿	陵县	大学	外科医	
王树辉	山东			
李德海	武城	小学	商	中苏友好协会
劳乾一	信阳	大学		
李芳芝（女）	信阳	中学	工人	中苏友好协会
唐立山	肥城	不识字	木工人	中苏友好协会
高振武	德县	小学	工人	
魏玉才	济阳	阿文大学	锦什坊街清真寺教长	
杨宝泉	商河	阿文大学	阜外清真寺教长	
李万荣	德平	阿文专校	回民教育工作者	
王炳堃	商河	阿文专校	回民教育工作者	
宛清文	乐城	私塾三年	工人	
韩云栋	乐城	中学	云林车行经理	
谷文田	陵县	阿文专校	回民教育工作者	
满连林	德县	回文大学	回回营清真寺教长	
马焕章	德县	小学	永兴德食品店铺长	
马寿山	德县		工人	
王绍曾	惠民	中学	教育	
王泽浚	胶县	中学	北京市山东会馆财产管理委员会职员	
秦健吾	四川	大学	北京市山东会馆财产管理委员会职员	

参考文献

一、原始档案

北京市档案馆藏社会局档案、民政局档案、教育局档案、会馆档案、同业公会档案等。

二、资料汇编

北平市政府秘书处第一科统计股编:《北京市统计览要》,1936 年。

宓汝成编:《中国近代铁路史资料(1863－1911)》第二册,中华书局 1963 年版。

北京市档案馆编:《北京会馆档案史料》,北京出版社 1997 年版。

北京市商会编:《北京市商会会员录》,1938 年。

北京市商会编:《北京市商会临时救济会报告书》,1938 年。

北京市政协文史资料研究委员会编:《驰名京华的老字号》,文史资料出版社 1986 年版。

耿申等编:《北京近代教育记事》,北京教育出版社 1991 年版。

胡汶本、田克深编:《五四运动在山东资料选辑》,山东人民出版社 1980 年版。

江庆柏编著:《清代人物生卒年表》,人民文学出版社 2005 年版。

京师商务总会编:《京师商会众号一览表》,1915 年、1918 年石印本。

李华编:《明清以来北京工商会馆碑刻选编》,文物出版社 1980 年版。

李金龙、孙兴亚主编:《北京会馆资料集成》(全三册),学苑出版社 2007 年版。

李文治编:《中国近代农业史资料》第一辑,生活·读书·新知三联书店 1957 年版。

[清]昆冈等修,刘启端等纂:《钦定大清会典事例》,《续修四库全书》本(第 809 册),上海古籍出版社 2002 年版。

[清]刘锦藻纂:《皇朝续文献通考》,续修四库全书本,上海古籍出版社 2002 年版。

刘寿林编:《辛亥以后十七年职官年表》,文海出版社 1974 年版。

刘同钧主编:《辛亥革命前莱海招抗捐运动》,社会科学文献出版社 1989 年版。

刘同钧、董礼刚编:《莱海招抗捐运动与辛亥革命》,北京理工大学出版社 1994 年版。

娄学熙主编:《北平市工商业概况》,北平市社会局印行 1932 年版。

马鸿谟编:《民呼、民吁、民立报选辑》,河南人民出版社 1982 年版。

马芷庠著:《北平旅行指南》,1935 年版。

彭泽益编:《中国近代手工业史资料,1840—1949》(四卷本),

生活·读书·新知三联书店1957年版。

彭泽益主编:《中国工商行会史料集》,中华书局1995年版。

钱实甫编:《清季重要职官年表》,中华书局1959年版。

钱实甫编:《清代职官年表》,中华书局1980年版。

钱实甫编:《清季新设职官年表》,中华书局1961年版。

钱实甫编著:《北洋政府职官年表》,华东师范大学出版社1991年版。

青岛市博物馆、中国第一历史档案馆等编:《德国侵占胶州湾史料选编》,山东人民出版社1986年版。

清乾隆官修:《续文献通考》,浙江古籍出版社2000年版。

青岛市档案馆编:《帝国主义与胶海关》,档案出版社1986年版。

荣孟源、章伯锋、顾亚主编:《近代稗海》,四川人民出版社1985－1989年版。

山东大学校史编写组编:《山东大学校史资料》第一期,1981年。

山东省地方志资料征集委员会编:《山东省志资料》,山东人民出版社1961年版。

山东省地方史志编纂委员会编:《山东史志资料》第3辑,山东人民出版社1983年版。

山东莱阳旅平学生会编:《山东莱阳旅平学生会会员齿录》,1929年。

山东省临清市地方史志编纂委员会编:《临清市志》,齐鲁书社1997年版。

山东省地方史志编纂委员会编:《山东史志资料》第1辑,山东人民出版社1984年版。

山东省地方史志编纂委员会:《山东省志·民政志》,山东人民出版社 1992 年版。

山东师范大学历史系、中国近代史研究室选编:《清实录山东史料选》中册、下册,齐鲁书社 1984 年版。

山东省政协文史资料研究委员会编:《山东工商经济史料集萃》第一、二、三辑,山东人民出版社 1989 年版。

山东省政协文史资料委员会、济南市政协文史资料委员会、章丘县政协文史资料委员会编:《遐迩闻名的祥字号》,济南出版社 1991 年版。

孙敦恒等编:《一二九运动资料》第二辑,人民出版社 1982 年版。

田蕴瑾编:《最新北平指南》,自强书局 1938 年版。

徐友春主编:《民国人物大辞典》,河北人民出版社 1991 年版。

杨米人等著:《清代北京竹枝词》,北京古籍出版社 1982 年版。

赵尔巽等纂:《清史稿》,中华书局 1977 年版。

正风经济社主编:《北京市工商业指南》,中华印书局 1939 年版。

中国第一历史档案馆、北京师范大学历史系编选:《辛亥革命前十年间民变档案史料》(上),中华书局 1985 年版。

中国第一历史档案馆编:《清末北京外城巡警右厅会馆调查表》,《历史档案》1995 年第 2 期。

中国第一历史档案馆编:《晚清山东地方商会史料》,《历史档案》1996 年第 4 期。

中国科学院历史研究所第三所近代史资料编辑组编辑:《五四爱国运动资料》,科学出版社 1959 年版。

中国人民政治协商会议全国委员会、文史资料研究委员会编:

《工商史料》(1),文史资料出版社1980年版。

中国人民政治协商会议山东省委员会文史资料研究委员会编:《山东文史资料选辑》第26辑,山东人民出版社1989年版。

中国人民政治协商会议山东省莱阳市委员会文史委员会编:《莱阳文史资料》(第二辑),1991年版。

中国民主建国会北京市委员会编:《北京工商史话》第一、二、三辑,中国商业出版社1987年版。

中国史学会济南分会编:《山东近代史资料》第二分册,山东人民出版社1959年版。

中央研究院近代史研究所编:《矿务档》(二),中央研究院近代史研究所1960年版。

朱保炯、谢沛霖编著:《明清进士题名碑录索引》,上海古籍出版社1980年版。

朱寿朋编纂:《光绪朝东华录》(二),中华书局1958年版。

三、报纸

《晨报》、《大公报》、《东方杂志》、《民国日报》、《盛京时报》、《山东官报》、《正宗爱国报》、《山东杂志》、《申报》、《神州日报》、《时报》

四、地方志

[清]方汝翼、贾瑚修,周悦让、慕容干纂:《登州府志》,清光绪七年(1881)刻本。

[清]何乐善修,萧劼等纂:《福山县志》,清乾隆二十八年(1763)刻本。

[清]胡璘修,牟国玠纂:《栖霞县志》,清康熙十一年(1672)

刻本。

[清]黄丽中修,于如川纂:《栖霞县志》,清光绪五年(1879)刻本。

[民国]梁秉锟等修,王丕煦等纂:《莱阳县志》卷七,1925年排印本。

[清]廖有恒修,杨通睿纂:《济宁州志》,清康熙十二年(1673)刻本。

[清]李蕃修,范廷凤纂:《黄县志》,清康熙十二年(1673)刻本。

[民国]李钟豫修,张殿邦纂:《黄县志》,1937铅印本。

[清]李天骘修,岳庚廷纂:《荣成县志》,清道光二十年(1840)刻本。

[清]林溥修,周翕镄纂:《即墨县志》,清同治十二年(1873)刻本。

[清]施闰章修,杨奇烈纂:《登州府志》,清顺治十七年(1660)刻本。

[清]宋朝桢修,陈传弼纂:《潍县乡土志》,清光绪三十三年(1907)石印本。

[清]万邦维修,魏元爵、张重润纂:《莱阳县志》,清康熙十七年(1678)刻本。

[清]王俊修,李森纂:《临清州志》,清乾隆十四年(1749)刻本。

[民国]王陵基修,于宗潼纂:《福山县志稿》,1920年修,1931年铅印本。

[清]卫苌纂修:《乾隆栖霞县志》,清乾隆十九年(1754)刻本。

[清]佚名纂修:《寿光县乡土志》,民国年间版。

[清]尹继美纂修:《黄县志》,清同治十年(1871)刻本。

[清]袁中立修,毛赞纂:《黄县志》,清乾隆二十一年(1756)刻本。

[清]岳濬、法敏修,杜诏、顾瀛纂:《山东通志》,清雍正七年(1729)修,乾隆元年(1736)刻本。

[清]张同声修,李图等纂:《胶州志》,清道光二十五年(1845)刻本。

[清]张作砺修,张凤羽纂:《招远县志》,清顺治十七年(1660)刻本。

[民国]赵琪修、袁荣叟纂:《胶澳志》第三卷,青岛华昌印刷局1928年铅印版。

[清]周家楣、缪荃孙等编纂:《光绪顺天府志》第二册,北京古籍出版社1987年版。

五、笔记及其他

[清]戴璐著:《藤阴杂记》,北京古籍出版社1982年版。

[清]陈恒庆著:《谏书稀庵笔记》,文海出版社1969年版。

陈宗蕃编著:《燕都丛考》,北京古籍出版社1991年版。

[清]崇彝著:《道咸以来朝野杂记》,北京古籍出版社1982年版。

李家瑞编:《北平风俗类征》,上海文艺出版社1937年影印本。

刘以芬著:《民国政史拾遗》,上海书店出版社1998年版。

[明]刘侗、于奕正著:《帝京景物略》,北京古籍出版社1980年版。

逆旅过客编辑:《都市丛谈》,文奎堂1940年版。

[清]王培荀著:《乡园忆旧录》,齐鲁书社1993年版。

[清]吴长元辑:《宸垣识略》,北京古籍出版社1983年版。

[清]汪启淑著:《水曹清暇录》,北京古籍出版社1998年版。

[清末民初]徐珂编撰:《清稗类钞》第五册,中华书局1984年版。

徐一士编著:《一士类稿 一士谈荟》,书目文献出版社1983年版。

张伯驹编著:《春游琐谈》,中州古籍出版社1984年版。

[明]张爵、[清]朱一新著:《京师五城坊巷胡同集 京师坊巷志稿》,北京古籍出版社1982年版。

[清]震钧著:《天咫偶闻》,北京古籍出版社1982年版。

[清]朱彭寿纂:《安乐康平室随笔》,中华书局1982年版。

《重修海阳义园碑记》,光绪二十九年(1903)。

《重整山东登莱义园宝应寺公产碑记》,光绪二十九年(1903)。

六、学术著作

(一)国内学术著作

安作璋主编:《山东通史》(近现代卷)上、下册,山东人民出版社1994年版。

安作璋、王志民主编:《齐鲁文化通史》,中华书局2004年版。

蔡尚思著:《论清末民初中国社会》,复旦大学出版社1983年版。

曹子西主编:《北京通史》第八、九卷,中国书店1994年版。

车吉心总主编:《中华野史》清朝卷五,泰山出版社2000年版。

池子华著:《中国近代流民》,浙江人民出版社1996年版。

董龙凯著:《潮起潮落:中国移民史话》,沈阳出版社1997年版。

窦季良编著:《同乡组织之研究》,正中书局 1943 年版。

杜桂芳著:《潮汕海外移民》,汕头大学出版社 1997 年版。

杜恂诚著:《中国传统伦理与近代资本主义》,上海社会科学院出版社 1993 年版。

陈宝良著:《中国的社与会》,浙江人民出版社 1996 年版。

从翰香主编:《近代冀鲁豫乡村》,中国社会科学出版社 1995 年版。

范立君著:《近代关内移民与中国东北社会变迁(1860 - 1931)》,人民出版社 2007 年版。

范玉春著:《移民与中国文化》,广西师范大学出版社 2005 年版。

方彪编著:《北京的茶馆、会馆、书院、学堂》,光明日报出版社 2004 年。

方平著:《晚清上海的公共领域(1895 - 1911)》,上海人民出版社 2007 年版。

费孝通著:《乡土中国》,生活 · 读书 · 新知三联书店 1985 年版。

冯尔康、常建华著:《清人社会生活》,天津人民出版社 1990 年版。

傅崇兰著:《中国运河城市发展史》,四川人民出版社 1985 年版。

高红霞著:《上海福建人研究(1843 - 1953)》,上海人民出版社 2008 年版。

葛剑雄主编、曹树基著:《中国移民史》第六卷(清、民国时期),福建人民出版社 1997 年版。

郭剑林著:《吴佩孚传》,北京图书馆出版社 2006 年版。

顾宝昌编著:《社会人口学的理论视野》,商务印书馆 1992 年版。

韩光辉著:《北京城市人口地理》,北京大学出版社 1996 年版。

何炳棣著:《中国会馆史论》,台湾学生书局 1966 年版。

华孟阳、张洪杰编著:《老北京人的生活》,山东画报出版社 2000 年版。

何兹全等编:《一位诚实爱国的山东学者——何思源先生诞辰一百周年纪念集》,北京出版社 1996 年版。

黄棣侯主编:《山东公路史》第一册,人民交通出版社 1989 年版。

黄泽苍编:《山东》,中华书局 1935 年版。

侯式亨主编:《北京老字号》,中国对外经济贸易出版社 1998 年版。

胡玉远主编:《燕都说故》,燕山出版社 1996 年版。

胡春焕、白鹤群编著:《北京的会馆》,中国经济出版社 1994 年版。

姜涛著:《中国近代人口史》,浙江人民出版社 1994 年版。

隗瀛涛主编:《中国近代不同类型城市综合研究》,四川大学出版社 1998 年版。

马敏著:《商人精神的嬗变:近代中国商人观念研究》,华中师范大学出版社 2001 年版。

李德滨著:《近代中国移民史要》,哈尔滨出版社 1994 年版。

李明伟著:《清末民初中国城市社会阶层研究》,社会科学文献出版社 2005 年版。

李洪鳌著:《人口问题与经济增长》,正中书局 1969 年版。

廖正宏著:《人口迁移》,台湾三民书局 1985 年版。

梁方仲编著:《中国历代户口、田地、田赋统计》,上海人民出版社 1980 年版。

林克光、王道成、孔祥吉主编:《近代京华史迹》,中国人民大学出版社 1985 年版。

李达嘉著:《民国初年的联省自治运动》,弘文馆出版社 1986 年版。

李华著:《山东商帮》,万象图书股份有限公司 1995 年版。

李慕真主编:《中国人口》(北京分册),中国财政经济出版社 1987 年版。

李平生著:《山东老字号》,山东文艺出版社 2004 年版。

李文海等编著:《中国近代十大灾荒》,上海人民出版社 1994 年版。

李文海等著:《近代中国灾荒纪年续编(1919 - 1949)》,湖南教育出版社 1993 年版。

路遇著:《清代和民国山东移民东北史略》,上海社会科学院出版社 1987 年版。

吕伟俊等主编:《宋哲元》,山东大学出版社 1989 年版。

吕伟俊主编:《民国山东史》,山东人民出版社 1995 年版。

吕伟俊、董宝训、李平生、赵兴胜著:《山东区域现代化研究(1840 - 1949)》,齐鲁书社 2002 年版。

罗荣渠、牛大勇编著:《中国现代化历程的探索》,北京大学出版社 1992 年版。

马敏著:《官商之间:社会剧变中的近代绅商》,天津人民出版社 1995 年版。

丁言模编著:《中国商帮传奇》第二辑《齐鲁商雄》,广东经济出版社 2002 年版。

潘文伟著:《中国商帮》,改革出版社1996年版。

庞毅著:《中国清代经济史》,人民出版社1994年版。

彭南生著:《行会制度的近代命运》,人民出版社2003年版。

鼓兴业著:《首都城市功能研究》,北京大学出版社2000年版。

钱穆著:《国史大纲》(下),商务印书馆1994年版。

乔志强主编:《中国近代社会史》,人民出版社1992年年版。

全汉升著:《中国行会制度史》,百花文艺出版社2007年版。

邱国盛著:《中国城市的双行线:二十世纪北京、上海发展比较研究》,巴蜀书社2010年版。

山东省地方史志编纂委员会编:《山东省志·民政志》,山东人民出版社1992年版。

山东省地方志编纂委员会编:《山东省志·水利志》,山东人民出版社1994年版。

宋林飞著:《西方社会学理论》,南京大学出版社1999年版。

宋元强编著:《状元史话》,中国大百科全书出版社2000年版。

宋子然、彭发德、刘德宣、杨小平、赵良剑等著:《四川水库移民史》,巴蜀书社2002年版。

唐力行著:《商人与中国近代社会》,商务印书馆2003年版。

汤锦程著:《北京的会馆》,中国轻工业出版社1994年版。

王强、马亮宽著:《何思源:宦海沉浮一书生》,天津人民出版社1996年版。

王守中著:《德国侵略山东史》,山东人民出版社1988年版。

王同桢:《老北京城》,北京燕山出版社1997年版。

王日根著:《中国会馆史》,东方出版中心2007年版。

王守中著:《威海卫与甲午战争》,山东文艺出版社2004年版。

王林主编:《山东近代灾荒史》,齐鲁书社2004年版。

宋钻友著:《广东人在上海(1843－1949 年)》,上海人民出版社 2007 年版。

王云著:《明清山东运河区域社会变迁》,人民出版社 2006 年版。

王云五、李圣五主编:《移民问题》,商务印书馆 1933 年版。

吴建雍等著:《北京城市生活史》,开明出版社 1997 年版。

萧源锦著:《状元史话》,重庆出版社 2004 年版。

行龙著:《人口问题与近代社会》,人民出版社 1992 年版。

许檀著:《明清时期山东商品经济的发展》,中国社会科学出版社 1998 年版。

杨国强著:《百年嬗变:中国近代的士与社会》,上海三联书店 1997 年版。

杨研著:《地域主义与国家认同:民国初期省籍意识的政治文化分析》,天津人民出版社 2007 年版。

杨念群主编:《空间·记忆·社会转型——“新社会史”研究论文精选》,上海人民出版社 2001 年版。

杨念群著:《中层理论——东西方思想会通下的中国史研究》,江西教育出版社 2001 年版。

杨涌泉编著:《中国十大商帮探秘》,企业管理出版社 2005 年版。

尹均科、张宗平主编:《北京历史丛书》,北京出版社 2000 年版。

虞和平著:《商会与中国早期近代化》,上海人民出版社 1993 年版。

张玉法著:《中国现代化的区域研究:山东省,1860－1916》,中央研究院近代史研究所,1982 年版。

张水良著:《中国灾荒史(1927－1937)》,厦门大学出版社1990年版。

赵传集主编:《山东自然灾害防御》,青岛出版社1992年版

张海鹏、张海瀛主编:《中国十大商帮》,黄山书社1993年版。

张海鹏、王廷元著:《徽商研究》,安徽人民出版社1995年版。

章开沅、马敏、朱英主编:《中国近代史上的官绅商学》,湖北人民出版社2000年版。

张建明、齐大之著:《话说京商》,中华工商联合出版社2006年版。

张仲礼主编:《中国近代城市企业·社会·空间》,上海社会科学院出版社,1998年版。

中国科学院经济研究所资本主义经济改造研究室、中央工商行政管理局资本主义经济改造研究室编写:《北京瑞蚨祥》,生活·读书·新知三联书店1959年版。

中国社会学社编:《中国人口问题》,世界书局1932年版。

庄维民著:《近代山东市场经济的变迁》,中华书局2000年版。

《山东大学百年史》编写组编:《山东大学百年史》,山东人民出版社2001年版。

朱汉国主编:《中国社会通史》(民国卷),山西教育出版社1996年版。

朱英著:《转型时期的社会与国家:以近代中国商会为主体的历史透视》,华中师范大学出版社1997年版。

朱英著:《中国近代同业公会与当代行业协会》,中国人民大学出版社2004年版。

朱英著:《近代中国商人与社会》,湖北教育出版社2002年版。

朱英著:《辛亥革命时期新式商人社团研究》,中国人民大学出

版社 1991 年版。

周均美主编:《中国会馆志》,方志出版社 2002 年版。

周振鹤、游汝杰著:《方言与中国文化》,上海人民出版社 1986 年版。

周宗贤著:《血浓于水的会馆》,台湾“行政院”文化建设委员会印行,1985 年版。

(二)外国学术著作

(法)布罗代尔(Fernand Braudel)著,顾良、张慧君译:《资本主义论丛》(*Fernand braudel ecrits sur le capitalisme*),中央编译出版社 1997 年版。

(日)广田康生著,马铭译:《移民和城市》)(移民と城),商务印书馆 2005 年版。

(美)顾德曼(Bryna Goodman)著,宋钻友译:《家乡、城市和国家——上海的地缘网络与认同,1853 - 1937》(*Native Place, City, and Nation: Regional Networks and Identities in Shanghai*, 1853 - 1937),上海古籍出版社 2004 年版。

(美)韩起澜(Emily Honig)著,卢明华译:《苏北人在上海,1850 - 1980》(*Creating Chinese Ethnicity: Subei People in Shanghai*, 1850 - 1980),上海古籍出版社 2004 年版。

(美)吉尔伯特·罗兹曼(Gilbert Rozman)著,国家社会科学基金比较现代化课题组译:《中国的现代化》(*The modernization of China*),江苏人民出版社 1988 年版。

(美)黄宗智著:《华北的小农经济与社会变迁》,中华书局 2000 年版。

(美)罗威廉(William T Rowe)著,江溶、鲁西奇译:《汉口:一个中国城市的商业和社会,1796 - 1889》(*Commerce and Society in a*

Chinese City,1796 - 1889),中国人民大学出版社2005年版。

(英)马尔萨斯(Thomas Robert Malthus)著,朱泱、胡企林、朱和中译:《人口原理》(*An Essay on the Principle of Population*),商务印书馆1996年版。

(德)马克斯·韦伯(Max Weber)著,于晓译:《新教伦理与资本主义精神》(*The protestant ethic and spirit of capitalism*),生活·读书·新知三联书店1987年版。

(美)R. E. 帕克(R. E. Park)著,宋俊岭、吴建华译:《城市社会学:芝加哥学派城市研究文集》,华夏出版社1987年版。

(美)伊恩·罗伯逊(Ian Robertson)著,黄育馥译:《社会学》(*Sociology*),商务印书馆1990年版。

(英)韦伯斯特(A. Webster)著,陈一筠译:《发展社会学》(*Introduction to the sociology of development*),华夏出版社1987年版。

(美)周策纵著,周子平等译:《五四运动:现代中国的思想革命》(*The May Fourth Movement: Intellectual Revolution in Modern China*),江苏人民出版社1999年版。

七、论文

(一)期刊论文

曹竣:《上海宁波帮的抗日救国活动》,《抗日战争研究》1997年第1期。

董龙凯:《1855 - 1874年黄河漫流与山东人口迁移》,《文史哲》1998年第3期。

范金民:《明代地域商帮的兴起》,《中国经济史研究》2006年第3期。

冯筱才:《中国商会史研究回顾与反思》,《历史研究》2001年第 5 期。

冯筱才:《中国大陆最近之会馆史研究》,《近代中国史研究通讯》(台北)2001 年第 30 期。

宫宝利:《清代会馆、公所祭神内容考》,《天津师范大学学报》1998 年第 3 期。

官美堞:《清代山东黄县的发展》,《清史论丛》1994 年 12 月第 1 版。

果鸿孝:《清末民初北京的工商业》,《北京社会科学》1993 年第 2 期。

贺海:《北京的工商业会馆》,《北京日报》1981 年 11 月 21 日。

纪良:《近代北京城市的变迁》,《北京社会科学》1990 年第 2 期。

雷大受:《漫谈北京的会馆》,《学习与研究》1981 年第 5 期。

李华:《明清以来北京的工商业行会》,《历史研究》1978 年第 4 期。

李文海:《中国近代灾荒与社会生活》,《近代史研究》1990 年第 5 期。

林颂河:《统计数字下的北平》,见陶孟和编辑《社会科学杂志》,社会调查所出版,1931 年第 2 卷第 3 期。

刘凤云:《清代北京会馆的政治属性与士商交融》,《中国人民大学学报》2005 年第 2 期。

刘娟:《近代北京的商会》,《北京社会科学》1997 年第 3 期。

刘宁波:《北京都市民俗文化的复合性》,《北京社会科学》1993 年第 1 期。

刘小萌:《清代北京内城的居民分布格局与变迁》,《首都师范大学学报》1998 年第 2 期。

吕作燮:《明清时期的会馆并非工商业行会》,《中国史研究》1982 年第 2 期。

马学强:《一个传统商帮的时代变迁》,《史林》1996 年第 3 期。

欧人:《山东商人的经商特性与儒家文化》,《商业经济研究》2000 年第 1 期。

彭南生:《近代工商同业公会制度的现代性刍论》,《江苏社会科学》2002 年第 2 期。

邱国盛:《从国家让渡到民间介入——同乡组织与近代上海外来人口管理》,《华东师范大学学报》(哲学社会科学版)2005 年第 5 期。

邱国盛:《百年北京史研究综述》,《北京社会科学》2002 年第 3 期。

宋钻友:《一个传统组织在城市近代化中的作用——上海广肇公所初探》,《史林》1996 年第 4 期。

宋钻友:《民国时期上海同乡组织与移民社会关系初探》,《学术季刊》1996 年第 3 期。

宋钻友:《民国时期上海同乡组织与移民社会关系初探》,《上海社会科学院学术季刊》1996 年第 3 期。

宋钻友、叶斌:《一部研究同乡团体的佳作——读顾德曼教授的〈籍贯、民族与城市〉》,《史林》2000 年第 2 期。

唐仕春:《清末民初北京同乡会馆社会资源流动轨迹》,见严洪昌编《经济发展与社会变迁国际学术研讨会论文集》,华中师范大学出版社 2002 年版。

唐仕春:《试论北洋时期在京同乡会馆中的请托活动》,《北京档案史料》2002 第 4 期。

吴建雍:《清前期京师宣南士乡》,《北京社会科学》1996 年第

3 期。

王日根:《近代工商性会馆的作用及其与商会的关系》,《厦门大学学报》1997 年第 4 期。

王日根:《论明清会馆的神灵文化》,《社会科学辑刊》1994 年第 4 期。

王均、祝功武:《清末民初时期北京城市社会空间的初步研究》,《地理学报》1999 年第 1 期。

王日根:《晚清至民国时期会馆演进的多维趋向》,《厦门大学学报》(哲学社会科学版)2004 年第 2 期。

王世勇、薛川:《齐鲁文化与山东商人经营风格的形成》,《河南商业高等专科学校学报》1999 年第 3 期。

宋志东:《近代瑞蚨祥的商业文化信仰》,《民俗研究》2008 年第 1 期。

王刚、李光伟:《清末时论与山东莱阳海阳抗捐斗争》,《山东省农业管理干部学院学报》2007 年第 6 期。

王跃生:《清代北京流动人口初探》,《人口与经济》1989 年第 6 期。

王耀生:《明清时期山东进士地域分布特点及经济、区位、民风的关系》,《中国地方志》2005 年第 9 期。

虞和平:《清末以后城市同乡组织形态的现代化——以宁波旅沪同乡组织为中心》,《中国经济史研究》1998 年第 3 期。

吴慧:《会馆、公所、行会:清代商人组织演变述要》,《中国经济史研究》1999 年第 3 期。

袁熹:《清末民初北京的贫困人口研究》,《北京档案史料》2000 年第 3 辑。

张福记:《清末民初北京旗人社会的变迁》,《北京社会科学》

1997 年第 2 期。

赵兰亮、于澎:《五四运动中上海的山东同乡团体》,《学术月刊》1998 年第 12 期。

张鸿奎:《移民论》,《学术季刊》1992 年第 3 期。

张天宇:《老北京的水夫》,《北京档案史料》1999 年第 1 期。

赵兰亮:《关于上海近代山东移民的几个问题》,《社会科学》1999 年第 12 期。

郑鸿笙:《中国工商业公会及会馆、公所制度概论》,《国闻周报》1925 年 5 月第二卷第二期。

庄维民:《近代山东的商人组织》,《东岳论丛》1986 年第 2 期。

庄维民:《近代山东传统商人资本的衰落蜕变及其意义》,《山东社会科学》2000 年第 1 期。

庄维民:《近代山东商品流通结构的变迁及意义》,《东岳论丛》2000 年第 2 期。

庄维民:《近代山东商人资本地域分布结构的变动及影响》,《齐鲁学刊》2000 年第 4 期。

(日)泽崎坚造:《北京市商会の同乡性》,《经济论丛》,京都法学会 1941 年,第 52 卷第 5 号。

(二)未刊中文学位论文

胡广洲:《明清山东商贾精神研究》,山东大学博士学位论文,2007 年。

李瑞峰:《戊戌维新与北京的会馆》,北京师范大学硕士学位论文,2006 年。

宋志东:《近代山东商人的经营活动及其经营文化》,山东大学博士学位论文,2008 年。

魏莉:《会馆功能的近代演化——以清末民初北京的安徽同乡

会馆为中心》,北京师范大学硕士学位论文,2006 年。

杨颖:《从“闯关东”到“我的家在东北松花江上”——近代东北移民地域认同的个案研究》,山东大学硕士学位论文,2008 年。

赵兰亮:《近代上海的山东移民与山东同乡团体》,上海师范大学硕士学位论文,1999 年。

后　记

本书是以博士论文为基础申请的山东省社会科学规划项目“近代旅京山东人群体研究”(批准号:10DLSZ01)的结项成果。与博士论文相比较,本书在以下几个方面进行了丰富、完善和修改:

一、资料上进一步丰富。例如收集了近代北京私立山东中学的相关资料等,研究资料的进一步挖掘充实了研究内容。

二、框架结构的调整。将研究内容分旅京山东人入京动因及概况、同乡组织、经济活动、教育事业、政治活动等几个方面,使得研究脉络更加清晰,结构更加合理。

三、问题意识突出,研究进一步细化。比如,在探讨近代北京何以成为山东移民之地,除了北京作为科举、政治、文化中心这些对全国移民所通有的吸引力之外,北京还有哪些对山东独有的吸引力?在研究山东商人在近代北京的商业活动时,为何在京经商人数和行业分布多于山东商人的河北商人没有在近代北京商界形成那样的影响力?在近代对家乡事务的干预中,旅京山东同乡社会内部为何产生分歧?等等。对这些问题的研究细化,有助于深化我们对旅京山东移民群体的认识。

四、尝试提出一些新见解。近代北京的商业与旅京鲁商的经营息息相关,旅京鲁商长期把持近代北京商会的领导权,是旅京鲁商作为群体在北京市场占有优势地位的反映。山东人长期的“学而优则仕”、重仕轻商的价值取向,使得旅京鲁商在取得一定经济地位后又进入政界,将之转化为社会地位,得以拥有较多的社会事务和政治事务的发言权,反过来又进一步扩大了其影响力。这也是为何经商人数第一的河北人没有山东商人这样大影响力的主要原因。近代以来,同乡观念发生变化,同乡群伍并不总是一个整体,其间往往因利益、立场与地方恩怨使得内部发生分化,等等。

在学术研究与人生的旅途中,我得到了领导、众多师长、朋友的热情关怀与鼓励。没有他们的支持和帮助,结果是难以想象的。感谢我的导师刘平教授,是您提供给我珍贵的求学机会!刘平教授的渊博学识、敏锐开阔的思维、严谨求实的治学精神,让我深受教益。相对于学业上的“严厉”,日常生活中的刘老师和蔼可亲、平易近人,师生之间可以无话不谈,毫无距离和隔阂。多年的相处,师生情谊与日剧增,又成为生活中的挚友。能与刘老师相识,是一种缘分;能拥有这样一位给予我学业和人生道路上的指引的老师,更是我一生中的幸事。

感谢我的硕士导师晁中辰教授和师母纪明老师。多年的师生感情已经化为亲情,他们把我当做自己的孩子一样看待,对我日常学习、生活上的关心,令我倍感温暖。

感谢山东大学历史文化学院诸位老师的热心指导!路遥教授、吕伟俊教授、赵兴胜教授等诸位老师对我的博士论文都提出过宝贵的意见和建议,论文中饱含他们睿智的思想火花。

在攻读博士学位期间,幸运结识了诸多同门师友。感谢梁家贵教授,对本书的出版给予了热情的关注和鼓励,在此深表谢意。感谢孙昉、杨红伟、贾国静等诸位学友对我的学业的指点与建议。尤其是博士后孙昉,对我博士论文提供了无私帮助,令我从中学到了很多!

感谢山东省图书馆雷辉和李关勇博士资料上的帮助，也感谢北京市档案馆帮我查找资料的诸位同志。

感谢齐鲁书社副总编赵发国、责任编辑刘海军等同志，他们高度负责的敬业精神令人钦佩！

感谢齐鲁工业大学文法学院院领导的支持和关怀。

山东省社会科学规划办公室和齐鲁工业大学科技处对本课题的申报和完成予以大力支持，在此一并致谢！

由于学识及能力所限，本书在资料发掘和认识深度等方面仍存在诸多疏漏，部分内容仍需进一步充实和探讨。文中疏漏、不当或讹误之处，恳请学界专家和读者们批评指正。

齐鲁工业大学　孙向群

2013 年 10 月 1 日